LES

MERVEILLEUSES HISTOIRES

DE

NOTRE DAME

DANS TOUS LES SIÈCLES

N. BLANCHET

LES MERVEILLEUSES HISTOIRES

DE

NOTRE DAME

DANS TOUS LES SIÈCLES

PARIS

P. LETHIELLEUX, LIBRAIRE-ÉDITEUR

10, RUE CASSETTE, 10

MERVEILLEUSES HISTOIRES

DE

NOTRE DAME

INTRODUCTION

Il nous a semblé qu'à notre époque de mortelles désespérances il serait bon et utile de rappeler, avec quelques détails, ce que, dans tous les siècles, la Mère de Dieu a fait pour ceux qui l'ont invoquée avec confiance.

Quel spectacle plus admirable et plus consolant que ces découvertes providentielles des antiques madones !

La terre de France appartient à Marie. Du nord au midi on retrouve les traces de ses célestes visites et partout elles ont produit les mêmes miséricordieux effets.

La Reine des cieux pose son pied virginal dans les pittoresques vallées, les pays montagneux, aux aspects grandioses et sévères, dans les profondes forêts ; nous portant à croire que « *la Providence a prédestiné les grands lieux aux grandes choses* » (1).

Où le surnaturel afflue la grâce abonde. « *Tout est surnaturel en Marie* » (2). Sur ses pas les sources bienfaisan-

(1) Mgr Gerbet.
(2) Bossuet.

tes jaillissent ; les foules accourent ; les miracles s'affirment. A sa voix le désert fleurit. Les terres incultes se
couvrent de monastères ; les basiliques éblouissantes s'é-
lèvent, pour porter jusqu'au ciel, dans leur langage symbolique et perpétuel, le nom et la gloire de Marie.

La Mère céleste récompense, par d'insignes faveurs,
la promptitude des populations à exécuter ses volontés.
Elle se montre surtout pleine de bonté aux époques malheureuses. Durant les guerres, les pestes, la famine, la
persécution, nous voyons les multitudes recourir, avec
une confiance toujours justifiée, à sa protection toute puissante.

Nous remarquerons que ce n'est pas seulement le peuple, les ignorants selon le monde, qui viennent s'agenouiller devant les images vénérées. Les rois, les reines, les
hommes célèbres par leur science et leurs vertus leur ont
apporté leurs hommages et ont enrichi leurs sanctuaires.
Dans ce long défilé des siècles nous pourrons saluer, parmi
les rangs des serviteurs de la très sainte Vierge, les grandes figures dont s'honorent les gloires françaises.

On sent l'air du ciel circuler dans ces églises merveilleuses ou ces modestes chapelles élevées sur l'emplacement
des apparitions ou de l'Invention des madones. Le cœur
déborde de suaves émotions, et, comme Clovis, dans la
cathédrale de Reims, la nuit de Noël, on est tenté de s'é-
crier : Est-ce donc ici le Paradis ?

Nous avons trouvé des sanctuaires sans notices spéciales
et nous nous sommes appliqué à les reconstituer à l'aide
de savants ouvrages que de vénérables ecclésiastiques ont
bien voulu nous procurer. Qu'ils reçoivent ici l'expression
de notre profonde reconnaissance.

Si nous nous sommes attaché à rapporter l'histoire des
sanctuaires de Notre-Dame avec une parfaite exactitude,
nous avons recueilli avec respect leurs gracieuses légendes.

Les légendes seules suffiraient pour affirmer les faits merveilleux que nous avons relatés.

Elles sont les traditions célestes des peuples. « *Quand on a la tradition, il n'est pas nécessaire de chercher autre chose* » (1).

Ce sentiment du saint auteur a été développé par Mgr Gerbet avec la netteté de sa vaste et brillante intelligence.

« En fait de traditions locales, le peuple laisse perdre
« celles qui lui sont indifférentes ou qui ne correspondent
« qu'à des préoccupations passagères ; mais lorsqu'elles
« intéressent des sentiments profonds et permanents, sa
« mémoire est tenace et longue, à moins que des causes
« étrangères ne viennent l'affaiblir.

« Les traditions orales, relatives à des faits ou à des
« lieux, occupent une grande place dans la vie domesti-
« que du peuple, qui concentre en elles l'intérêt que la
« classe lettrée disperse dans ses livres. Elles se trans-
« mettent plus facilement encore de génération en géné-
« ration lorsque les souvenirs conservés sous le toit de
« chaque famille ne sont eux-mêmes que des parties ou
« des accessoires d'un grand souvenir historique, perpé-
« tuellement rappelé par des monuments et par des usa-
« ges publics » (2).

Dans cette recherche des lieux visités par Marie nous avons suivi les chemins ouverts par des hommes érudits, de pieux panégyristes. En un mot nous avons écrit un livre avec des livres. Mais dans ce modeste travail nous avons mis beaucoup d'amour.

2 février, fête de la Purification de Marie.

(1) S. Jean Chrysostôme.
(2) *Esquisse de Rome chrétienne*, t. I, p. 27.

DÉCLARATION DE L'AUTEUR.

Pour se conformer aux décrets d'Urbain VIII et des autres Souverains Pontifes, en matière de miracles, l'auteur déclare qu'en parlant de révélations, d'apparitions, de faveurs célestes, il n'a voulu donner à ces faits qu'une valeur purement humaine, et qu'il soumet humblement, au Saint Siège apostolique, sa personne et ses écrits.

A LA TRÈS SAINTE VIERGE

NOTRE MÈRE IMMACULÉE.

Dans la claire vue de votre dignité, vous embrassez les siècles d'un regard, et vous annoncez, dans votre cantique sublime, que « *toutes les générations vous appelleront bienheureuse* ».

O Fille prédestinée du Père éternel ! ô Femme entre toutes bénie ! Mère admirable entre toutes les mères ! Vous êtes au-dessus des louanges des esprits célestes et des hommes.

Vous êtes la Vigne aux rameaux d'or qui a porté le fruit délicieux qui désaltère et réjouit l'humanité.

Vous êtes la Fontaine d'eau vive qui coule, sans interruption, sur la terre corrompue pour la purifier et féconder sa stérilité.

Vous êtes la Rose mystique qui embaume notre désert.

Vous êtes la Mère secourable, toujours attentive aux besoins de vos pauvres enfants de la terre. Ils penchent vers l'abîme, et vous les avertissez. Vous guérissez leurs infirmités ; vous fortifiez les corps et les âmes. Les peuples qui vous appellent à leur secours se voient délivrés du joug qui les oppressait.

Vous êtes la force d'amour, la « *Majesté suppliante* ». Vous vous interposez entre la justice de Dieu et l'homme coupable. Vous êtes l'espérance du monde.

O Vierge triomphante, que votre culte angélique anéantisse la puissance de l'impur serpent.

Souveraine de l'univers (1), que les siècles se lèvent et proclament vos bienfaits !

Que tous les cœurs, que toutes les intelligences, que toutes les volontés s'unissent pour vous louer, vous bénir et vous aimer, ô Marie, notre Mère Immaculée !

(1) Suarez.

NOTRE-DAME DE FOURVIÈRE

NOTRE-DAME DE FOURVIÈRE

Histoire de la sainte colline et du sanctuaire. — Le maréchal Suchet.
— Jacquart.

Fourvière tient une des premières places parmi les sanctuaires du monde. Son nom est connu de tous les peuples et porté jusqu'au fond des tribus lointaines par ces hommes de Dieu *dont les pieds vont sur les montagnes*, comme le dit le prophète Isaïe, *annoncer la paix, prêcher la bonne nouvelle du salut.*

Avant de quitter pour toujours peut-être leur patrie, l'église de Fourvière les voit prosternés devant l'autel de Marie, s'offrant en sacrifice pour le succès de la cause divine sur la terre lointaine qu'ils vont évangéliser. Ils emportent, comme une consolation et une espérance, deux images, celle de leur mère selon la nature et l'image bénie de Notre-Dame de Fourvière.

Le passé de l'ancienne chapelle a jeté un grand éclat sur l'église de Lyon. Le Forum construit par Trajan près du palais des empereurs occupait dans l'antique Lugdunum une place « où se tenait les marchés et où l'on rendait la justice » (1). L'amphithéâtre dont on voit encore les restes étaient près du Forum. On croit que Mercure, le dieu du commerce, recevait

(1) *L'ancienne chapelle de Fourvière.*

les honneurs dans le Forum de Trajan. De là vient sans doute le nom de Fourvière que les étymologistes font dériver de Forum-vetus : fort, vieil.

L'Église de Lyon a pris naissance avec saint Pothin, disciple de saint Polycarpe qui avait eu le bonheur de s'entretenir avec les contemporains de Jésus-Christ et qui fut ordonné évêque de Smyrne par saint Jean, le fils adoptif que Jésus sur la croix donna à sa divine Mère.

On dit que saint Pothin apporta l'image de la Sainte Vierge sur les bords de la Saône, et qu'il la déposa dans une crypte située en face de la colline, sur la rive gauche du Rhône. Bientôt après, il éleva un autel consacré au vrai Dieu et y plaça la précieuse image. La tradition prétend que l'église de Saint-Nizier a été bâtie à la place de cet autel et que l'image de Marie, apportée par saint Pothin, existait encore au XVIIe siècle.

Ce fut sur la colline, dans le Forum, que saint Pothin et ses compagnons furent condamnés à la mort et qu'ils rendirent un éclatant témoignage à la foi de Jésus-Christ. Saint Pothin, couvert de blessures, fut jeté dans un cachot souterrain du palais des Césars où il expira. Ce cachot fut transformé en chapelle. L'hospice de l'Antiquaille qui remplace aujourd'hui le palais des puissants persécuteurs des chrétiens en a la propriété. Les compagnons du grand évêque périrent sous la dent des bêtes féroces dans l'amphithéâtre.

Les corps des martyrs produisent des germes précieux qui fécondent la terre où ils reposent. Saint Irénée, compagnon de saint Pothin, fut appelé à faire fructifier l'héritage des doctrines chrétiennes. Il évangélisa le peuple de Lyon et sa parole fit tomber les lambeaux du culte païen. Selon saint Grégoire de Tours, la ville se convertit tout entière.

Les derniers coups du paganisme aux abois devaient être terribles. Le sang de saint Irénée et de milliers de chrétiens inonda le penchant de la colline. Lyon était irrévocablement gagné à la cause du vrai Dieu.

La ville romaine allait s'écrouler avec le bruit lugubre des édifices minés à leur base. Le palais des empereurs fut incendié par Septime-Sévère.

Au V° siècle, les Allemands et les Bourguignons devenus maîtres de la ville, et en 732, les Sarrasins, achevèrent sa destruction. En 840, « les portiques majestueux » demeurés debout, derniers débris de la puissance romaine, s'écroulèrent après une durée de sept siècles (1).

La chapelle de Marie s'éleva sur les ruines du Forum, et la Mère de Dieu y fut honorée sous le titre de Notre-Dame de Bon Conseil. Le sanctuaire de la Mère des chrétiens fut donné à l'église primitive par l'empereur Lothaire vers l'année 850 (2).

Un des membres du chapitre métropolitain fut le premier bienfaiteur dont le nom nous soit parvenu. Olivier de Chavannes, chanoine comte de Saint-Jean, voulut agrandir l'oratoire, et en 1168 une longue nef fut érigée. Elle devait être plus tard dédiée à saint Thomas Becket, l'illustre archevêque de Cantorbéry, martyr, et déclaré bienheureux en 1173.

Exilé d'Angleterre, il avait reçu un premier asile dans le monastère de l'abbé de Pontigny, Guichard,

---

(1) *L'ancienne chapelle de N.-Dame de Fourvière*, 1890, p. 9.
(2) *Idem*, archives de la primatie.

qui devint archevêque de Lyon et décida l'illustre exilé à accepter l'hospitalité du chapitre de Saint-Jean. A ce sujet, il existe une intéressante tradition rapportée par la nouvelle notice de Fourvière.

La Sainte Vierge parut avoir pour agréable le culte de vénération que l'on rendait au martyr qui l'avait invoquée sous le fer des assassins. Des miracles s'opérèrent à son invocation. Louis VII envoya un *ex voto* en reconnaissance de la guérison de son fils qu'il lui attribuait.

« Jean de Bellesmes, archevêque de Lyon, et le doyen Etienne de Saint-Amour achevèrent l'œuvre de leur prédécesseur en fondant, l'année 1192, une collégiale à Fourvière. A la tête de la collégiale était le prévôt du chapitre de Saint-Jean qui était aussi prévôt de Fourvière. Venaient ensuite deux dignitaires, le sacristain et le chantre ; le premier était en même temps Curé, car avant Jean de Bellesmes, Fourvière possédait déjà le titre et les droits de paroisse » (1).

Au XIIIe siècle le sanctuaire de Fourvière avait acquis une grande célébrité. Elle s'augmenta encore par le long séjour que le pape Innocent IV fit à Lyon en 1244 pour se soustraire à la persécution de l'empereur Frédéric II. En quittant la cité lyonnaise où il avait reçu une filiale hospitalité, Innocent IV lui témoigna sa reconnaissance par de nombreuses faveurs.

Pendant le XIIIe siècle la guerre civile troubla profondément la ville de Marie. Grégoire X qui avait été chanoine de la primatiale vint à Lyon et termina heureusement ces luttes intestines. Les citoyens durent payer la réparation des dégâts causés par leurs discor-

____
(1) *Idem*, p. 12.

des aux cloîtres de Saint-Jean, de Saint-Just et de Fourvière.

Ce pontife qui gouvernait l'Église d'une main ferme, assembla un concile en 1274 et précisa, avec sagesse, les droits de l'archevêque, du clergé et du peuple. Saint Bonaventure mourut à Lyon, pendant la durée de ce mémorable Concile.

Au commencement du XIVᵉ siècle le Conclave se tint à Lyon, dans le couvent des Jacobins. Jean XXII y fut élu et installé en grande pompe dans la cathédrale, l'an 1316.

Nous devons à ce pape très dévot à la Sainte Vierge la concession des indulgences attachées à la récitation de l'Angelus.

En 1476, Louis XI apporta son royal hommage à Notre-Dame de Fourvière. Une première fois il s'était rendu à Notre-Dame du Puy pour lui rendre grâces de sa victoire. Charles le Téméraire menaçait de nouveau la France et son trône. Le dévot monarque se tourna vers la colline de Fourvière et passa cinq mois dans la ville de Lyon. Il monta la sainte colline le samedi 1ᵉʳ juin pour y prier Notre-Dame de Bon Conseil et y faire ses offrandes. Le roi accordait au Chapitre de l'église de Fourvière « divers domaines formant ensemble une rente de 65 livres tournois pour la fondation de plusieurs messes ».

« Nous vous prions, dit le roi aux chanoines réunis, d'ajouter chaque jour, à la messe basse mentionnée dans notre acte, un *Salve Regina*, chanté à haute voix avec l'oraison *concede* ».

« Louis XI offrit à Notre-Dame une chasuble, deux tuniques, trois mitres marquées aux armes de France.

« Nous avons eu toujours si espécial refuge et espérance en la glorieuse Vierge Marie, mère de Dieu, en sa chapelle de Forvière au mont de Lion », disait le roi, « que nous ne voulons pas souffrir que si belle Dame losge en si humble maison » (1).

Le XVIe siècle vit se dresser l'hérésie menaçante ; Luther semait le désordre et la ruine en Allemagne, en Suisse, en Danemark, en Hollande. Calvin avait assis son pouvoir à Genève. Sa haine pour le culte catholique devait atteindre la ville aimée de Marie.

En 1551, le tabernacle du sanctuaire de Fourvière fut forcé et les vases sacrés enlevés avec les saintes hosties par les profanateurs.

En 1562, malgré une héroïque défense, la ville fut livrée aux conjurés, les églises furent pillées et la chapelle de Notre-Dame ne conserva que ses murs.

Vers 1622, le clocher de Fourvière fut relevé. La réédification de la chapelle s'acheva si rapidement que, dès 1623, on disait 25 messes par jour, et deux prêtres étaient sans cesse occupés à recevoir les offrandes.

Des épreuves plus douloureuses encore que celles du passé devaient éprouver le peuple Lyonnais.

La peste dévasta Lyon en 1564, 1577 et 1586. La ville commençait à se repeupler, lorsque, en 1628, le fléau fit irruption plus violemment que jamais. En quinze jours dix mille personnes succombèrent. Les échevins renouvelèrent un vœu fait précédemment en semblable circonstance à Notre-Dame du Puy. On envoya deux religieux minimes à Notre-Dame de Lorette. Ils déposèrent à la *Santa Casa* une lampe d'argent.

____

(1) *L'ancienne chapelle de Fourvière,* p. 17.

Les prières et les processions se multipliaient dans la ville. Après huit mois de ravages, le fléau s'arrêta. Il avait enlevé trente-cinq mille personnes environ. Les chirurgiens, médecins, le clergé, les Filles de la Charité avaient, en grand nombre, payé de leur vie leur dévouement à leurs semblables.

Dans cette même année 1630, Louis XIII fit une grave maladie pendant son séjour à Lyon.

Anne d'Autriche monta à Fourvière pour rendre ses vœux à la miraculeuse Vierge.

La sainte colline était chaque jour visitée par de nombreux pèlerins, et chaque jour aussi Notre-Dame faisait éclater au milieu d'eux sa bonté et sa puissance.

Le fléau avait diminué d'intensité, mais il reparut en 1638 plus terrible qu'auparavant. Les riches habitants de la ville allaient se réfugier dans les campagnes. Le pauvre peuple souffrait avec cette résignation douce et chrétienne dont il a toujours donné le consolant spectacle. Il s'était offert tout entier à la bonne Vierge et mettait en elle son espérance.

Lyon n'avait pas épuisé les épreuves qui devaient l'unir à jamais à sa protectrice.

Le mois de mai 1643 fut marqué par les effroyables ravages du fléau dont on croyait avoir triomphé. Les consuls, voulant rassurer la population, résolurent de la vouer à perpétuité à Notre-Dame de Fourvière.

A peine cette résolution fut-elle prise que le fléau ralentit sa marche.

Ce vœu fut accompli le 8 septembre 1643 par le corps consulaire, et la peste disparut de Lyon pour toujours.

Depuis ce moment un lien de tendre et inébranlable affection se forma entre la Vierge de Fourvière et la ville assise à ses pieds.

Tous les ans les consuls montaient à la chapelle solennellement pour y faire leur dévotion et offrir, avec d'autres présents, un écu d'or comme signe de vasselage, et une certaine quantité de cire pour le service de la chapelle (1).

Cet acte de donation de la ville à Marie ne fut point oublié par les successeurs des consuls, et Notre Dame se montra la gardienne des intérêts spirituels et même temporels de Lyon.

Le 25 juin 1740, les consuls posèrent la première pierre d'un nouvel édifice élevé à sa gloire. La restauration dura onze ans et les dons suffirent à toutes les dépenses.

La ville entière fut dans la joie quand le monument de sa piété lui fut ouvert. Tous les corps civils et religieux de Lyon vinrent en procession rendre hommage à Notre Dame, et pendant quarante ans les Lyonnais purent vénérer en paix leur sainte patronne.

« Le vocable de Notre Dame de Bon Conseil resta attaché à l'autel que l'on voit encore le premier en entrant, et qui avait été dédié par Claude Ferrier à Notre Dame des Grâces ».

La révolution vint exercer à Lyon ses sinistres ravages. Les biens de la chapelle furent vendus en 1791.

Les *ex-voto*, tous les objets du culte, furent envoyés à la monnaie ou déposés à l'hôtel-de-ville. Le Chapitre qui avait refusé le serment à la constitution dut s'exiler pour échapper à la mort.

______

(1) *L'ancienne chapelle de N. D.*

Le 19 novembre 1793, après des scènes sanglantes, les impies arrachèrent la couronne du front de la Vierge vénérée, et la chapelle fut fermée. Le sanctuaire échappa à la fureur impie de Couthon et de sa bande qui couvrit Lyon de ruines.

Les pèlerins bravaient la surveillance des proconsuls. Ils allaient à la porte de la chapelle prier Notre-Dame de leur envoyer la consolation et le salut. Lyon, la ville des martyrs, sous le couteau des sanguinaires délégués de la Convention, se montra digne de son passé. Le saint Sacrifice fut célébré chaque nuit dans les habitations particulières au milieu des plus grands dangers. Prêtres et laïques donnaient l'exemple du plus invincible courage. Les femmes elles-mêmes risquaient leur vie pour porter des ordres et des secours à leurs frères.

Mgr Marbœuf, élu archevêque de Lyon en 1789, n'avait pu prendre possession de son siège, deux vicaires généraux, MM. de Castillon et Linsolas, administraient le diocèse en son nom. L'un et l'autre avaient émigré ; mais voyant le troupeau sans pasteur menacé par la dent des loups, ils rentrèrent à Lyon en 1792.

Dénoncés et traqués, ils déployèrent toutes les ressources de leurs grands cœurs et se multiplièrent pour défendre les fidèles. M. de Castillon paya de sa vie sa généreuse conduite. Il fut arrêté et exécuté au mois de novembre 1793. Honneur au martyr du devoir et de la charité !

Le Directoire qui succéda à la Convention n'arrêta pas les scandales. La chapelle de Fourvière fut rouverte pour être de nouveau profanée et vendue pour servir au culte schismatique. Un nouvel archevêque, M. l'abbé Fesch, oncle du premier Consul, avait été placé, le 2 janvier 1803, sur le premier siège des Gaules. Il s'émut de voir la chapelle de Notre-Dame entre les mains de ses ennemis et la fit fermer. Mais le peuple réclamait son cher sanctuaire. Le passage du pape Pie VII fut une promesse de pacification.

« Le pape, en revenant de Paris où il avait été sacrer Napoléon, avait promis au cardinal Fesch de s'arrêter une seconde fois à Lyon ».

Son Eminence, afin de réserver au Saint Père la réouverture de la chapelle, autorisa une souscription, et les dons des fidèles permirent d'achever rapidement les réparations.

Rien ne devait manquer à la consolation des Lyonnais : La statue de Notre Dame, cachée aux mauvais jours dans les décombres par les mains pieuses d'un jardinier, fut retrouvée et offerte à la vénération des dévots serviteurs de Marie.

Le pape Pie VII voulut célébrer lui-même les saints mystères à la chapelle et monter à pied la colline que le martyre de saint Pothin avait illustrée.

On ne peut lire sans un frissonnement d'enthousiasme le récit qui nous montre le pape entouré de toute la pompe civile et militaire, de plusieurs cardinaux et d'un nombreux clergé, arrivant sur la sainte colline.

« Les portes de l'église étaient fermées, elles s'ouvrent devant le pontife lorsqu'il paraît sur le parvis. Il lève les yeux au ciel, fait le signe de la croix sur l'édifice sacré, et entre le premier, au bruit des canons de l'arsenal, qui célèbrent à plusieurs reprises et l'arrivée du pape, et l'ouverture du sanctuaire si longtemps désirée » (1).

(1) Notice citée p. 45.

Le pape s'agenouilla devant l'autel de la Mère de Dieu, et après la sainte messe il bénit les cent mille fidèles prosternés sous sa main au pied de la colline.

Le Saint Père, gagné par le délire d'enthousiasme du peuple lyonnais, se tourna vers les prélats qui l'entouraient, en s'écriant :

« C'est beau ! c'est beau ! il y a bien de la foi en France. Que Dieu bénisse ce bon peuple ».

Les triomphes sanglants de l'Empire virent toutes les mères et les épouses aux pieds de la divine Mère. Les *ex-voto* témoignent des nombreuses grâces qu'elles obtinrent pour les êtres chéris qu'elles confiaient à Marie. Les terribles Cent-Jours qui enlevaient tous les enfants de la France pour les jeter à la bouche des canons les virent prosternées nuit et jour dans le sanctuaire de leur protectrice. Avec un élan de foi admirable elles firent un vœu pour obtenir le retour de la paix dans leur foyer et se mirent à préparer la magnifique bannière qu'elles voulaient offrir à Notre-Dame.

Après la chute du géant qui avait ébranlé l'Europe, la France respira. « Le 23 août 1815, l'Archevêché et l'Hôtel-de-Ville annoncèrent qu'une procession générale d'actions de grâces, pour l'accomplissement du *vœu des Dames* monterait à Fourvière le jour de la fête de saint Louis. Les dames offrirent à Marie leur bannière votive au nom de la cité, et déposèrent à ses pieds une riche corbeille de roses et de lys ».

La révolution de 1830 atteignit de nouveau la prospérité de la ville de Lyon, mais non pas sa confiance en Notre Dame. La prière triompha. La menace de guerre disparut. Le peuple insurgé s'apaisa sous les regards de Marie.

En 1834, l'armée se battit avec les citoyens. L'insurrection était redoutable. De Bellecour à Fourvière les boulets s'élancèrent en se croisant pendant trois jours, sans faire éprouver un dommage à la chapelle.

En 1832, le choléra entourait le diocèse de Lyon. Dociles à la voix de leur premier pasteur qui les conviait à des processions pénitentes, la ville et les campagnes se pressèrent dans le chemin de la sainte colline et la menace de mort fut écartée par le bras puissant de Notre Dame.

En 1835, le fléau qui ravageait le midi de la France s'avança jusqu'à Valence. Lyon fut encore préservé de ses maux par la clémence divine.

Une inscription et de nombreux *ex-voto* perpétueront le souvenir de cette providentielle préservation.

Les papes accordèrent d'insignes faveurs au célèbre sanctuaire, entr'autres l'autorisation d'ajouter le mot *Immaculée* dans la préface de la messe propre de la Conception de la Bienheureuse Vierge Marie (1).

Cette faveur désirée ardemment par les Lyonnais faisait entrevoir dans l'avenir le magnifique triomphe de Marie en 1854.

Mgr de Bonald, évêque du Puy, venait d'être appelé à gouverner l'Église de Lyon, quand un nouveau désastre éprouva son peuple.

Du 30 octobre au 8 novembre, le Rhône et la Saône sortirent de leur lit. Des ponts s'écroulèrent; les rues étaient changées en rivières. Les fidèles ayant à leur tête l'archevêque et son clergé gravissaient la colline et devant le Saint-Sacrement exposé dans la chapelle élevaient leurs bras vers Notre Dame.

____

(1) *L'ancienne chapelle*, ch. 59.

La clémente Mère adoucit la rigueur des châtiments de Dieu et la cité fut promptement délivrée.

En reconnaissance de ce nouveau bienfait l'archevêque se rendit au désir de son clergé et des habitants. La procession du vœu, qui n'avait pas été faite depuis 1789, reprit ses solennités. Dès le 8 septembre 1843, cet acte de consécration de la ville à Marie n'a pas cessé de se renouveler chaque année.

Le concours des fidèles était si grand dans le sanctuaire de Fourvière qu'il fallut se hâter de pourvoir à son agrandissement. Un nouveau clocher fut élevé ; on y plaça la statue de Marie, et l'inauguration de cette image colossale donna lieu à une manifestation admirable.

Depuis cette époque, le 8 décembre est une date mémorable consacrée à célébrer la gloire de l'Immaculée Mère de Dieu.

Qui n'a gardé le souvenir d'une de ces nuits merveilleuses où la statue de la Vierge apparaît au milieu d'un rayonnement sans pareil, où les collines et la grande ville se guirlandent de mille feux ! De ces journées si touchantes où des processions composées des milliers de fidèles de toute condition vont attester leur reconnaissance à la céleste Protectrice.

Qui n'aimerait ces collines où les souvenirs chrétiens se lèvent à chaque pas ! ces fleuves bénits pour ainsi dire par le sang et les cendres des martyrs ! cette image rayonnante dominant la plaine immense que les Alpes couronnent, et qui semble se pencher, dans une maternelle sollicitude, sur la ville qui se confie à son amour !

En entrant à Lyon le voyageur salue cette sainte

figure. En partant, il se retourne pour la revoir encore et la graver dans son souvenir.

En 1856 la Saône déborda. A peine les craintes étaient-elles calmées, que le Rhône, grossi par les pluies torrentielles, renversa ses digues et, montant toujours, changea en lac les quartiers de la rive gauche.

Mgr de Bonald appela les Lyonnais effrayés aux pieds de leur patronne, et Marie fut encore la douce colombe qui apporte la nouvelle du salut.

Les cruelles épreuves de 1870 devaient jeter le peuple entier devant les autels de Fourvière. Lyon, sous la menace des Prussiens, était bouleversé par la révolution.

Par trois fois un corps ennemi reçut l'ordre de marcher sur Lyon et le plan fut presque aussitôt changé. Une dernière fois la ville fut menacée d'un siège.

Neuvaines solennelles, processions, promesses, telle fut l'œuvre des Lyonnais pendant toute la durée du danger.

Les délégués de toutes les paroisses, suivis d'une foule suppliante, vinrent au sanctuaire de Fourvière pour renouveler le vœu de 1643. Peu de jours après, l'archevêché autorisait la circulation des milliers de feuilles où se lisait cet appel au cœur des fidèles :

« *Vœu à Notre-Dame de Fourvière.*

« Nous faisons vœu de prêter un généreux concours
« à la construction d'un nouveau sanctuaire à Four-
« vière, si la Très Sainte Vierge, notre Mère Imma-
« culée, préserve de l'ennemi la ville et le diocèse de
« Lyon ».

Au moment où l'on était rempli des plus sombres pressentiments, l'ennemi s'arrêta. Lyon était sauvé.

L'amour des Lyonnais n'a point fait défaut. Un palais de marbre et d'or, aux formes magnifiques, aux décorations splendides, glorifiera à jamais le nom de Celle qu'ils ont établie gardienne de leur ville.

La vie du maréchal Suchet est remplie de traits de valeur. Mais trop bon pour aimer les lauriers ensanglantés, la guerre n'était pour lui qu'un acte de sacrifice qu'il remplissait avec une complète abnégation. Les remparts de Tarragone qu'il n'emporta qu'après cinq assauts mémorables lui valurent son bâton de maréchal de l'Empire. La prise de Valence dont il ne put s'emparer qu'après un terrible siège lui fit donner le titre de duc d'Albuféra. Sa carrière militaire fut glorieuse ; l'histoire a déjà enregistré son nom parmi les plus grands de cette époque homérique. Et cependant un pieux souvenir de son enfance a peut-être été plus doux au cœur du duc d'Albuféra, au moment de la mort, que cette gloire faite de larmes et de ruines.

En 1815 le désastre de Waterloo avait jeté pour la seconde fois les armées coalisées en France. Le maréchal Suchet gardait la frontière du côté de la Savoie et du Piémont, quand il reçut l'ordre de venir en grande hâte défendre Lyon menacé par cent mille Autrichiens.

Il monte la colline pensif, inquiet. Arrivé à l'antique chapelle de Fourvière une pénible préoccupation le saisit et l'agite. Il observe la position. Le sanctuaire sera le point culminant où les boulets de l'ennemi viendront s'abattre. Il sera détruit et avec

lui cette chère et vénérable image de la protectrice de
Lyon.

Le maréchal qui a conduit tant de sièges, avec une
inébranlable résolution, ne peut se décider à sacrifier
un autel. C'est qu'il est un enfant de la cité de Notre
Dame. Il a reconnu le chemin qu'il gravissait si souvent, la main dans la main de sa mère. Il s'attendrit
en parcourant le sanctuaire où il peut retrouver encore
la place où s'agenouillait avec lui celle qui n'est plus.
Non, il ne sacrifiera pas cette Vierge devant laquelle
il a élevé ses mains d'enfant.

Il descend d'un pas rapide, son cœur est soulagé. Il
a renoncé à ses projets de fortifications. Que Notre
Dame continue à protéger sa chère cité !

Jacquard, modeste ouvrier de Lyon, fut un des pro-
tégés de Notre-Dame de Fourvière. Ses parents, pauvres tisserands, l'avaient associé dès l'âge de huit ans
à leur travail et à leurs soucis. L'enfant avait du
cœur et de l'intelligence. Il ne travaillait pas comme
la machine, dans un mouvement inconscient de sa
force. Il réfléchissait ; il observait. La première pensée de la découverte qui l'a illustré est née dans son
cœur d'un sentiment de compassion.

C'était pour lui un grand sujet de peine de voir
que ces pauvres ouvriers qui traçaient sur de brillantes étoffes de si magnifiques dessins recueillaient
un si mince salaire, pour tant de peines physiques et
morales.

Les enfants courbés pendant tout le jour sur des
métiers à tisser la soie, très difficiles à manœuvrer dans
ce temps-là, respiraient un air malsain, et contrac-

taient des maladies qui appauvrissaient la génération
ouvrière.

Jacquard se mit à chercher un procédé qui épar-
gnerait aux ouvriers un travail qui avait tué ses parents. Chrétien fervent, mais n'ayant ni connaissances
scientifiques, ni fortune, il confia son projet à la Vierge,
refuge des déshérités, la priant de bénir son travail et
de lui donner le succès pour le bien de ses frères, les
ouvriers.

Notre-Dame de Fourvière devait être son inspiratrice et sa conductrice dans les voies inconnues où il
s'engageait. Jacquart lui fit un vœu, voulant, disait-il,
l'intéresser directement à sa découverte, et commença
en son honneur une neuvaine. A la suite de cette promesse et de ces neuf jours de prières, le plan du métier qu'il n'avait pu encore concevoir se présenta à son
esprit tel que l'appareil devait être construit.

Jacquard devint ainsi le bienfaiteur d'une classe intéressante et nombreuse. Il garda sa simplicité et sa
foi naïve. Plus tard, quand on le félicitait de sa grande
découverte, il se défendait du mérite qu'on voulait
lui attribuer.

« Moi, l'inventeur de ce métier ! disait-il, ah bien
oui ! c'est à Notre-Dame de Fourvière qu'en revient
toute la gloire ; je n'ai fait qu'exécuter ce qu'elle m'a
montré ».

NOTRE-DAME DE VALFLEURY

Son sanctuaire. — Ses bienfaits. — Son couronnement.

Valfleury appartient au diocèse de Lyon dont il est distant de sept lieues. Il est situé « au sommet d'un angle dont les villes manufacturières de Rive-de-Gier, de Saint-Chamond et de Saint-Etienne forment la base » (1). Ses maisons cachées dans la verdure sont gracieusement étagées sur le versant des monts lyonnais et forment une sorte d'amphithéâtre. Des vallées traversées par une rivière, des bois de châtaigniers, des prairies, ouvrent aux pèlerins une route pittoresque qui repose la vue et prépare aux douces émotions du pèlerinage.

La vallée de la Durèze, choisie par la Sainte Vierge, est parsemée d'une quantité de fleurs qui lui donnent un aspect frais et reposant. La gracieuse apparition de Marie lui valut jadis le nom de Valflorie qui fut plus tard changé en celui de Valfleury.

A la fin du VIIIe siècle c'était un pays désert. Les pâtres, les propriétaires au temps des récoltes, les oiseaux dans les vastes branchages des arbres séculaires, troublaient seuls le silence de cette solitude.

Noël approchait. Le froid était rigoureux. Sur la

(1) Nous avons puisé une partie de nos renseignements dans l'*Histoire du pèlerinage et du sanctuaire de N.-D. de Valfleury* par l'abbé Salesse.

terre durcie, sur les feuilles et les branches mortes tombées sous les gelées, un blanc manteau de neige s'étendait.

Des pâtres suivaient le chemin de la source du vallon ; leurs troupeaux couraient devant eux, altérés de son eau douce et abondante.

Des genêts entouraient la fontaine et lui faisaient un gracieux ornement. Ce jour-là, une de ces plantes rustiques, une seule, était toute fleurie comme si un rayon de soleil échappé des brumes duciel l'avait caressée.

De loin, ses mignons sabots d'or rayonnaient sur la blancheur cristalline de la neige.

Les bœufs et les vaches, oubliant leur soif, s'arrêtent le cou tendu, leurs bons yeux paisibles fixés sur le genêt fleuri, et tout à coup, comme leurs pareils devant le petit roi de Bethléem, ils s'agenouillent, paraissant rendre hommage à une divine présence.

Les pâtres accourent, effrayés des facultés admiratives de leurs bêtes. Dans les branches fleuries du genêt ils découvrent une statue de la Vierge Marie représentée assise avec l'Enfant-Dieu sur ses genoux.

Les populations des contrées environnantes, à l'appel des bergers, s'empressent de venir contempler le prodige, ayant à leur tête le curé de Saint-Christôt, messire Rimaud. Valflory dépendait de sa paroisse.

La statue est placée sur un char ; des hommes s'y attellent et le cortège conduit la miraculeuse image à l'église paroissiale au son joyeux des cloches.

On plaça la douce Mère avec son divin Enfant dans le chœur paré à la hâte pour les recevoir. Mais la Vierge Marie aimait la solitude de Valflorie et c'est là qu'elle voulait répandre ses bienfaits.

Les anges, dit la légende, transportèrent de nuit l'image de leur reine sous la touffe de genêts ; c'est là qu'on la retrouva le lendemain.

Dans le trajet de Saint-Christôt à Valflorie, ils la déposèrent sur un rocher aride « brûlé par le soleil et noirci par le soufre qu'il contient ». On l'appelle *la chaise de la Sainte Vierge*. Il fut de tout temps l'objet de l'attention respectueuse des pèlerins.

La chaise de Marie représente une stalle ayant son dossier et son marche-pied. Les mères apportent encore là leurs petits enfants dont les membres délicats ont besoin d'être fortifiés ; elles les posent sur la chaise de la bonne Vierge. Si c'est un garçon, elles renouvellent cet acte pieux trois vendredis de suite ; et trois samedis, si c'est une fille.

Le curé de Saint-Christôt bénissait Dieu de posséder dans son église un précieux aliment pour la piété de ses paroissiens. Quelle ne fut pas sa douleur de voir disparaître son trésor. Son intelligence en reçut une terrible secousse et l'on crut que le pauvre affligé avait perdu pour toujours la raison. Ses paroissiens se mirent en prières ; tant et si bien ils invoquèrent la Vierge miraculeuse, que messire Rimaud fut subitement guéri. En reconnaissance de cette grâce, il fit le vœu de bâtir une chapelle sur le lieu du miracle.

Il s'engagea pour une forte somme, et les montagnards suivirent l'exemple de leur pasteur. Malheureusement le bon curé s'était cru capable de diriger la construction de l'oratoire et, comme ses plans n'en assuraient pas la solidité, quelques années après, un jour de Noël, il s'effondrait.

La Sainte Vierge ne permit pas que l'anniversaire de la découverte de sa statue fût un jour de deuil ;

elle préserva ses serviteurs. L'accident arriva après les offices et l'on n'eut point de malheurs à déplorer.

En souvenir de cette préservation, on chante chaque année, à Noël, à l'issue des vêpres, un Te Deum d'actions de grâces.

Cette modeste chapelle fut le premier centre des pèlerinages qui, de générations en générations, devaient remplir la vallée bénie.

Parmi les premiers pèlerins de Valfleury l'histoire du sanctuaire garde le souvenir de saint Gérauld, comte d'Aurillac, né en 855, mort en 909. Il était habile dans la direction des affaires publiques, prompt à défendre les intérêts de ses sujets et s'appliquait à acquérir les vertus qui nous font grands aux yeux de Dieu.

Au milieu de sa cour il menait une vie austère. Il était né souffrant, et vers la fin de sa vie il devint aveugle. L'histoire ne nous dit pas le motif qui l'amena à Valfleury, mais nous savons qu'il y recouvra la vue, et depuis cette époque on nomme la madone miraculeuse Notre-Dame des Roses.

Le 15 janvier de l'an 980, un des successeurs du curé Rimaud réunit les principaux habitants du village dans le but d'aviser au moyen de donner un beau sanctuaire à la divine Reine de la vallée.

Mais les ressources manquaient. Les sujets de Notre-Dame avaient grands cœurs et petites bourses. Le seigneur du lieu vint à leur aide. Il déposa sur la table du conseil une grosse poignée d'écus engageant chacun à prendre sur ses revenus les sommes nécessaires à la construction de l'église.

Les travaux furent achevés en deux ans. La source près de laquelle la statue de la Vierge-Mère avait été trouvée était renfermée dans l'enceinte du sanctuaire. On y descendait par quelques marches de pierre.

Le nombre des infirmes qui demandèrent par ce moyen leur guérison est incalculable. Ce n'était plus, comme à Bethsaïde, un ange qui agitait l'eau et lui donnait une vertu céleste pour un seul malade. Ici, la Vierge Marie étend sa main pleine de bienfaits, et tous les souffrants sont invités à goûter les effets miraculeux de l'eau de sa fontaine.

Dès le début du pèlerinage de Valfleury, à cette époque reculée de notre histoire, des chapelains vinrent desservir la chapelle et remplirent les fonctions sacerdotales.

Le bruit des miracles opérés dans cette solitude s'était répandu dans toute la France et parvint au roi Robert le Pieux.

La chronique nous apprend « qu'il était instruit dans les sciences divines et humaines ; lisait tous les jours le psautier ; se rendait fréquemment à Saint-Denis, la couronne en tête, revêtu de ses habits royaux, et chantait avec les moines les louanges de Dieu. Il composa beaucoup d'hymnes adoptées par l'Église. On lui attribue l'hymne *Veni, Sancte Spiritus* ».

Robert le Pieux avait en grande vénération Notre-Dame de Valfleury. Il allait entreprendre son pèlerinage quand la mort le surprit.

En 1052, Valfleury fut érigé par charte royale en prieuré. La France sortait à peine d'une phase de calamités terribles. Des guerres incessantes l'avaient couverte de ruines. Les campagnes étaient inhabitées ; les champs n'avaient plus de culture : « Le pays tout entier, raconte Raoul Glaber, moine historien de Cluny, éprouva la souffrance du manque de nourriture. Les grands et ceux d'une fortune médiocre pâlissaient de faim aussi bien que les autres. On vit des hommes, après avoir dévoré les bêtes et les oiseaux, se jeter sur les nourritures les plus rebutantes et les plus funestes » (1).

Le fléau dura trois ans. En 1033, une abondante récolte mit un terme à ces maux.

Ce fut alors que l'Église établit la Trève-Dieu, dans le but d'attirer sur la France la miséricorde divine, de désarmer les peuples et de faire cesser les rapines qui mettaient le faible sous l'injuste domination du plus fort. Il y eut défense de porter les armes pour attaquer, de blesser et de violenter les paysans et de se venger sous peine d'excommunication. Les églises, les cimetières, les outils, les plantations et les bestiaux des paysans furent mis sous la protection de la Trève de Dieu, et les évêques furent chargés de faire exécuter les règlements de cette loi digne de l'esprit d'amour, de justice et d'égalité qui fait la grandeur de l'Église catholique (2).

Les peuples accablés par les maux matériels se jetèrent dans les bras de la religion comme dans un port, et cette nouvelle éclosion de la foi couvrit notre sol de monastères et de chapelles.

Saint Robert abbé, de la famille des barons d'Aurillac, avait fondé la Chaise-Dieu ; accompagné de deux soldats, épris comme lui pour la pénitence et la solitude, il se fixa auprès d'une église abandonnée et y bâtit une cabane.

Leur renom de sainteté leur attira un grand nom-

---

(1) L'abbé Pierrot, l'*Histoire de France*, règne d'Henri Ier.

(2) Renseignements tirés de l'*Histoire universelle de l'Église*. Rohrbacher.

bre de solitaires, et il fallut construire un monastère qui fut bientôt rempli par des religieux serviteurs de Dieu et des pauvres.

C'était en 1050, sous le règne de saint Léon IX. Saint Robert donna à ses disciples la règle de saint Benoît. L'évêque de Clermont fit instituer canoniquement le nouvel Ordre et en établit abbé, malgré ses résistances, son fondateur (1).

Henri Iᵉʳ partageait la vénération de son père pour la Vierge de la vallée. Voulant comprendre Valfleury dans ses pieuses fondations, il jeta les yeux sur le saint abbé Robert dont la réputation était parvenue jusqu'à lui ; il érigea le sanctuaire en prieuré, le dota de biens considérables et le donna à saint Robert avec charge de le faire desservir par ses moines.

Le P. Voirée, de la Compagnie de Jésus, le premier historien de Valfleury, publia, en 1643, un ouvrage intitulé : Triple couronne de Marie, et le dédia à S. A. S. Charles IV, duc de Lorraine.

Voici des faits miraculeux, recueillis par lui dans les montagnes en l'honneur de la Vierge Marie : « Il y a déjà quelques années qu'un muet étant venu faire ses dévotions à Notre-Dame de Valfleury, y fut miraculeusement guéri, recevant après sa neuvaine le pouvoir de parler et de s'exprimer librement. La merveille ne s'est pas arrêtée ; car, ayant fait vœu que si l'usage de la langue lui était octroyé il viendrait toutes les années, à même temps, faire hommage à la Sainte Vierge en la chapelle de Valfleury ; s'il arrive qu'il passe le temps, il perd aussitôt la parole et ne la recouvre point autrement qu'en s'acquittant de sa pro-

____

(1) *Histoire du pèlerinage et du sanctuaire de N.-D. de Valfleury,* par l'abbé Salesse.

messe ; chose qui lui est déjà arrivée quelquefois, à
cause de divers accidents qui tenaient les passages
fermés ; et dans toutes ces contrées, il n'y a aucun qui
ne le connaisse et qui ne sache ce que je viens de rapporter ».

L'action bienfaisante des moines se fit sentir dans
toute la France. Les Bénédictins de Valfleury avaient
trouvé la vallée couverte de bois et remplie de préci-
pices ; ils la changèrent en champs fertiles. Ils construisirent un clocher qui manquait à l'église et y placèrent une cloche qui existe encore. Elle fut bénite par
un successeur de saint Robert, en l'an 1101.

Les pèlerins, depuis l'installation des Bénédictins,
arrivaient en foule chaque jour plus nombreuse à
Valfleury. Les papes, pour récompenser leur ferveur,
enrichirent le sanctuaire de N. Dame de précieuses
indulgences et d'insignes privilèges.

« La prospérité du pèlerinage fut compromise par
l'adjonction des Bénédictins au prieuré de Savignien,
proche de Montbrison, vers l'an 1400. Le prieuré de
Valfleury en suivit la destinée » (1). Les bénéfices
ecclésiastiques, dont il avait été pourvu par la générosité d'Henri Ier, tombèrent en commende ; les Bénédictins n'ayant plus de moyens d'existence durent
quitter le sanctuaire de Notre-Dame.

La Très Sainte Vierge n'abandonnait point sa vallée.
Des faits miraculeux venaient de loin en loin ranimer
la foi et la confiance des peuples.

En 1620, la vénérable Agnès de Langeac, de l'Ordre
de saint Dominique, fit un pèlerinage à Valfleury.
Les prêtres ne desservaient la chapelle que le diman-

_____

(1) *Histoire du pèlerinage et du sanctuaire de N.-D. de Valfleury*
par l'abbé Salesse.

che et les jours de fête. La vénérable était venue sans
doute dans le courant de la semaine et, se trouvant
privée de la sainte communion, s'en plaignit tendre-
ment à Dieu. Notre Seigneur, qui fait la volonté des
saints, selon la parole du vénérable curé d'Ars, envoya
un ange qui prit dans le ciboire l'hostie sainte et la
déposa sur la langue de l'épouse de Jésus.

La mémoire de ce prodige s'est conservée à Valfleury jusqu'à nos jours.

En 1618, une notice imprimée à Tournon réjouit
les dévots de Notre-Dame. Elle donnait le récit du
miracle prodigieux et très véritable arrivé en la personne de noble damoiselle Catherine de Monery en l'é-
glise de Nostre-Dame de Valfleury auprès de Sainct-
Chaumont, l'année 1617.

Cette relation écrite dans le style du temps est fort
curieuse.

Catherine de Monery de Portes, femme d'Isaac de
Messonier, sieur du Pont, fut affligée de différentes maladies pendant neuf ans et devint paralytique ; « luy
desrobant tous les mouvements et actions de ces parties de son corps, cy bien que l'apparence extérieure
par une couleur jaunastre donnait plus de témoignage
de mort que de vie, l'œil ayant perdu son bransle et la
clairté, le bras sa force en proportion, la jambe sa
mesure, se rendant par un raccourcissement et ré-
traction de nerfs inesgale à l'autre, qui la surpassait
de plus d'un grand demy pieds ».

La malade avait beau désirer et chercher des soulagements ; aucun remède, chèrement acheté, ne par-
venait à diminuer ses souffrances. Tous les saints du
ciel avaient été invoqués, avec grands vœux et pieu-

ses aumônes. Elle n'en retirait qu'une amélioration passagère.

« C'est donc qu'il semble que ces bons saincts, auxquels elle avait parmy ces trances présentez tant de vœux et de prières, désirant que la réputation de la Vierge print ces accroissements par le prodige, ils luy en voulurent réserver l'honneur et ce en ceste église submentionnée.

« La pauvre affligée donc après plusieurs variétez et altérations de guérisons et de recheuttes alléchée par le bruit des miracles qui se faisaient journellement en ceste église de Notre-Dame de Valfleury, elle se résoulut de mettre tout son appuy en la Vierge glorieuse en espérant une asseurée délivrance, et en ceste effect luy adresse un vœu, promettant son accomplissement au mesme temps qu'elle luy rendrait les forces bastantes pour son exécution, ce qu'elle confirma par plusieurs promesses souvent réitérées ».

Soutenue par sa foi et une grande confiance, elle combattit toutes les oppositions que l'on faisait à son départ et demeura victorieuse. Elle se fit conduire à Saint-Chamond où elle demanda l'assistance des religieux de saint François, afin qu'ils soient prêts à prier et célébrer une messe pour elle devant la vénérable image.

Deux hommes apportèrent la pauvre infirme, immobile, couchée sur des oreillers, devant l'autel. Elle faisait de dévotes et continuelles invocations et se sentit, dès le commencement de la messe un mouvement dans toutes les parties inertes de son corps. A l'élévation, le sang circula avec une telle activité dans ses membres raides et glacés qu'elle perdit connaissance et resta dans cet état jusqu'au Pater. Elle revint alors à elle ; toutes ses douleurs étaient calmées.

« Pleine de vie et de jugement, un mouvement du St-Esprit l'esveille, et lui donne envie de se mettre à genoux ».

Elle se leva sans secours, s'agenouilla dévotement et, sans fatigue, elle entendit le reste de la messe.

« Sortant avec regret de ces méditations, elle se lève et pour lors, elle assit, jugement, asseurée, et la vérité du miracle : car elle se voit guérie touchant avec les mains l'os de la hanche qui estoit joinct, et proportionné en sa boüette à celui de la cuisse, quoy qu'auparavant il passa par dessus trois ou quatre grands doigts, elle s'estendit sa jambe, et se planta sur icelle, qui devàt estoit plus courte que l'autre d'un grand demy pied, demeurant si esgalement conforme à l'autre qu'on ne pouvait discerner des deux laquelle avait esté mise soules la presse outre qu'elle estoit doublée, et portée par la potence, après elle fut droicte, souple et maniable.

« Ce qui l'obligea à faire divorce avec sa potence, la répudiant comme un ayde estrangière, se pouvant passer de son appuy, et la craincte qu'elle eut joinct à la joye, lui firent espouser un petit baston, cheminant en asseurance, et ne pouvàt quitter ce lieu si bien signalé pour elle, pour ceste faveur, elle s'entretenait, ores en la Chapelle de monsieur de S. Chaumont où elle récita quelques hymnes en action de grâces en l'honneur de Dieu et de sa Mère. Puis à un autre, après s'entretenant avec ceux qui la félicitaient de ce bonheur, enfin elle sortit gaillardement de l'église et marcha jusques à son logis, duquel elle revint puis après à l'église imitant le boiteux qui fut guéry par les apostres, qui saultoit et gambadoit au com-

mencement qu'il eut reçu cette grâce, et depuis longtemps après elle ne se pouvait souler, au récit de ce
miracle, qui a esté advéré par plusieurs personnes de
foy, et notamment de M. son frère, Noble, Esprit de
Monery, sieur de Porte, qui l'a tousjours accompagnée,
et à veu tous les changements si soudains qui ne peuvent procéder d'une cause naturelle, veu que la nature par son imperfection travaille par succession du
temps, et Dieu en un moment opère sans résistance
de subject à l'honneur duquel, et de sa mère, la dicte
Catherine de Monery saine, s'est icy signée comme
aussi tous les témoins assistants. Oc. de Monery, Portes son frère, P. Vincent de Rion, Capucin, F. Bacinte
Capucin, Faure, vicaire de Nostre-Dame de Chezelles, Sicard, Louys Faure Prestres de Chezelles, François Meyrieu, vicaire de Valfleurie ».

Voici encore une époque néfaste qui jeta les populations effrayées aux pieds de la Sainte Vierge.

La peste éclata, en 1628, à Saint-Chamond et Saint-
Etienne. La terreur et la mort se partageaient ces
contrées. Les victimes tombaient par milliers. Les
prêtres se montrèrent, comme toujours, à la hauteur
de leur mission, et tandis que les malheureux pestifé-
rés étaient abandonnés de leurs parents eux-mêmes,
ils restèrent à leur poste pour les soigner, les conso-
ler et leur donner la sépulture.

Les mesures pour arrêter le fléau étant impuissan-
tes, on eut recours à la miséricorde de Dieu par l'intervention de la très bonne Vierge Marie.

« Le 21 novembre 1629, les habitants de Saint-
Etienne firent le vœu de célébrer à jamais comme dimanche, la Présentation de la Sainte Vierge et de faire

audit jour la procession générale qui se rendra aux capucins » (1).

La même année, les consuls, conseillers et notables de Saint-Chamond, en présence de trois curés de la ville, firent vœu d'aller en dévotion vingt fois à l'église de Notre-Dame et prirent plusieurs autres pieux engagements.

Cinquante-deux paroisses se vouèrent à la Vierge de Valfleury. La peste cessa et les populations vinrent en foule remercier leur divine bienfaitrice.

Aujourd'hui encore quelques paroisses se montrent fidèles à la promesse faite par leurs dévots aïeux.

Les pèlerins ayant repris en grand nombre le chemin du sanctuaire, il fut confié aux prêtres Lazaristes de la congrégation fondée par saint Vincent de Paul. Ces bons religieux ne furent ni moins zélés, ni moins aimés que les bénédictins.

La stabilité légale de leur établissement dans le pays fut assurée par une ordonnance de Louis XIV, du mois de septembre 1711.

Le premier supérieur fut M. Blanc ; un homme de Dieu qui sera peut-être un jour déclaré saint par la voix de la Vierge de Valfleury et celle de l'Église. Il mourut en odeur de sainteté et fut enterré dans le sanctuaire de Marie, devant le maître-autel.

Une fille spirituelle du Père Blanc, Catherine Phélis, née en 1664, fut admirable dans sa vie et dans sa mort. Sainte Thérèse parut l'initier à la science divine. Elle avait les élans d'amour de sainte Madeleine de Pazzi envers Jésus-Hostie. Sa vie fut remplie par l'oraison, le travail et les souffrances expiatoires qui

____

(1) Eugène Bonnefons, *Histoire de Saint-Etienne.*

durèrent 18 ans. Notre Seigneur lui apparut plusieurs fois, l'engageant à souffrir en union avec lui pour les pécheurs.

Elle habita dix ans Valfleury qu'elle embauma du parfum de ses vertus et mourut le 19 octobre 1705.

Elle avait supplié humblement le Père Blanc de la faire enterrer dans l'église de Notre-Dame ; son désir fut accompli.

Pendant un siècle rien ne mit obstacle au zèle des Pères Lazaristes et aux grâces de la Sainte Vierge : Les procès-verbaux du sanctuaire consignaient de merveilleuses faveurs. La révolution éclata comme une tempête, bouleversant la France jusque dans ses vallons les plus cachés, et les registres de Valfleury furent détruits. On vendit la maison et les biens de ses prêtres fidèles qui furent poursuivis et emprisonnés. Plusieurs d'entr'eux montèrent sur l'échafaud, préférant la mort au parjure.

L'image de Notre-Dame des Roses avait été cachée dès la première alerte dans le caveau d'une maison voisine de l'église. Elle échappa à toutes les recherches ; mais le couvent et le sanctuaire furent pillés et saccagés.

Après ces jours sanglants, l'église qui avait été vendue comme bien national fut remise entre les mains des Pères, et l'image de Notre Dame reprit sa place au milieu d'une population toute dévouée à son culte. Les pèlerins, dit un auteur du temps, reparurent au nombre de deux cent mille chaque année.

Le 22 mai 1853, la première pierre de la nouvelle église fut posée, et la consécration de l'édifice eut lieu le 29 mai 1866.

Ce monument remarquable bâti en grès de Saint-

Chamond a été inspiré par le style architectural adopté dans la première moitié du XIII° siècle. Il est plein de beautés qu'il serait trop long de décrire.

Le trône de Notre Dame se dresse sur l'autel sous un baldaquin élevé. La statue porte un vêtement royal. A ses pieds on remarque le cœur en vermeil offert par le canton de Saint-Chamond.

La pierre sacrée de l'autel de Saint-Joseph est tirée d'un bloc de la grotte de Gethsémani. C'est un don des Pères de la Terre Sainte. Par côté de l'autel se trouve le reliquaire du reméage (1). Il contient un morceau du vêtement de la Sainte Vierge ; une parcelle de la vraie croix ; une relique de saint Benoît, des saints apôtres Pierre et Paul, de St Jean-Baptiste, de St Matthieu, de Ste Marie-Madeleine et de St Vincent de Paul.

Notre-Dame de Valfleury avait droit aux honneurs du couronnement. Par décret du 2 mars 1860, Pie IX délégua S. Éminence le cardinal de Bonald, archevêque de Lyon, pour procéder en son nom à cette imposante cérémonie. Mgr Franҫoni, archevêque de Turin et Mgr de Marguerie, évêque d'Autun, assistaient Mgr Lyonnet. L'éloquent évêque de Genève, Mgr Mermillod, félicita la France de sa fidélité à ses antiques croyances qui feront encore sa force et sa gloire dans l'avenir.

On prononҫa la consécration de la ville de St-Etienne et du canton de St-Chamond. L'image vénérée était portée en procession par les notables de ces pieuses cités.

Selon la tradition conservée dans la vallée de la

______

(1) « Reméage signifie, dans le langage du pays, pèlerinage. On le fait baiser aux pèlerins en signe du pèlerinage accompli ».

Durèze, on reçoit spécialement de la puissante Dame de Valfleury des grâces de secours et de rafraîchissement pour les trépassés ; de croissance en âge et en sagesse pour les enfants et celle d'une bonne mort.

Nous citerons à ce sujet un fait tiré d'un manuscrit imprimé en 1619 (1).

« Just-Louis de Tournon, fils de Just-Henri de Tournon, gendre du marquis de Villeroi, gouverneur de Lyon, maréchal de camp sous Louis XIII, lieutenant général du Dauphiné par don du roi en récompenses de ses services, et lieutenant dans le Languedoc par succession à son père, avait fait vœu d'aller à pied à Notre-Dame de Valfleury. Mais pressé de partir pour rejoindre l'armée que commandait Mgr le duc d'Enghien, son illustre ami, du côté de l'Allemagne, il ne put l'accomplir lui-même. Il pria le P. Angélique d'Alègre, gardien du couvent de Tournon, en qui il avait une grande confiance, de se rendre sans retard au dit lieu. On ne peut douter qu'il ne fût efficacement assisté par la Très Sainte Vierge dans cette campagne qui fut pour lui la dernière. Atteint d'un coup de mousquet qui devait le tuer sur-le-champ selon le cours ordinaire des choses, il survécut miraculeusement deux jours et expira dans la chambre du duc d'Enghien après s'être confessé et avoir reçu les derniers sacrements avec des sentiments d'une piété rare et édifiante ».

La source des miracles de Notre Dame est aussi abondante qu'autrefois. Nous lisons dans l'extrait d'une lettre de M. Nicolle, ancien supérieur de Valfleury, le récit des guérisons de trois aveugles et d'une

(1) L'établissement du couvent de capucins, de Tournon. *Histoire du sanctuaire de Valfleury* par l'abbé Salesse.

Fille de la Charité atteinte d'un cancer au pylore et qui passa subitement de l'agonie à la santé, et ce fait non moins à la louange de Marie. Nous le rapportons en entier.

« Il s'agit d'une Fille de la Charité de la maison du soleil, près de Saint-Étienne. Cette bonne sœur était atteinte d'une étrange maladie des yeux, qui lui occasionnait des douleurs extrêmes. Déjà presque aveugle, l'un de ses yeux surtout enflait à tel point qu'il sortait de l'orbite, et le médecin avait déclaré le mal sans remède. La voyant dans ce triste état, toutes les jeunes filles dont elle avait le soin, et qui l'aimaient beaucoup, eurent alors la pensée de faire, en sa faveur, un vœu à Notre-Dame de Valfleury ; elles s'engagèrent à se rendre en silence au pèlerinage et y faire pour leur chère maîtresse la sainte communion. Engagement difficile, au moins pour le silence. Il fut malgré tout si bien observé, que ceux qui eurent occasion de les rencontrer les prirent pour les sourdes-muettes de l'établissement de Saint-Étienne, aussi leur pieux désir fut-il complètement exaucé ; au moment même où elles s'approchaient ensemble de la table sainte, la malade pousse un cri qui lui est arraché soudain par la violence de la douleur ; sa supérieure accourt ; elle voit sortir de l'œil déclaré perdu comme une sorte de filament nerveux qu'elle achève d'extraire, et à l'instant, tout est fini : la guérison était complète. En mémoire de cette grâce signalée, la sœur qui en avait été l'objet vint, accompagnée de sa supérieure, apporter au sanctuaire de la Madone, un tableau représentant la scène de sa guérison ».

Une femme « employée à l'Hôtel-Dieu de Lyon en qualité de garde-malade, contracta en 1876 un cancer au côté gauche par suite d'une chute sur la barre de fer du lit d'un malade qu'elle soulevait ». Elle souffrit cruellement pendant trois ans et se décida à venir en pèlerinage à Valfleury, en 1883. Comme elle sortait de l'église elle fut guérie. La place creusée par le cancer se trouva entièrement fermée.

Les pèlerins ne manquent jamais de visiter le monument de l'Immaculée-Conception, celui du Purgatoire, la montagne du Calvaire et l'antique croix du Pont. C'est un ex-voto de reconnaissance pour une guérison obtenue en 1635, par l'un des deux cents ermites qui occupèrent successivement, jusqu'en 1789, un ermitage bâti sur la crête du Mont-Doré.

Avant de quitter la vallée de Notre-Dame des Roses, saluons ce coin de terre béni nommé Le Fléchat. Il a donné naissance au *Vénérable* Jean-Louis Bonnard, martyrisé au Tong-King par les ordres du roi Tu-Duc, persécuteur des chrétiens. Dans sa chambre, où l'on peut voir les vêtements tachés de son généreux sang et un morceau de sa cangue, il est bon et fortifiant pour l'âme de venir apprendre comment il faut aimer Jésus et Marie et de méditer sur les engagements de la foi chrétienne.

NOTRE-DAME D'AY

Histoire. — Légende. — Couronnement.

A quelques kilomètres d'Annonay, sur la rive droite du Rhône, dans le haut Vivarais, la Mère de Dieu s'est choisi depuis de longs siècles une demeure.

Le site sauvage et reposant change d'aspect à chaque pas. Les rochers incultes se montrent à côté d'une végétation fraîche et abondante. Les collines couronnent les villages, et le Mont-Blanc apparaît dans le lointain sous ses neiges éternelles empourprées par le soleil couchant.

Le sanctuaire d'Ay est placé sur le bord d'une roche escarpée au pied de laquelle coule un torrent.

La Vierge très pure a une prédilection pour les sources limpides. N'est-elle pas nommée la *Fontaine inépuisable des eaux vivantes?*

Le clocher de Marie s'élance vers le ciel d'un jet hardi et gracieux. Il domine les ruines des châteaux des seigneurs jadis les maîtres de la contrée. C'étaient les castels des barons d'Ay.

Les premiers seigneurs dont il soit fait mention vivaient au XIe siècle. Sur les rochers se groupaient, au moyen-âge, derrière les fortifications du château d'Ay, plusieurs coseigneurs qui mettaient en commun leurs intérêts et leurs moyens de défense.

Aymar d'Annonay mourut en 1271 et voulut être
enterré sous le clocher d'Annonay, en la chapelle de
ses prédécesseurs. Il avait institué pour son héritier
son cousin Guillaume de Roussillon qui fut un des seigneurs qui allèrent en Palestine.

Les ruines du château de Férey dominent les bois
d'alentour. On adorait jadis Cérès sur ces hauteurs (1).

La chapelle d'Ay peut se prévaloir de son antiquité.
On en fait mention « dans le fameux diplôme que
l'empereur Frédéric Barberousse donna à Vicence en
1184, et par lequel il prit sous sa protection l'abbaye
de Saint-Claude et toutes ses dépendances, et parmi
lesquelles étaient dans le diocèse de Vienne les églises de Quintenas avec son prieuré, de Roiffieux, d'Ar-
doix avec la chapelle d'Oriol, de St-Alban, de St-Jeure
et de St-Romain avec la chapelle d'Ay » (2).

On tient pour certain que la baronnie d'Ay ou d'Ayg
était un bien d'église sous Charles Martel (3).

Quant à l'étymologie du nom, on ne saurait la pré-
ciser. D'après un historien « il lui viendrait d'Aygus
ou Aegus, fils d'Abducille, roi des Allobroges, fondateur du château d'Ay » (4).

D'autres prétendent que le mot d'Ay signifie eau,
d'après l'ancien languedocien.

On croit qu'à une époque antérieure à la chapelle
un ermitage était bâti dans ce lieu solitaire. Le personnage inconnu qui l'habitait était vénéré des hom-

____

(1) *Manuel du pieux pèlerin* aux pieds de N.-D. d'Ay, par le P. du
Bost, de la Compagnie de Jésus.
(2) Dunod, *Histoire des Séquanais.*
(3) Notes d'un anonyme imprimées dans le *Nouvelliste,* 1890.
(4) Le P. du Bost.

mes. Il se peut qu'il éleva un autel à Marie, la faisant ainsi la reine de son désert (1).

Le fait n'a rien d'invraisemblable, car il paraît certain que le pèlerinage était connu bien avant qu'un des seigneurs eût rapporté des croisades la Vierge noire qui devint l'objet de la dévotion des fidèles.

La légende mystique nous dit que « les deux Vierges de Fourvière et du Puy étaient sœurs ; celle d'Ay était leur cousine. Chaque année la Vierge d'Ay recevait la visite des deux premières, le 8 septembre » (2).

La figure d'une petite bergère plane sur le rocher d'Ay dans le lointain des âges. Voici la légende populaire :

La fille des champs gardait son troupeau qui cherchait sa pâture au travers des rochers qui dominent la rivière. Un agneau avait en deux bonds échappé à sa surveillance. Effrayé par le bruit du torrent, il demeurait, bêlant, sur une roche escarpée. La bergère se met à courir pour l'atteindre ; mais l'agneau lui échappe. Elle perd l'équilibre et roule, entraînée au fond du précipice.

Elle eut conscience du danger où elle se trouvait, car elle cria : « Aye ! (secours) ô Vierge Marie ! » Aussitôt le vertige qui l'entraînait disparaît ; une main invisible se tend vers elle et l'arrache à la mort... C'est la Reine du ciel qui vient au secours d'une pauvre enfant de la terre. La bergère reconnaissante élève de ses propres mains, à sa divine protectrice, un autel formé de quelques pierres au lieu qui la vit en si grand danger de mort et bientôt, de tous les environs, on vint s'agenouiller devant cet humble autel qui reçut le

(1) Notes d'un anonyme.
(2) F. de Curley, *Le tombeau de St Régis*, à Lalouvecs, p. 315.

nom de Notre-Dame d'Ay ou de secours (1). Un peu plus tard, on bâtit une chapelle, et un seigneur fit don d'une vierge de bois. Avec la Vierge noire, le seigneur croisé apporta sans doute un reliquaire qui contenait, dit la tradition, du Lait de la Vierge. « C'est-à-dire de cette terre rougeâtre qui blanchissait au soleil et donnait à l'eau une apparence laiteuse et que les chrétiens d'outre-mer recueillaient dans la grotte de Bethléem » (2).

A la fin du moyen-âge le pèlerinage d'Ay fut troublé par les démêlés sanglants d'Aymar de Roussillon, seigneur d'Annonay, avec la couronne de France. Le seigneur d'Ay avait pris parti pour le roi de Navarre, Charles le Mauvais ; il s'unit aux routiers auxquels il ouvrit son château de Boulieu, après leur victoire de Brégnais, le 12 avril 1362 (3).

La chapelle dut être exposée aux saccages des routiers, car les habitants de St-Jeure d'Ay se réfugiaient dans les châteaux de Seray et d'Étables. Les paysans creusaient des souterrains pour s'y cacher. La commune d'Annonay faisait fortifier ses remparts. Cet état de terreur et de ruines dura jusqu'en 1430 (4).

Les guerres de religion tentèrent de noyer dans le sang le culte catholique et ses monuments. Annonay fut saccagé cinq fois. Ses habitants effrayés et à la merci des ennemis embrassèrent l'hérésie jusqu'au jour où Pierre de Villars, renonçant généreusement à son siège archiépiscopal de Vienne, se fit l'apôtre

---

(1) Albert du Roys, *Album du Vivarais*, p. 65.
(2) P. de Curley, *Le tombeau de St Régis*, p. 312.
(3) Notes d'un anonyme, *Essai sur le Vivarais pendant la guerre de cent ans.*
(4) *Idem.*

d'Annonay. Alors, la ville et les campagnes revinrent avec enthousiasme au catholicisme, et l'on bâtit des églises et des couvents. Sans doute ce fut la résurrection du pèlerinage de la chapelle de Notre-Dame d'Ay.

Aux années de renouvellement et de paix succédèrent les navrantes misères causées par les fièvres pestilentielles. Louis Chomel (1) a tracé le sombre tableau de la grande disette qui les avait occasionnées. Il termine ainsi son récit :

« Le mal se faisant de plus en plus sentir, la ville alla en procession à la chapelle du château d'Ay dédiée à l'honneur de la Sainte Vierge, comme elle avait fait autrefois par un vœu, lequel étant rendu, on s'aperçut peu de jours après que le mal cessait » (2).

On ne pourrait douter de l'antiquité de ce pèlerinage. L'histoire du Vivarais nous en donne des preuves irrécusables.

M. Vidal, curé de Préaux, paroisse voisine d'Ay, mort en odeur de sainteté le 12 février 1707, conduisait souvent les enfants en promenade sur la montagne qui leur ouvrait l'horizon jusqu'au sanctuaire de la Vierge. A genoux, il récitait avec eux l'*Ave Maria*, les yeux tournés vers la chapelle de Marie.

Le vénérable curé d'Ars se plaisait à raconter des traits de la vie du saint prêtre.

Jusqu'à la Révolution la vierge d'Ay fut vénérée et fêtée publiquement. Pendant les mauvais jours elle paraît avoir échappé aux profanateurs, grâce à sa pauvreté. La Mère de Dieu protégea son modeste sanc-

(1) *Annales d'Annonay.*
(2) L. Chomel, *Annales d'Annonay.*

tuaire, car il fut plusieurs fois dénoncé à l'impiété des membres du comité de salut public d'Annonay, et ceux-ci écrivaient au district du département pour se plaindre que des rassemblements se formaient journellement à Notre-Dame d'Ay et que la cloche y existait encore (1).

Mais les hommes et leurs projets sont emportés par le temps. Les œuvres de Dieu sont seules durables.

En 1834, une riche et généreuse chrétienne fit élever une belle église d'architecture romane sur les ruines de la chapelle. Monseigneur l'évêque de Viviers en fit la bénédiction solennelle et, selon les désirs de la bienfaitrice, il remit aux RR. PP. Jésuites le soin de desservir cette église. Elle fut enterrée dans la chapelle de Saint-Joseph. Une plaque de marbre portant son inscription tumulaire retrace un fait merveilleux.

« Vierge de Bon Secours, comme le prouvent le nom et la légende de cet antique sanctuaire, mentionnée dans une charte de Frédéric Barberousse en 1180, Marie protégea, dans la nuit du 18 au 19 mai 1837, sa fidèle servante, la sauvant des flammes arrêtées sur elle par le scapulaire ».

Voici comment l'historien de Notre-Dame raconte cette protection miraculeuse :

Madame de la Rochette, la fondatrice de la nouvelle église, aimait à surveiller et diriger les travaux, aidée des conseils de son gendre, M. le comte de Montravel. Son château était éloigné d'un kilomètre d'Ay. Dans ses courses à tous les vents, elle contracta une maladie aiguë qui parut mortelle. Le médecin ordonna l'application d'un sachet plein de son brûlant sur la

---

(1) Léora Picancel, *Annonay pendant la Terreur.*

poitrine. La malade s'endormit. Mais le son s'enflamme, dévore le linge qui la couvre. Ses rideaux, son lit, tout est consumé, excepté son scapulaire. Elle sort des flammes sans avoir éprouvé une brûlure.

Mentionnons deux miracles opérés à notre époque :

Vers la fin de 1861, un enfant de dix-huit mois de Pra-Périer, nommé Flavien Pignat, était aveugle depuis dix jours. Son père arrive, pieux et confiant, à Notre-Dame d'Ay ; il entend la messe pour la guérison de son fils, fait brûler un cierge, et l'enfant, à cette heure même, est guéri.

Il y a peu d'années, une petite fille de deux ans souffrait d'étranges douleurs. La médecine ne pouvait lui procurer un soulagement. Sa mère éplorée fit le vœu de venir en pèlerinage à Notre-Dame d'Ay, le jour de l'Assomption, si Dieu, par le crédit de sa divine Mère rendait la santé à sa fille. A peine le vœu était-il formulé, que la santé est rendue à l'enfant. Mais la mère oublie sa promesse ; le jour de l'Assomption s'écoule sans lui rappeler la grâce obtenue et le surlendemain de la fête l'enfant est prise par ses anciennes douleurs. La mère comprend alors sa faute, court acquitter son vœu et l'enfant recouvre la santé.

Notre-Dame d'Ay est spécialement la protectrice des mères et des enfants. Autrefois les futurs époux venaient, à son autel, faire la communion ensemble et lui demandaient la grâce « qu'aucun de leurs enfants ne mourût sans baptême ».

L'église de la Vierge d'Ay, « établie sur des proportions jugées parfaites », présente un ensemble des plus gracieux. A droite est une chapelle, monument de reconnaissance à St Joseph. Son ciel ouvert laisse tomber des rayons d'or sur le front de l'angélique époux de Marie.

La Vierge vénérée, vers laquelle les regards se tournent avec une pieuse curiosité, s'élève au-dessus du maître-autel. « Elle est renfermée dans une niche d'un travail fini et d'une somptueuse magnificence ».

Cette antique statue qui vit tant de générations à ses pieds est une Vierge-Mère. Elle tient sur ses genoux l'Enfant-Jésus qui bénit d'une de ses mains et de l'autre porte un globe. Les traits du visage de la Vierge ont une douceur, un calme, une simplicité agréables à contempler. Elle a une grande ressemblance avec celle de Fourvière et du Puy. De là vient sans doute la légende que nous avons rapportée plus haut.

Le 20 juillet de cette année 1890, une double cérémonie attirait une affluence considérable, non seulement du département de l'Ardèche, mais de tous les départements limitrophes. L'éminent évêque de Viviers, Monseigneur Bonnet, allait couronner, au nom de Sa Sainteté Léon XIII, la vénérable Image d'Ay, et une colossale statue de bronze, érigée sur le clocher de la chapelle, devait recevoir une solennelle bénédiction.

Vingt mille personnes de tout rang, des cercles ouvriers, différentes sociétés catholiques, précédaient deux cents prêtres en habits de chœur, deux abbés mitrés et onze prélats revêtus des habits sacerdotaux. Monseigneur Vigne, archevêque d'Avignon, présidait la fête.

Cette longue file de pèlerins qui passait, enthousiaste et recueillie, à travers ces gorges et ces vallées, offrait un spectacle qui réconfortait l'âme si souvent attristée par l'impiété des hommes.

NOTRE-DAME DE MONT-ROLAND

Saint Martin. — La légende de Roland. — Histoire, miracles
et couronnement de la Vierge.

Sur une colline couronnée de vieux tilleuls, entre
le Doubs et la Saône, au milieu des plus riches pers-
pectives et du site le plus pittoresque, s'élevait une
tour aujourd'hui à demi écroulée, seul reste de l'antique chapelle qui la dominait majestueusement jadis.
C'est Mont-Roland.

Ce respectable débris des vieux âges chrétiens é-
veille le souvenir des naïves et dévotes légendes, de
la chevalerie, et nous raconte l'histoire des désastres
et des gloires du pays franc-comtois.

Le village de Jouhe se voit à sa base et revendique
la possession du mont célèbre.

D'où vient le nom de la montagne ? Quelques savants prétendent le tirer d'un mot celtique qui carac-
térisait la nature du sol, et d'un mot latin qui désignait
les baies sauvages qu'on y voit en abondance en automne (1).

Nous préférons à ces étymologies incertaines la
poésie des traditions populaires.

La Vierge dont nous allons faire l'histoire, d'après
de sérieux documents, date d'une époque si reculée
qu'elle restera enveloppée d'un voile mystérieux.

(1) J. M. Bidal.

Dom Gody, et Gollut, le naïf historien, s'accordent avec la tradition pour attribuer à saint Lin la statue miraculeuse de Mont-Roland. Le disciple et successeur de St Pierre aurait bâti sur la colline ignorée une chapelle qui servit d'abri aux chrétiens (1) et sculpté une statue de la Vierge Marie qui devint si célèbre par ses prodiges que saint Martin vint la vénérer en 380.

Un vieux titre, extrait des archives de la Chambre des comptes de Dôle, relate ces faits avec un caractère d'authenticité qui paraît indiscutable :

« Saint Martin arriva au dit lieu du Mont-Roland, qui adonc avait un autre nom, duquel il ne se souvient à présent, ladite chapelle dédia et bénit, comme légat de notre Saint Père le Pape, en l'honneur de Notre-Seigneur Jésus-Christ et de sa glorieuse Mère ; et en ce point demeura longtemps comme simple chapelle, combien que toujours, dès qu'elle fut dédiée par ledit saint Martin, y eut grand pèlerinage et gros rapport par les miracles qui s'y faisaient et font encore chaque jour » (2).

Il est prouvé que le grand thaumaturge des Gaules est venu en Bourgogne à son retour de Rome. C'est en se rendant dans les montagnes éduennes qu'il dut passer à Dôle qui était une cité considérable. Son souvenir a laissé des traces si profondes dans les pays qu'il a traversés que son nom fut donné à une église, à une rue, à une porte de la ville de Dôle. A Beaune

---

(1) D'autres auteurs prétendent que c'est sous l'apostolat de saint Ferréol et saint Ferjeux, dans le courant du XIe siècle, que la chapelle dut être édifiée.

(2) *Notes historiques sur N.-D. de Mont-Roland* et sur le prieuré Joulse, par L. Jeannez, procureur impérial à Lons-le-Saunier. 1856.

et à Autun on retrouve de temps immémorial les preuves de son passage.

Voici une attestation qui ne laisse subsister aucun doute ; elle est restée aux archives du Jura. Monsieur de Broissia, juge pour S. Majesté catholique à Besançon, affirme que Claude de la Barre, évêque d'Audeville et suffragant de Monseigneur l'archevêque de Besançon, lui a raconté qu'ayant été prié par les religieux de Mont-Roland de transférer l'autel de Saint-Martin posé dans le milieu de la chapelle, il trouva une bandelette de parchemin portant cette inscription :

Martinus episcopus me consecravit.
« Martin, évêque de Tours, m'a consacré ».

Ce parchemin existait encore en 1636. Pendant les guerres de l'année 1646 il fut détruit en même temps que l'autel.

Le pieux évêque parcourait les campagnes, monté sur un âne, vêtu d'une robe et d'un manteau de laine, et suivi de moines qu'il laissait dans les pays qu'il avait convertis à la foi de Jésus Christ.

Les peuples ignorants et grossiers ne connaissaient que le culte de la nature. Les druides avaient établi leurs autels dans ce vallon, auprès d'une fontaine consacrée à leurs divinités, où les malades venaient chercher la santé. Sous la domination romaine, la source changea de nom et fut dédiée à Bacchus ou Apollon.

Saint Martin, dans son charitable zèle, brisait les idoles et les monuments païens, et sur leurs débris élevait des sanctuaires à la gloire de Jésus-Christ.

Après avoir détruit les vestiges du temple de Mont-Roland et consacré un autel au vrai Dieu, il laissa des moines au milieu du peuple qu'il avait évangélisé.

Le culte de Marie établi dans cette chapelle devait anéantir quelques superstitions chères au peuple de ces contrées.

C'est ici que se place une belle légende que la tradition nous a conservée.

En 778, Roland, l'illustre paladin, neveu, intendant et chancelier de Charlemagne, préfet maritime en Bretagne (1), comte d'Angers, reçut l'ordre de conduire en Espagne un corps d'armée dans le but d'attaquer les Sarrasins qui menaçaient le midi de la France.

Avant de partir pour une expédition pleine de dangers et peut-être pressentant Roncevaux, Roland, qui s'était déclaré en mainte occasion le champion de la Vierge Marie, entreprit le lointain voyage d'Aix-la-Chapelle à la montagne près de Dôle, afin de manifester sa foi en la proutection de la saincte Mère de Dieu. Ainsi le disent plusieurs auteurs.

S'étant mis dévotieusement à genoux devant la précieuse image, le prince des preux la considéra avec attendrissement, et l'on dit qu'il s'échappa de son noble cœur une ravissante prière qui nous a été conservée quoique maladroitement dépouillée de sa forme antique.

« O Vierge glorieuse conçue sans péché, vous avez choisi depuis de longs siècles cette montagne pour y être honorée d'un culte spécial. Par la libéralité de votre cher fils Notre Seigneur Jésus Christ, et par

____

(1) *Eginhard et notes historiques sur N.-D. de Mont-Roland*, par S. Jeannez.

votre intercession, les malades y ont obtenu et y obtiennent tous les jours la guérison de toutes sortes d'infirmités ; les affligés y ont trouvé et trouvent encore une prompte consolation dans leurs maux ; les captifs y ont apporté les chaînes dont ils ont été délivrés. Comment donc abandonneriez-vous Roland, votre féal et dévoué serviteur? Comblez-nous, ô sainte Vierge Marie, moi et mes compagnons, de nouvelles faveurs, tant pour l'âme que pour le corps. Faites, par vos mérites, que nous soyons justes, que si nous ne le sommes, tous le devenions avant de mourir. Vous êtes la Mère du Dieu des armées, protégez notre astre, délivrez notre patrie, et si ne nous ramenez tous en icelle, tous du moins nous conduisiez à la vôtre. *Amen* ».

Le pieux et vaillant chevalier combla de largesses les religieux gardiens de la chapelle. Il leur fit don de terres et d'argent, afin qu'un couvent des moines de saint Benoit s'élevât au-dessus de la montagne ; et, satisfait d'avoir vénéré la Vierge de saint Lin et de saint Martin, il gagna les Pyrénées et descendit en Espagne.

Ses exploits remplissaient le monde d'admiration : les peuples enthousiasmés les célébraient dans toutes les langues. Le paladin passait pour être invulnérable.

Mais un soir, les religieux de Mont-Roland étant en prière, ouïrent des bruits lointains qui les glacèrent d'effroi. Ils tombèrent la face contre terre et se recommandèrent à Marie leur bienfaiteur. Ils prêtèrent l'oreille et reconnurent avec douleur les cris d'appel que le preux chevalier arrachait à son olifant, et, ne doutant pas de sa mort, ils firent pour le repos de son âme jeûnes rigoureux et ferventes prières à la divine Dame d'icelle.

Peu de temps après, le bruit se répandit que Roland était mort dans les gorges de Roncevaux, entre les bras de son ami l'archevêque Turpin.

Pour perpétuer le souvenir de sa visite, les moines donnèrent à leur montagne le nom du noble paladin, et lui élevèrent sur la porte de la sacristie une gigantesque statue (1).

« Roland était armé de toutes pièces, et tenait d'une main une épée longue et plate ; de l'autre un couvent en miniature. Son casque était à ses pieds. Le bloc en pierre, de dix pieds de haut, est encore debout ».

On pouvait lire il y a quelques années cette inscription gravée au-dessous de la statue brisée :

Rolandus intrepidus, Virginis servus, ex veteri novus ejus cœnobii fundator. Roland, l'intrépide serviteur de la Vierge, est le fondateur de ce nouveau couvent construit sur les ruines de l'ancien.

Il avait été bâti d'après les ordres de Charlemagne et les libéralités de son neveu. Il était très vaste. L'église à trois nefs était fort belle. Sur la porte principale restée debout on lit ces mots :

Virgo antiqua prodigiis decorata ædificiis.

Mont-Roland, après avoir grandi jusqu'aux VIIIe et IXe siècles, fut sans doute détruit par les Normands, ainsi que le prieuré de Jouhe que nous mentionnons ici parce que leur destinée a été, pendant des siècles, inséparable.

Les Bénédictins n'avaient habité qu'une centaine

____

(1) M. J. Bidal, on attribue la statue de Roland à Jean de Vienne.

d'années le couvent de la montagne. Ne pouvant y faire arriver que très difficilement les vivres nécessaires, ils avaient obtenu de l'empereur Barberousse l'autorisation de transférer leur communauté à Jouhe. Un seul religieux demeurait aux portes du sanctuaire pour recevoir les pèlerins.

La pieuse Béatrix, comtesse de Bourgogne, épouse de Barberousse, étant venue habiter Dôle deux ans avant sa mort, voulut visiter le célèbre pèlerinage. Entrant dans les sentiments généreux de Roland, elle concéda aux Bénédictins des biens considérables dont elle ne se réserva que les droits de souveraineté, et demanda à être inhumée à Jouhe, ce qui eut lieu en 1173. Une pierre tumulaire conservée dans le jardin du prieuré porte cette inscription :

Cy gist serenissime Madame Béatrix, fille unique de Renard III, comte de Bourgogne, femme de l'empereur Frédéric, fondatrice de ce prieuré de l'ordre de saint Benoit l'an 1167.

Le mausolée de l'impératrice Béatrix fut détruit sur la fin du XIVe siècle, au milieu des ravages que firent les anglais du comté de Bourgogne.

Othon V, comte palatin, nous fournit des preuves de la dévotion générale envers Notre-Dame du Mont-Roland. Il dit, en parlant à ses exécuteurs testamentaires : « *Et volons, qu'ils facent faire deux autres calices d'argent chacun de 11 marcs et que l'on les donne à l'église de Notre-Dame de Montrolain dessus Dôle* ».

L'an 1324, une grande manifestation se produisit en l'honneur de Notre-Dame. Jeanne, reine de France et de Navarre, comtesse palatine de Bourgogne et dame de Salins, par dévotion pour la sainte image, fonda dans la chapelle trois grandes messes chaque semaine.

En 1357, Marguerite, comtesse de Bourgogne, fonda une messe à Notre-Dame.

Les plus illustres personnages se firent un honneur d'ajouter à la prospérité de la célèbre chapelle et du prieuré de Jouhe. Tristan de Chalon, sire de Rochefort, fit dotation de deux livres de cire pour un anniversaire de trois messes en l'église de Mont-Roland.

Les prieurs de Jouhe jetaient un grand renom sur le pèlerinage. Parmi les plus illustres on cite Jean de Neuchâtel, religieux de saint Benoit, ensuite de saint Bruno. Il devint lecteur du Sacré Palais, prieur de Saint-Pierre d'Abbeville, chanoine d'Autun, évêque de Nevers et de Toul, cardinal en 1383, évêque d'Ostie, et enfin archevêque de Besançon.

Ce fut lui qui restaura l'église de Jouhe et fit bâtir la chapelle de la Sainte Vierge.

En 1407, Jean Sans Peur envoya de Flandre en Bourgogne, Philippe comte de Charolais son fils, avec quatre princesses ses filles, parce que l'air et la nourriture, disait-il, étaient meilleurs en Bourgogne.

Les quatre princesses restèrent au château de Rochefort pendant quatre mois, avec leur frère, et très souvent elles allaient, accompagnées des dames nobles du pays, faire leur dévotion à Mont-Roland.

Philippe le Bon avait la sainte image en grande vénération et il le prouva. Le 16 octobre 1433, « pour la grande et fervente dévotion qu'il avait de la glorieuse Vierge Marie, mère de notre benoit Créateur et Rédempteur, et par l'intercession de laquelle de la grâce de notre dit Créateur avait été aydyes es affaires de mondit sieur d'Avallon et en signe de reconnaissance », le duc fonda à Mont-Roland une messe quotidienne et perpétuelle. On la sonnait par quatre coups de la plus grosse cloche.

Les guerres de Louis XI avaient été fatales à la Franche-Comté et aux monastères ; elles le furent au prieuré de Jouhe. Il aurait disparu avec un grand nombre de prieurés, si les Bénédictins ne s'étaient soumis à la réforme qui rétablissait la règle de Saint Benoit dans son ancienne austérité.

Les Bénédictins réformés formèrent une communauté à Mont-Roland. C'est là que nous les retrouverons.

Les guerres de 1636 furent désastreuses pour la pieuse et vaillante Franche-Comté. Richelieu, qui avait pris la Lorraine pour fermer la France à l'Allemagne, déclara la guerre à la maison d'Autriche, le 26 mars 1635. Le traité de 1611 devait mettre la Franche-Comté dans un état de neutralité qui la préservait du contre-coup de ces luttes funestes pour les peuples. Il n'en fut rien. Condé traversa la Saône, amenant les Suédois ses alliés, et vint mettre le siège devant la ville de Dôle que le Parlement, de concert avec l'archevêque de Besançon, avait fait réparer à la hâte.

« L'infanterie de Condé se rangea en bataille sur Mont-Roland qui dominait la ville. Le monastère et l'église furent saccagés ».

Les canonniers hérétiques s'acharnèrent sur les clochers et les images des saints. La vénérable chapelle, enrichie par la dévotion des peuples et la générosité des ducs et des comtes de Bourgogne, fut abandonnée aux Suédois qui brûlèrent les ex-voto et les ornements de la chapelle.

La statue de Notre-Dame que l'on vénérait depuis

plus de six cents ans, l'image de saint Lin, de saint Martin et de Roland fut foulée aux pieds et demeura couchée au milieu des ordures, jusqu'à ce que le prince de Condé, honteux de cet acte sacrilège commis sous le couvert de son nom, l'envoya relever et la fit transporter chez les Pères capucins d'Auxonne.

La ville de Dôle réclama son trésor séculaire, et les pieux magistrats furent les interprètes des vœux de ses habitants. Mais ils ne devaient pas rentrer si facilement en possession de leur protectrice. Disons ici, d'après Dom Gody, qui écrivait en 1650, ce qu'était la chapelle de Notre-Dame.

« Elle est bâtie sur la pointe qui regarde le septentrion et l'orient. Il y a quatre autels. Le grand et principal est celuy de la sacrée Vierge, et de son Image miraculeuse. Le deuzième est celuy de la chapelle de la maison très ancienne de Chalon ; il est dédié à saint Jean-Baptiste. La uoute de la chapelle estoit autrefois toute dorée, azurée, et embellie richement. Le troisième autel qui termine l'autre collatéral de l'église, est dédié à saint Martin, et le quatrième dont nous auons parlé cy deuant, et qui est le plus ancien de tous, est celuy qui fut consacré par saint Martin mesme, sous l'inuocation sans doute de la Vierge. Il était autrefois posé au milieu de la chapelle comme c'étoit l'ancienne coustume, et maintenant il est contre un pilier du coste de l'Epistre sans beaucoup d'ornemens.

« En la chapelle de la maison de Chalon se voit la tombe d'un prieur de joühe, issu de cette royale tige dont la représentation taillée sur la pierre porte la figure de nostre habit de l'etroitte obseruance : et se lit autour de la tombe en uieilles lettres : cy gist Frère

Hugues de Chalon, Prieur de Jouhe, qui trespassa le
quinzième jour du mois de juin, l'an de nostre Seigneur courant mille trois cens quatre vingt et dix duquel Dieu aye l'ame, amen.

« Un autre prieur de Joühe, qui a basty le chœur,
est enterré dans le charnier deuant le maistre autel :
sa tombe estoit couuerte de lames de cuiure avec ces
mots :

Cy gist frère Jean de Coigney,
Qui a faict faire le chausey.

« Dans le chœur, au costé de l'Euangile est le se-
pulchre de monsieur d'Estraboune, dont l'image se
uoit en relief auec cette inscription entre les piliers
qui portent ladite figure : Cy gist haut et puissant seigneur messire Guillaume d'Estraboune, seigneur dudit lieu, sainct-Loup, Auennes, Molay, Mantou, Ious-
serole, cheualier de l'ordre de la Toison d'or, qui
trépassa le **22** du mois d'octobre de l'an 1453, au dit
Estraboune, et choisit sa sépulture en ce lieu, où il a
fondé une messe basse ordinaire, et une haute le sa-
medy ».

Le bénédictin dom Gody décrit encore la sépulture
de Pierre d'Aumont, chevalier de l'ordre de France
et d'un chanoine de Dôle, Pierre de la Barre.

« Le collatéral de l'Épistre se termine à la chapelle
qu'on appelle de Roland, où se uoit en pierre le co-
losse de ce très fameux prince et fondateur du monastère : sa taille dépasse celle des plus hauts d'enuiron un tiers : il est représenté en homme d'armes,
et éleué sur une baze pareille à un autel, bien que
sans dessein de luy déférer des honneurs que l'Eglise
ne luy a pas accordés. La statue de Roland est haute
d'enuiron neuf pieds ».

Voici la description de la Vierge :

« Cette image saincte et vénérable en tout ce qu'elle contient n'a de hauteur qu'enuiron deux bons pieds. Elle est assise sur un thrône, portant sur le giron son petit enfant qui donne la bénédiction. La matière est de bois solide, mais extrêmement moulu et consumé de uieillesse : c'est pourquoy il a fallu suppléer avec du carton la caducité et le déchet du bois en quelques endroits, et couurir le tout avec une toile plastrée et imprimée de diverses couleurs. Et tout cela uérifie bien assez nostre opinion touchant l'antiquité de l'image.

« La figure et façon de la Vierge est assez simple : elle porte en teste une couronne en fer doré, qu'on n'apperçoit pas à cause des uoiles et autres couronnes dont on a coustume de la parer. Le uisage est longuet, d'une beauté comme champestre et négligée, qui respire néantmoins deuotion et qui exige du respect.

« Il n'y a pas faute de personnes, continue notre bénédictin, qui ont uen bon nombre de drapaux de guerre à moitié pourris de uieillesse, des labarons ou cornettes, des boucliers et autres armes, comme il s'en uoit encore à présent quelques restes (1651), de grandes statües de cire, et autres telles reconnaissances faictes par ceux et celles qui avaient ressenty le favorable secours de la Vierge de Montroland.

« Le baron de Mont-Iustin estant de retour de cette très mémorable défaicte du Turc (Lépante, 1571) par les nostres sous la conduite du brave et uictorieux Iean d'Austriche, où le secours de la Vierge parut si uisible, au grand auantage de toute l'Eglise, qui ne fut pas moins la triomphante pour cette fois que la

militante : ce baron, dis-je, pour une éternelle mémoire et reconnaissance de la bonne part qu'il auait
eüe à cette uictoire sous la faueur de Marie l'inuinci-
ble générale des armées célestes, uint offrir son drapeau, sa rondache et son coutelas à la déuote église
de Montroland.

« Non seulement la ville de Dole y auait des marques et des tesmoignages de sa pieté et vénération
particulière, mais encore les uilles de Dijon, d'Auxonne, de Seurre, ditte Bellegarde, de Saint-Iean de l'Aul-
ne, dont les bougies qu'elles auaient offertes, aussi
longues que leurs enceintes, se conseruaient encore
il n'y a pas longtemps.

« Tout y estait remply de chaînes, de potences, et
d'autres pareilles marques de liberté recouurée et de
santé receüe par l'inuocation de cette Mère de nostre
salut.

« Les ducs mesmes et les comtes de Bourgogne,
que chascun sait auoir esté les plus puissans de la
chrétienté, ont faict grand estat de ce lieu, et l'ont
considéré comme l'un des plus dignes de leur uene-
ration et ensuite de leur liberalité. Et il n'y a pas
longtemps qu'on y uoyoit encore parmy les dons et
presens diuers, une fort belle et riche couronne tout
de fin or, que l'un de ces ducs y auroit offerte à la
Vierge, et qui fut dérobée avec une partie de choses
plus préticuses de l'eglise il y a enuiron quarante
ans.

« L'on conserve encore quelques robbes anciennes
de drap d'or, et d'autres étoffes, que les princes et autres grands ont donné pour reuestir la saincte image.
Parmi les plus belles celle-là est remarquable qu'en-
uoya à la tres pieuse archiduchesse Isabelle gou-

uernante des Pays-Bas, et fille du roy Philippe le Prudent ; elle est de drap d'or ».

Telle est la Vierge de Mont-Roland, une des images les plus vénérables du monde entier.

Les Bénédictins durent abandonner la chapelle à cause du passage des ennemis, jusqu'au 20 février 1644. Pendant leur absence du monastère et à leur retour, ils ne cessèrent de réclamer au roi de France la sainte et miraculeuse image dont ils étaient injustement dépossédés.

Leurs réclamations furent sans résultat. Ils s'adressèrent au roi d'Espagne qui les appuya sans succès. Anne d'Autriche obtint enfin de Louis XIV qui venait de monter sur le trône, l'ordre de rendre la statue à son antique autel. Le 17 mars 1647, le roi écrivit au gouverneur d'Auxonne une lettre qui a été conservée par laquelle il lui était enjoint de faire remettre l'image de Marie aux Bénédictins de Mont-Roland.

L'ordre de Louis XIV ne fut pas exécuté. Le parlement fit des représentations à celui de Dijon. Les Bénédictins portèrent leur réclamation au prince de Condé qui promit de faire rendre la sainte image. Mais les habitants d'Auxonne ne voulaient point qu'elle leur fût enlevée et Condé dut employer les ordres et les menaces pour les résoudre à obéir.

« M. de Bosquet, lieutenant de roi au gouvernement de la ville d'Auxonne, fit savoir aux religieux qu'il leur remettrait la sainte image sur les limites de la France, où les Capucins l'apporteraient en procession. Il écrivit dans le même sens au parlement et le pria de prévenir les désordres qui pourraient s'élever » (1).

____

(1) *Notes historiques sur Notre-Dame de Mont-Roland.*

Les réjouissances que l'on fit en l'honneur du retour de la Vierge dépasse toute description. Les religieux de saint Jérôme, de Dôle, et les plus notables de cette ville partirent à la rencontre de l'image, tous en procession, et un flambeau à la main, selon le récit de Dom Gody « témoin et acteur, dans ce qu'il appelle le rapportement de la Vierge miraculeuse ».

L'image sacrée parut portée sur les épaules de deux Pères Capucins suivis de la communauté, des prêtres, du lieutenant du roi et de sa famille et d'officiers et bourgeois au nombre de trois cents.

Monsieur du Bosquet vint au Père prieur de Mont-Roland, et après l'avoir salué lui dit que, pour obéir aux ordres du roi et de son altesse Monsieur le Prince, il lui restituait l'image de Notre-Dame et la lui remettait en présence du peuple.

Deux religieux bénédictins, revêtus de riches tuniques, mirent sur leurs épaules la sainte image « qui alors parut changer de visage et devenir toute riante, et plus belle qu'auparavant, comme il fut remarqué par quantité de personnes des plus considérables de la compagnie ».

Le peuple s'était mis à genoux des deux côtés de la sainte image, les uns tout joyeux, les autres pleurant de tristesse d'une si grande perte. On chanta l'antienne *Salve Regina*, puis le *Te Deum* et les deux peuples se mirent en route pour le Mont-Roland. La procession y étant arrivée, on déposa la statue sur l'autel qui lui avait été préparé au pied d'une croix distante de quarante pas de la chapelle et du couvent.

« Là donc on dépouille l'Image des habillements qu'elle portoit de la pauureté desquels il était aise de voir qu'elle uenait de pays étrange, où elle auait demeuré chez de bons amis voirement, mais qui font gloire de mendicité. On la pare richement de robbes et de uoiles nouveaux ; au lieu d'une couronne de fleurs d'hy-uer qu'elle portait on luy en pose une belle d'argent, et après quelques chants et prières le Réuérend Père Prieur en donne la bénédiction sur la ville de Dôle. Cela fait, on la porte dans son église ; on la place dans un beau throsne qu'on luy auait éleué sur le maistre autel ».

Le pieux bénédictin dit plus loin : « On commanda dans Dôle sur cette mesme heure qu'on publioit le rapportement de l'image par la uoix des canons, qui firent retentir toutes les collines d'alentour avec des redoublements d'aise dans tout le peuple. Il estoit merveilleux de uoir ses sentiments par ses douces larmes, et par l'attachement de ses regards sur la sainte et miraculeuse figure ».

« On employa deux ou trois heures à la donner à baiser... ».

Grâce à Dom Gody, nous savons maintenant combien était grand le renom de Notre-Dame et l'amour qu'on lui portait. Nous citerons en l'honneur de la Vierge de Mont-Roland des miracles obtenus par son intercession. Ils ont été rédigés avec soin, en présence de personnes recommandables.

« Ce uingt quatriesme juillet mil six cent cinquante huit Leonarde Garnier uesue de George Marion de Vilers les Pots a exposé et asseuré avec sermant en présence des soubsignés qu'il y a enuiron quatre mois quelle tomba mallade et demeura fort enflée par le corps qu'a peisne pouvoit-elle passer par une porte ce qui luy continua enuiron deux mois sans que les médecins y peussent apporter aucun remède tellement

que se voyant hors de tous secours naturels et désespérés des médecins elle se uoua à Nostre-Dame de
Montroland et qu'aussitôt elle se trouva grandement
soulagée et en moins de quinze jours entièrement
guairie et aussi disposé de son corps qu'auparavant.
« Faict à Montroland les jours et an que dessus devant l'autel et l'image miraculeuse de la saincte
Vierge ».

« Le septième juillet 1669 au soir Claude Munie
retournant de Bregil proche Besançon et s'estant em-
barquez auec 60 autres personnes tant hommes que
femmes qu'enfants pour sen retourner à Besançon
l'abarque sur laquelle ils estoient s'estant amplie d'eau
elle enfonsat a cause de la multitude de personnes
qui y estoient entrés, en tel sorte que le dit Michel
tomba au fond de l'eau et retenant son uent il se recommanda de cœur a Nostre-Dame de Montroland et
fit uœu de uisiter son église ce qu'ayant faict il receut
aussitôt des forces extraordinaires pour retorner a
desus de l'eau ne sachant nager en aucune façon et
par ce moyen il eschapat destre noyez, et il est ueneu
a Montroland le 12 du mesme mois pour y rendre
son ueu et rendre grâce a la Vierge de la vie quil luy
a pleust luy conseruer : c'est ce quil asseure avec serment entre les mains de D. Seraphin Camus religieux
bénédictin de Mont-Roland ».

Nous allons donner la relation d'un miracle qui
eut un grand retentissement.

« Relation authentique d'un fait merveilleux arrivé
en la personne de demoiselle Marie-Anne Blanjean,
par l'intercession de la glorieuse Vierge Marie qui
repose dans l'église des RR. PP. Bénédictins du

monastère de Montroland au comté de Bourgogne ».

Le 24 mars de l'année 1725, demoiselle Marie-Anne Blanjean de Charnus, ses père et mère originaires de Liège et demeurant à Dijon, ayant pris la résolution d'aller à Besançon pour y voir le saint suaire de notre Sauveur au jour de fête de sa glorieuse résurrection, qui tombait cette année le 1er avril, et voulant profiter de l'occasion d'un chariot qui devait partir ce jour-là pour amener le trésor du roi en cette ville, prièrent le sieur Claude Perrin, trésorier du roi au département de Salins, citoyen de Besançon et commis principal de l'extraordinaire des guerres, chargé de ladite voiture, de vouloir bien permettre à leur enfant de trouver une place sur le chariot, ce qui leur fut accordé.

Etant partis de la ville d'Auxonne, après avoir entendu la sainte messe, ils arrivèrent sur les onze heures du matin près d'un village appelé Monnières à un quart d'heure du monastère des RR. PP. Bénédictins de Montroland. La dite demoiselle ayant voulu descendre précipitamment de devant du dit chariot sans avoir pris assez de précautions, elle se trouva engagée sous les roues de ce pesant chariot qui lui passèrent par le milieu du corps.

Le dit sieur Perrin eut assez de présence d'esprit pour lui crier de se vouer à Notre-Dame de Mont-Roland dont ils étaient si près qu'ils marchaient sur ses terres. « Ce que la demoiselle Blanjean assure avoir entendu n'ayant point perdu entièrement connaissance pendant ce temps. Tous les assistants saisis de frayeur croyaient n'avoir à relever qu'un cadavre. Le sieur Perrin étant descendu de cheval et lui ayant donné quelques soulagements, elle trouva assez de force pour se transporter à pied jusqu'au village de Monnières dans la maison de campagne de M. Perrenot fils du maître en la Chambre des comptes de la ville de Dôle. On détacha une personne de la compagnie pour aller chercher à Dôle M. Champagne, chirurgien juré de la cité. Il accourut et reconnut avec un grand étonnement le danger visible où la dite demoiselle avait été. Sa surprise fut plus grande encore quand il la vit en état d'entreprendre le voyage de Dôle à Besançon à l'aide d'un cheval de monture ».

« Qui ne serait persuadé que cette demoiselle a été préservée d'une mort imminente par le secours et l'invocation de la Glorieuse Vierge Marie ?

« Pourrait-on s'imaginer qu'un des plus gros et lourds chariots attelé de trois chevaux se rencontrant dans un grand chemin et sur un plan très inégal ayant été rempli de brocailles depuis peu par les ordres du roi, chargé de très grandes sommes d'argent et d'or, et autres espèces pour la subsistance de ses troupes aussi bien que de plusieurs autres effets très considérables, que l'on fait monter à la pesanteur de plus de deux milliers, sans aucune exagération, ait pu passer par le milieu du corps d'une jeune demoiselle fort délicate, âgée seulement de vingt-deux ans, sans en recevoir presque aucune atteinte dans le temps que presque toute la compagnie s'attendait à la voir séparée en deux ?

« Qui ne croira que cette puissante protectrice n'ait voulu au jour de feste de son annonciation favoriser par un fait si éclatant cette personne qui a l'honneur de porter le beau nom de Marie, en présence de beaucoup de personnes dignes de foy, même d'un détachement des troupes de la garnison de la ville d'Auxonne, commandé pour escorter ledit trésor jusqu'à la ville de Dôle, et en particulier dudit sieur Perrin qui a esté prié par le R. Père Dom Marc Couché prieur dudit monastère de Mont-Roland d'en faire dresser cette relation, qu'il a signée, aussi bien que ladite demoiselle à Besançon le vingt-huit mars mil sept cent vingt-cinq, laquelle en mémoire d'une faveur si signalée a fait faire un tableau représentant cette merveille.

PERRIN.

MARIE ANNE BLANIAN.

CLAUDE-FRANÇOIS PERRENOT.

« Je déclare que ladite demoiselle est venue chez moy trois heures après l'accident sans ressentir aucune incommodité ».

P. VUILLERMET.

« Je certifie et atteste avoir esté appelé à Monnière le jour marqué dans la relation pour donner les soulagements nécessaires à ladite Marie Blanjan, laquelle se trouva n'en avoir besoin d'aucun, attribuant sa délivrance à Nostre Dame de Montroland ainsi qu'elle me l'a déclaré elle-mesme, en effet il ne luy eu donné aucun, en foy de quoy il me signe :

C. F. CHAMPAGNE,
Chirurgien juré du baliage ».

« Je soubsigne aiant este présant a lasidant sy dessus marquée et aiant relevé la discte damoiselle après que le chariot un passé sur son corps et ayant trouué desous son dos une pierre grose comme la teste nostant sela. Elle se trouua sans auoir aucun mal ayant invoqué le secour de la Sainte Vierge dans le tans quele fut tombée je lamenée moy mesme après l'auoir releuée dans la meson la plus proche inuocant toujours la Sainte Vierge. Elle nut pendant besoin d'aucun secours des hommes car deus hures après je ley amenée moy mesme à Dolle a piet marchant aussi bien que moy remerciant toujours la Sainte Vierge de l'auoier garantiee de la mort jey esté témoies occullere de tout ce quy set passé signe.

BARTHELLEMY FURRIER dit la BOUTE
Soldart inualide de la compagnie de M. THABOUD ».

Les fondations, étant devenues très nombreuses, augmentèrent pendant plusieurs années la prospérité du monastère et du sanctuaire de Marie. Elle allait être troublée par la guerre.

Le 3 janvier 1668, à son de trompe, on faisait savoir à la ville de Dôle que les bourgeois devaient prendre l'épée pour résister à l'ennemi qui s'avançait vers ses murs. Quelques ecclésiastiques se joignirent aux bourgeois et ensemble ils supplièrent le Dieu des batailles de leur être favorable.

Le jour de la Purification, la sainte hostie miraculeuse de Faverney fut exposée et on la porta en procession dans l'église des Bénédictins où déjà l'on avait transporté l'image de Notre-Dame de Mont-Roland, et le chapitre ordonna un jeûne de deux jours.

Mais Dieu châtie les peuples et les relève, selon qu'il le reconnaît utile pour leurs intérêts spirituels. Louis XIV demeura vainqueur et ordonna la démolition des fortifications de Dôle. « Le traité d'Aix-la-Chapelle, le 2 mai 1668, ayant rendu la Franche-Comté à l'Espagne, les troupes françaises durent se retirer » (1).

(1) Notes historiques.

Vers 1673, Louis XIV, envieux de cette belle province résolut d'en faire la conquête. Se trouvant au camp, devant Dôle, il accorda une sauvegarde pour le monastère de Mont-Roland et fut toujours favorable au sanctuaire et au couvent des Bénédictins.

Les fondations des grands, les libéralités du peuple permirent aux moines de remplacer l'antique chapelle par une belle église digne de la dévotion des aïeux et des bienfaits de Notre Dame.

Tous les ornements de cette église devaient être en bois de tilleul, ainsi que l'indique le contrat passé entre les Pères et le maître sculpteur de Dôle, Jean Philippe de la Seigne. « Elle était à trois nefs fort élevées, surmontées de voûtes soutenues par deux rangées de colonnes ». Les autels étaient très beaux et les murs de l'église étaient couverts de tableaux et d'ex-voto, dons des malades sauvés par l'intercession de Marie.

La Franche-Comté ne fut pas à l'abri des doctrines perverses qui devaient laisser les germes de l'irréligion et de la rébellion contre tout pouvoir. Le pèlerinage de Notre Dame s'en ressentit. Un prieur de Mont-Roland chercha à réveiller l'antique dévotion envers la sainte image, et pour y parvenir il fonda une confrérie des saints Cœurs de Jésus et de Marie, à laquelle Benoît XIV accorda des indulgences.

En 1764, un édit du roi supprima l'Ordre des Jésuites, et les disciples de saint Ignace durent abandonner leur prieuré de Jouhe.

Les Bénédictins tremblèrent pour leur fondation. Le conseil de Dôle fut consulté à cette occasion et il décida qu'un mémoire serait adressé à Monseigneur le duc de Choiseul, à Monseigneur l'archevêque de

Reims, chef de la commission, et à Monseigneur de
Boynes, conseiller d'État et commissaire par ordre,
que l'on demanderait la conservation de Mont-Roland
et la réunion du prieuré de Jouhe à ce monastère.

Voici un court extrait d'un passage de ce mémoire.
Il est un hommage à Notre Dame :

« La Mère de Dieu a voulu être honorée d'un culte
particulier en ce lieu ; Elle est l'objet de la dévotion
des peuples ; les miracles y sont fréquents : les murs
du sanctuaire, du chœur et une partie de ceux de
l'église, ornés de tableaux, de drapeaux et d'étendards
que les guerriers y ont placés, fournissent des preuves authentiques des grâces et des faveurs obtenues
par l'intercession de la Vierge. Il y a plus de dix siècles que les religieux sont les dépositaires de la statue miraculeuse. Les premiers souverains de la province se sont fait une loi de donner des preuves de
leur dévotion à la Vierge.

« Ce fut en 1729 que les religieux y bâtirent une
vaste et très magnifique église où repose la statue miraculeuse, et ils ont agrandi leur monastère de manière à y pouvoir loger dix-huit à vingt religieux. Ils
ont fait à ce sujet des emprunts considérables ; mais
le bon ordre et l'économie qui règnent chez eux les
ont mis en état de satisfaire à toutes leurs dettes » (1).

Ce mémoire écrit, comme on le voit, dans un esprit de justice et de piété, n'obtint aucun résultat. Les
Bénédictins luttèrent et plaidèrent jusqu'au moment
où la révolution confisqua à son profit les objets de
la discussion.

La loi du 19 février 1790 fit ouvrir les couvents, et

____

(1) Notes historiques.

l'officier municipal de la ville de Dôle se présenta chez les Bénédictins de Mont-Roland afin de procéder à l'exécution du décret de l'Assemblée nationale. On fit l'inventaire de tout ce que possédait le monastère. Son absence de richesses fut démontrée et refroidit le zèle du commissaire. Trois religieux demandèrent à finir leurs jours à Mont-Roland. Mais bientôt ils portèrent ombrage au pouvoir et ils furent requis d'avoir à se constituer au nombre de vingt religieux au moins.

L'église et le prieuré de Jouhe avaient été vendus comme biens nationaux et ne devaient pas être rendus à leur pieuse destination.

Le décret du 18 août 1792 supprima toutes les communautés religieuses, mêmes celles *« qui, étant vouées au service des hôpitaux, avaient bien mérité de la patrie, attendu qu'un État vraiment libre ne doit souffrir dans son sein aucune corporation »*, et les Bénédictins quittèrent à regret les lieux bénis qu'ils occupaient depuis des siècles.

Après le départ des religieux, les habitants de Jouhe se rendirent à Mont-Roland et firent descendre de son autel la statue miraculeuse. Ils l'emportèrent dans leur église et firent pendant toute la première nuit une garde autour de la précieuse image. Mais ils n'eurent pas à la défendre; car tandis que les monuments et les hommes étaient emportés par la tempête révolutionnaire, l'humble statue de bois vermoulu demeura, respectée, sous le toit sacré qui l'abritait et qui fut l'une des seules églises de la province qui ne fut pas profanée ; comme pour prouver une fois de plus que la puissance divine est au-dessus de toutes les inspirations du génie et de la force armée des hommes.

Au mois d'août 1854, le choléra décimait la ville de

Dôle. Mgr Mabile, évêque de St-Claude, vint rendre le courage à cette malheureuse cité. Il décida qu'on porterait en procession dans les rues la statue de Notre-Dame de Mont-Roland.

Un vicaire de Dôle qui avait reçu la mission d'aller prendre la statue à Jouhe revint, disant que les esprits étaient agités et qu'on refusait de laisser emporter la Vierge miraculeuse, de peur de la perdre pour toujours.

Monseigneur envoya un de ses grands-vicaires qui, après un premier échec, ayant promis à la population de Jouhe qu'elle leur serait ramenée le lendemain, put remplir sa mission.

A l'entrée de Dôle, l'évêque, accompagné de tout le clergé de la ville et des environs, des premiers magistrats de la cité et des officiers de la garnison, reçut avec un profond respect l'image de la Vierge de Mont-Roland.

La procession fut suivie avec une ferveur admirable. La cathédrale se remplit de pieux fidèles, comme aux anciens jours. Tous les habitants de la ville allèrent offrir leurs hommages à la chère image de Marie. Le soir, au son des cloches, ils revinrent en foule, un cierge à la main, et au chant du *Miserere* on porta Notre-Dame en procession dans l'intérieur de l'église. Ce jour-là, pour la première fois depuis trois semaines, il n'y eut pas de décès à déplorer. Marie avait été la santé des infirmes et la consolation des affligés.

Au mois de décembre, Monseigneur offrit lui-même à Notre-Dame de Mont-Roland une robe précieuse, témoignage de sa reconnaissance et de celle de la ville de Dôle.

En 1843 les Pères Jésuites, si zélés pour la gloire

de Dieu, achetèrent Mont-Roland qui avait été vendu nationalement, et posèrent la première pierre de la remarquable église gothique de Notre-Dame, en 1851. Mais le pieux trésor qu'ils espéraient obtenir ne leur fut pas rendu. Les habitants de Jouhe ne voulurent point s'en séparer. La statue de Notre-Dame repose dans l'église de cette paroisse. Cinq cœurs d'argent et de vermeil sont suspendus à son cou. La lampe plaquée d'argent qui brûle devant cette image si vénérable est un don. Les écussons qui décorent les chandeliers de l'autel de Marie nous font deviner qu'ils ont été donnés par une noble dame reconnaissante.

L'évêque de Saint-Claude, désirant qu'un suprême hommage fût rendu à la Mère secourable de la Franche-Comté, sollicita la grâce insigne du couronnement par le Saint-Siège. L'auguste Pie IX s'empressa d'accéder à son désir. Sa Sainteté avait déjà enrichi l'antique pèlerinage de l'indulgence de la Portioncule.

Le 2 août 1873, Monseigneur couronna la statue de Notre-Dame, au nom du Souverain Pontife. Cette magnifique cérémonie, dirigée avec une parfaite intelligence par les Pères Jésuites, réunit le clergé et les pieux chrétiens de la Franche-Comté sur ce sol immortalisé par la présence et les bienfaits de la divine Mère de Dieu.

De la partie la plus élevée de la montagne, à l'orient, on voyait distinctement les cimes gigantesques des Alpes qui s'exhaussent les unes sur les autres, comme des blocs de cristal, au dessus des sombres et sauvages sommets du Jura, et la vue de ces majestueux témoins de la puissance de Dieu et de la fragilité humaine élevait les âmes vers l'éternité.

NOTRE-DAME DE L'ÉPINE

Histoire. — Légende. — Protection. — Couronnement.

La très sainte Vierge semble avoir choisi ce nom symbolique pour nous exciter à l'espérance. N'est-elle pas le lis entre les épines, une richesse dans notre pauvreté, l'aube du divin soleil, la promesse du salut ?

Le temps des calamités et des dangers de la France fut toujours marqué par les apparitions de la Mère de miséricorde.

Dans la première partie du XVe siècle la chrétienté parut avoir perdu sa route. C'était une lamentable confusion qui « sous le nom de grand schisme d'Occident donnait à l'Église deux têtes et semblait démentir la promesse d'unité faite à l'Église par son divin Fondateur » (1).

La France marchait vers la ruine de sa monarchie, de sa grandeur et de sa nationalité.

Les Armagnacs et les Bourguignons divisaient les forces de la patrie. Crécy, Poitiers, Azincourt avaient vu notre drapeau humilié. Le duc de Bourgogne livrait nos ports aux armées anglaises. Charles VI aux prises avec la démence, était renié par une mère dénaturée. Cette reine indigne avait conclu un pacte

(1) Lettre pastorale de Mgr l'évêque de Châlons au sujet du couronnement de N.-D. de l'Épine.

honteux avec l'ennemi. Un enfant étranger, ou anglais, venait d'être sacré roi de France sous les voûtes mêmes de Notre-Dame.

La Champagne avait subi de grandes épreuves. Les terres étaient restées incultes. Les gens de guerre laissaient sur leur passage l'incendie et la famine ; la peste dévorait les hommes que les combats avaient épargnés. Mais Marie veillait sur la France ; une radieuse apparition allait être le présage de la paix.

Le 24 mars de l'année 1400, veille de l'Annonciation, à cette heure où la terre s'enveloppe d'une ombre tiède et se recueille dans un silence plein d'harmonie, des bergers qui conduisaient leurs troupeaux sur une colline située à deux lieues de Châlons, aperçurent une grande lumière près d'un oratoire rustique dédié à saint Jean-Baptiste. Ils s'approchèrent et virent une flamme éclatante qui sortait d'un buisson. Les branches, les feuilles, les épines brûlaient sans être détruites par le feu. Leur saisissement fut tel, dit la légende, qu'ils tombèrent sans connaissance sur le sol. Les brebis effrayées de cette clarté s'enfuirent vers l'étable. Les petits agneaux restèrent tranquillement auprès du buisson.

Quand les bergers revinrent à eux, ils reconnurent qu'une statue de la très sainte Vierge, tenant son Fils Jésus entre ses bras, occupait le centre de ce merveilleux buisson changé en trône de lumière.

A mesure que le jour baissait, la flamme montait plus éblouissante, embrasant les branches rustiques, qui demeuraient aussi vertes qu'en été.

Toute la nuit et le jour de la fête, la merveilleuse clarté entoura la statue de la Vierge-Mère d'une ceinture de feu.

Charles de Poitiers, alors évêque de Châlons, vint à la tête de son chapitre et de son clergé, et vit le buisson en flammes. Il vénéra la sainte Image, « la prit dans ses mains avec les témoignages de la foi la plus ardente et la déposa dans l'oratoire de saint Jean-Baptiste » (1).

Les peuples aiment Marie. Les célestes manifestations de sa bonté transportent leurs cœurs et les rendent capables de tous les sacrifices. Convaincus de la réalité du prodige, ils accoururent des points les plus reculés de la Champagne pour lui rendre hommage, et firent des dons si considérables que pour satisfaire leur piété il fallut construire un sanctuaire qui devait porter le nom donné à l'image miraculeuse, et s'élever sur le lieu même du prodige.

Les gens de la campagne abandonnèrent leurs travaux pour aller chercher au fond de la Lorraine les matériaux nécessaires. Vingt quatre ans suffirent pour en achever les parties principales (2). La beauté de cette église et la rapidité étonnante de sa construction fit naître sans doute cette gracieuse légende, à savoir que les anges prenaient la place des ouvriers chaque soir et travaillaient jusqu'au jour au temple de leur Souveraine.

L'église de l'Épine est l'un des plus précieux monuments de l'art ogival. Ses fines colonnes, son jubé élégant, ses voûtes hardies imposent l'admiration et inspirent la prière. La ville de Châlons lui donna ses précieux vitraux ; celle de Verdun offrit six cloches. La statue de Marie y fut apportée solennelle-

____

(1) *Lettre pastorale* de Monseigneur Sourrieu, évêque de Châlons.
(2) Elle ne reçut la dernière main qu'un siècle plus tard, en 1524. *Lettre pastorale.*

ment au milieu d'une foule enthousiaste qui se vit
comblée de bénédictions.

Ainsi que nous l'avons dit, Notre-Dame de l'Épine
fut l'aurore du jour de Dieu, l'arc-en-ciel qui annonce la fin des jours d'orage. Deux ans après sa
glorieuse apparition, le mahométisme subissait une
mémorable défaite qui arrêtait ses progrès, et le concile de Pise préparait la pacification de la chrétienté.
Enfin, douze ans après, Dieu envoyait à la France
humiliée celle qui devait être sa gloire la plus pure
et son salut : Jeanne d'Arc.

Notre-Dame étendit son royal manteau sur la
Champagne et la protégea au milieu des plus grands
dangers.

Son église, à peine commencée, faillit être renversée par les ennemis du culte de Marie. Mais elle lui
suscita un vaillant défenseur (1) qui la préserva de
la ruine.

En 1562, les deux Coligny vinrent menacer de destruction la splendide Basilique. L'hérésie se dres-
sait, redoutable, encouragée par une politique cau-
teleuse et cherchait à s'emparer de la Champagne.
Les descendants des bergers et des laboureurs, les
premiers ouvriers de Notre-Dame, défendirent l'édifice bâti par leurs pieux ancêtres. Le culte de leur
chère patronne ne reçut aucune atteinte. C'était une
récompense du passé et une promesse pour l'avenir.

La terre que Marie a sanctifiée par sa présence, la
terre voisine de Jeanne d'Arc devait se montrer toujours à la hauteur de sa destinée. Ce fut au château de
Joinville, du diocèse de Châlons, que prit naissance

____

(1) Le seigneur de Barbazan, vainqueur des Anglais à la bataille
de la Croisette.

la Ligue, cette force catholique et nationale qui conserva à la monarchie son honneur et à la France son titre le plus glorieux, celui de fille aînée de l'Église.

Puis vint le jansénisme, cette secte de désespérés, ce calvinisme tronqué qui se glissa dans le diocèse de Notre-Dame.

La douce et consolante image de la Mère de Jésus mit en fuite l'hérésie fille des ténèbres, et la foi sortit encore triomphante de ses épreuves.

Aux jours sanglants de la révolution l'image miraculeuse n'abandonna pas le sol qu'elle s'était choisi. Le peuple, fidèle encore aux causes religieuses, prit sous sa protection le sanctuaire de l'Épine. La statue du buisson fut mise à l'abri des profanateurs par le vénérable curé de la paroisse. Quand le torrent révolutionnaire se fut écoulé et que la France se releva purifiée par le plus noble sang de ses fils, on replaça l'Image bénie sur son autel comme un gage de liberté réparatrice.

Les générations qui se succédèrent revinrent, aussi ferventes qu'autrefois, au sanctuaire de la Vierge admirable, et le courant d'amour et de confiance s'établit sans interruption jusqu'à nos jours.

Le clergé, les souverains ont donné comme les peuples des exemples de générosité et de dévotion envers Notre-Dame de l'Épine.

Mgr de Marchaumont, au XVIᵉ siècle, fonda la confrérie de Notre-Dame. Mgr Monyer de Prilly lui consacra sa vie sacerdotale. Il nommait son sanctuaire la sainte église (1).

Charles VI facilita la construction de la Basilique.

(1) Mgr de Prilly avait servi son pays sur les champs de bataille de Zurich et d'Austerlitz.

Charles VII fit un pèlerinage à Notre-Dame sept ans
après son sacre. La dauphine Marguerite d'Écosse
vint, pieds nus, de Châlons à l'Épine. Louis XI, détenu
par Charles le Téméraire dans la prison de Péronne,
fit le vœu d'aller vénérer l'Image miraculeuse après
sa délivrance. Il accomplit sa promesse et offrit deux
cents écus d'or à son église. « Un an après, en 1472,
il publia un édit par lequel il ordonnait de sonner le
bourdon de Notre-Dame au commencement, au milieu et à la fin de chaque jour, invitant son peuple à
saluer la Mère de Dieu pour assurer une bonne paix
à la France » (1).

Au XVIIᵉ siècle, la princesse Palatine vint en pèlerinage à l'Épine. La pieuse reine Marie Leczinska au
XVIIIᵉ ; Napoléon Iᵉʳ en 1812 ; Charles X en 1828 ;
Louis-Philippe avec ses enfants, en 1831. Ils laissèrent tous des dons généreux au célèbre sanctuaire.

La seconde flèche ajourée de l'église avait été abat-
tue pendant la révolution de 93 ; Napoléon III donna
plus de soixante mille francs pour la réédifier.

Dans l'antique monument, aux pieds de Notre Dame, une belle et sainte figure nous apparaît :

Jeanne d'Arc, dans son enfance vint plusieurs fois
à Sermaize, situé à quelques lieues de l'endroit consacré par l'apparition de la Sainte Vierge, chez un
frère de sa mère (2).

Sa dévotion pour les chapelles dédiées à Marie la
porta sans doute à faire de pieux pèlerinages à l'église

(1) Lettre pastorale de Mgr de Châlons. Le pape Calixte III recommanda cette dévotion à la chrétienté afin d'arrêter les progrès de
Mahomet II.

(2) Le père de Jeanne d'Arc était champenois, originaire de Cef-
fonds (Haute-Marne), la famille de sa mère sortait du village de
Vouthon (Meuse).

de l'Épine. C'était à l'époque où le miracle du buisson ravissait les âmes et charmait toutes les conversations. Le sanctuaire s'élevait de terre, mémorial de la foi qui transportait les peuples. L'angélique enfant dut subir cet élan généreux qui répondait à ses sentiments naturels.

Des miracles innombrables s'opérèrent par l'intervention de Notre-Dame de l'Épine. Malheureusement les archives de l'église qui contenaient des documents précieux furent détruites par les huguenots et les impies de 93. La mémoire reconnaissante du peuple garde avec vénération le souvenir de plusieurs miracles qui n'ont jamais été démentis.

« Telle la résurrection d'un enfant mort-né et rendu à la vie le 15 août 1641. Telle la guérison d'une paralytique, le 9 mai 1642. Telle la guérison d'un aveugle qui recouvra la vue aux pieds de Notre-Dame de l'Épine, le 15 août 1661. Telle la résurrection d'un enfant mort avant le baptème, porté à l'Épine en septembre 1788, ressuscité et baptisé aussitôt » (1).

Notre époque a reçu de Notre Dame sa part de miracles et de bénédictions. En 1852, un jeune homme atteint d'une lèpre qui paraissait inguérissable vint demander sa guérison et fut subitement délivré de son terrible mal qu'il ne ressentit jamais plus, ainsi qu'il l'attesta lui-même plusieurs années après.

Le 12 mai 1873, une jeune fille fut guérie par Notre Dame et son médecin attesta par écrit sa guérison miraculeuse.

Nous avons rapporté, d'après la légende, que les agneaux se tenaient sans frayeur devant le buisson

____

(1) Lettre pastorale, page 6.

en feu où se cachait la statue de la Vierge. Etait-ce un emblème de la prédilection de Marie pour les âmes innocentes ? De cette particularité est née peut-être une très ancienne habitude qui s'est conservée jusqu'à nos jours.

A la fête de l'Assomption et quelquefois à celle de la Nativité, les parents amènent à l'église de l'Épine leurs enfants maladifs qu'ils ont voués pour sept ans à Notre-Dame. On dit la messe à leur intention. Les pupilles de Marie accompagnent la procession, tous vêtus de blanc, souvent au nombre de trois cents. On les conduit à l'offrande ; ils portent chacun un cierge bénit dans leur main ; à genoux, ils prient la Vierge miraculeuse d'entretenir leurs petits souffles de vie.

Les jeunes mères, les larmes aux yeux, supplient la Mère de Jésus de les préserver de tout péril, dans le présent et l'avenir.

Quelle est touchante la prière des enfants ! comme elle dispose le cœur de Marie à la miséricorde envers les familles, la ville, le diocèse où son culte est demeuré en si grand honneur !

Il manquait une gloire à la vénérable Image. Elle vient de lui être donnée.

L'éminent évêque de Châlons, Mgr Sourrieu, eut l'inspiration de solliciter du Souverain Pontife Léon XIII la faveur insigne du couronnement de Notre-Dame de l'Épine en son nom.

Notre glorieux Pape répondit favorablement à cette pieuse demande. Le diocèse tout entier fit entendre un cri de joie et par ses dons généreux seconda son bien-aimé évêque.

D'après le vœu de S. S. Léon XIII, un diadème

vraiment royal fut commandé à un artiste dont le talent se montra à la hauteur de sa tâche.

Notre grand Pape avait dit à Mgr Sourrieu :

« Oui, Notre-Dame de l'Épine sera couronnée en mon nom. Préparez-lui un diadème digne de la mère de Dieu, digne de votre peuple qu'elle protège, et digne de l'art français ».

C'était consacrer la gloire de l'antique Image et honorer la France dans son fidèle attachement à Marie.

Les fêtes du couronnement de N.-Dame eurent lieu le mardi 3 juin 1890. Des paroisses entières étaient accourues, la croix en tête et portant la bannière de leurs saints patrons. Dix mille personnes fêtaient Marie. La présence d'un nombreux clergé et d'évêques distingués était un éclatant hommage rendu à Notre-Dame de l'Épine (1).

Des tribunes sont disposées à droite et à gauche de la façade de l'église. Celle de droite, au milieu de laquelle on a placé l'autel est occupée par les évêques. Celle de gauche est réservée au clergé. La chaire est adossée au portail de la basilique et sur le même rang s'élève un trône en velours bleu et soie blanche semé de lis d'or, le trône de la statue miraculeuse.

L'imposante cérémonie va s'accomplir au nom de Sa Sainteté Léon XIII, sous la présidence de S. Éminence le cardinal Langénieux, archevêque de Reims, délégué du Saint Siège apostolique, assisté de Mgr Péchenard son vicaire-général ; de Nos Seigneurs les évêques de Soissons, de Dijon, de Beauvais, de Verdun, d'Amiens, de Meaux, de Nevers ; Mgr Freppel,

______

(1) Nous empruntons ces détails à la *Semaine religieuse* de Châlons.

évêque d'Angers, Mgr Meignan, archevêque de Tours, Mgr Sourrieu, évêque de Châlons.

Après le chant du *Salve Regina*, la statue est portée par MM. les archiprêtres hors de l'église et placée sur son trône (1).

La messe est célébrée par Sa Grandeur Mgr Meignan, ancien évêque de Châlons.

Mgr Freppel monte en chaire, et ce prélat si français, si puissant en actes et en paroles, tient l'auditoire sous le charme de son pieux et patriotique discours.

On donne lecture du Bref de S. S. Léon XIII ordonnant le couronnement. S. E. le cardinal Langénieux bénit, selon les cérémonies du Rituel, les deux magnifiques couronnes de diamants qui lui sont présentées. Le cardinal gravit les degrés du trône et pose sur la tête de la Sainte Vierge et sur celle de Jésus-Enfant les précieux symboles de la royauté divine, gage de l'amour qui attachera à jamais à Notre-Dame son peuple reconnaissant.

Monseigneur l'évêque de Châlons prononce la consécration de son diocèse à la Vierge de l'Épine. Au chant du *Te deum*, la statue miraculeuse est reportée dans l'église où les pèlerins ne cessent de venir jusqu'au soir la contempler et la prier.

Nous en avons dit assez pour inspirer à ceux qui voudront bien nous lire le désir de vénérer la protectrice de cette Champagne si sage, si vaillante, si féconde en hommes d'élite, si fidèle aux inspirations de la foi et du patriotisme.

(1) Nous avons puisé ces renseignements dans la *Semaine religieuse* de Châlons.

LES VIERGES DE JEANNE D'ARC

LES VIERGES DE JEANNE D'ARC.

Notre-Dame de Domremy. — L'ermitage de Sainte-Marie. — Notre-Dame de Bermont. — Notre-Dame des Voûtes.

La vallée de la Meuse a pour les cœurs français un attrait irrésistible. La belle et sainte figure de Jeanne d'Arc plane sur ces coteaux et ces collines dont les noms sont mêlés à son histoire. Mais le lieu qui inspire le plus vif, le plus tendre intérêt est le coin solidaire où sont groupés les 350 habitants de la petite commune de Domremy-la-Pucelle. Domremy où fut placé son berceau, où s'est écoulée sa pieuse enfance et son adolescence laborieuse, restera à jamais empreint de sa grâce angélique et de sa gloire.

Les sentiers où se sont posés ses pieds diligents, l'église de sa paroisse où s'accomplit le doux mystère de l'union de son âme avec Dieu, les sanctuaires champêtres où elle allait pleurer sur les malheurs de son pays ont un charme mélancolique et pénétrant. On passe respectueusement dans ces champs et ces bois témoins des colloques ravissants des esprits célestes avec cette jeune paysanne qui fut la messagère de la paix *à cause de la grande pitié qui était au royaume de France.*

Jeanne d'Arc règne sur son pays. Elle semble dire au visiteur qui vient fortifier son esprit dans la noble et pure émotion de son souvenir que l'amour de Dieu est la source de tous les héroïsmes et que l'amour de la patrie ne peut que s'affaiblir, quand on le sépare de lui.

Le village, illustré par notre douce guerrière, est bâti au pied de coteaux couverts de chênes. Il est traversé par un petit ruisseau qui conduit ses eaux vers la Meuse. Près de l'église, on voit une modeste maison entourée d'un petit jardin, au dessus de la porte sont gravés ces mots : « *Vive labeur* ». C'est là qu'habitaient en 1418, Jacques d'Arc, Isabelle Romée sa femme et leurs cinq enfants.

C'étaient des laboureurs « *de bonne vie et renommée* », dit la chronique ; s'appliquant à remplir leurs devoirs envers Dieu et leurs semblables avec une rigoureuse honnêteté ; désirant, avant tout, laisser à leurs enfants la foi, l'amour du travail et un sang pur et généreux.

Ils vivaient du produit de leurs champs et supportaient courageusement la pauvreté. Jacques d'Arc, avec ses trois fils, Pierre, Jean et Jacquemin remuait la terre dès l'aube jusqu'au soir, sous le soleil ou la pluie, pour lui faire produire la maigre nourriture de la famille.

Isabelle Romée veillait avec sollicitude sur ce pauvre foyer. Elle donnait à Dieu la première place dans son cœur, ne s'épargnait pas la peine et accueillait chaque soir ses chers travailleurs avec un doux et réconfortant sourire.

Jeanne, l'enfant de bénédiction, l'aînée des deux filles de Jacques d'Arc, naquit le 6 janvier 1412, le jour où l'étoile mystérieuse conduisit les rois au pied de la crèche de l'Enfant-Dieu.

L'enfance de notre héroïne, comme devait l'être sa

vie si courte et sa mort si cruelle, fut un acte de foi, de soumission et d'amour. Selon un témoin oculaire (1) elle fut pure et paisible comme la fontaine des bois qui n'épanche jamais hors de son lit ses eaux claires.

La mère de Jeanne, femme forte, dans l'acception profondément chrétienne de ce mot, lui communiqua son âme droite et énergique. Sur ses genoux, l'aimable enfant apprit à aimer la religion, son pays et les pauvres : tout ce qu'il y a de plus digne d'amour sur la terre.

Celle qui devait apprendre à vaincre aux plus grands capitaines de son temps et déconcerter les théologiens, ne savait ni lire ni écrire : « *cette science étant réservée dans ce temps-là aux moines et aux juges* » (2). Mais elle avait appris facilement le Pater, l'Ave et le Credo. Avec quel accent de ferveur elle les récitait ! Quelle force suppliante elle donnait à ces formules consacrées ? Plus tard on l'entendra dire avec fierté : « J'ai été enseignée en ma religion et appris ma créance comme tout bon enfant doit le faire ».

Jeanne était « *grande et moult belle* » (3) *belle et bien formée, de grande force et puissance* (4). « Elle était bonne, simple et douce fille », dit une amie de son enfance ; « point paresseuse » dépose un voisin. D'un naturel simple et honnête ; sincère dans toutes ses pensées et ses actions. Pour attester la vérité de sa parole elle ne savait dire que deux mots dignes d'elle : « *sans manque* ».

(1) Déposition de Michel Lebuin.
(2) Mirouer, *Des femmes vertueuses*.
(3) D'Aulon.
(4) *Chron. de Lorraine*, Citation de H. Wallon : *Jeanne d'Arc*.

Chaque matin elle assistait à la messe, et fortifiée par l'oblation du Calvaire elle se livrait au travail sans compter ses fatigues. Tantôt maniant l'aiguille avec adresse, elle réparait les vêtements de la famille; tantôt elle tournait le fuseau et filait le lin le plus fin de tout le village. Elle partageait les travaux domestiques avec sa mère ; portait dans ses bras et soignait avec tendresse sa petite sœur Catherine, et interrompait ses plus douces occupations à l'appel de son père, pour tenir la charrue ou le hoyau ou conduire aux champs les brebis.

L'heure de l'Angélus lui était chère. Elle aimait tant ces douces salutations qui divisent le jour en trois parts et les consacrent toutes à la Vierge bénie ! Au premier ébranlement de la cloche elle quittait son travail et se mettait à genoux, s'incarnant dans ce rôle sublime de l'ange Gabriel. Si parfois cette voix qui semble descendre du ciel restait muette à l'heure de la prière, elle s'attristait, reprenait doucement Perrin le sonneur et promettait de lui donner des *lunes* (espèces de gâteaux) pour qu'il se montrât plus diligent (1).

Le soir, avant la veillée laborieuse de la famille, elle assistait avec ses parents aux complies qu'on disait alors dans toutes les églises.

L'amour des pauvres est la mesure de l'amour de Dieu dans une âme. La vierge de Domremy les aimait chrétiennement. Elle attirait au foyer de son père le pèlerin sans abri, l'orphelin sans refuge, le vieillard égaré dans sa route. Elle donnait son lit au passant et dormait sur la terre nue, heureuse d'avoir

____

(1) H. Wallon, *Déposition du sonneur.*

procuré un bon sommeil à l'un de ses frères malheureux.

Dans les actes de l'inique procès qui conclut à sa culpabilité, un vieillard rappelle les longues heures qu'elle passa auprès de son grabat ; ses doux soins, ses bons sourires qui lui faisaient oublier toutes ses peines.

Elle était gaie, d'une gaité aimable et modeste. Son visage était pour tous affectueux et bienveillant.

« D'après une ancienne chronique, la puissance de sa bonté s'étendait jusque sur les animaux, car dans son enfance les oiseaux des champs et de la forêt venaient à elle dès qu'elle les appelait, comme à une compagne chérie, et becquetaient le pain qu'elle leur émiettait dans son giron » (1).

Ne croirait-on pas lire un trait de la vie des saints ? C'est que cette âme était en parfaite harmonie avec son Créateur. Les êtres irraisonnables de la création sont dirigés par l'instinct vers ceux qui possèdent la pureté et la tendresse.

La piété ne rendait pas sauvage la jeune fille. Elle se mêlait volontiers à ses compagnes dans les fêtes du village, mais elle chantait (selon son aveu), bien plus qu'elle ne dansait.

Entre les bords riants de la Meuse et la forêt de chênes, *le bois chesnu,* s'élevait un hêtre magnifique si élevé, large et touffu, que ses branches vigoureuses touchaient la terre. Le peuple le nommait le beau mai ou arbre des fées ou Dames. Il appartenait à Mgr de Bourlémont, chevalier. La croyance populaire prétendait que des Dames appelées fées s'y rassemblaient,

____

(1) *Jeanne d'Arc et ses souvenirs,* par l'abbé Jeangeot.

se divertissaient et allaient ensuite se désaltérer à la fontaine voisine, ce qui donnait à ses eaux une vertu bienfaisante. Les malades venaient y chercher un soulagement à leurs maux.

Chaque année le curé de Domremy venait en procession le Dimanche de Lœtare y chanter l'Evangile de Saint Jean. Le seigneur du château et sa famille, accompagnés de toute la jeunesse des villages environnants, accouraient au pied du hêtre séculaire saluer le retour du printemps dans ses feuilles naissantes. On prenait un repas en commun composé de gâteaux et de petits pains cuits offerts par la châtelaine, et la franche gaieté présidait à ces agapes populaires (1).

Quand le mois de mai avait feuillé la voûte de verdure et fleuri les prairies, dans les heures de loisir, pendant toute la belle saison, les garçons et les jeunes filles tressaient des guirlandes dont ils paraient le tronc rajeuni de *l'arbre des fées* et faisaient des rondes joyeuses à l'ombre de ses branches. Après la danse, la jeunesse allait boire à la claire fontaine tout entourée de groseilliers et s'entretenait des mystérieuses dames d'autrefois.

Jeanne faisait, comme ses compagnes, sa moisson de fleurs et ses guirlandes ; mais elle emportait les plus belles pour les suspendre à la chapelle de Notre-Dame de Domremy.

L'église du village s'élève à côté de la maison de Jeanne d'Arc. Une partie du jardin de la famille la

____

(1) Plus de 200 ans après la mort de Jeanne d'Arc, un de ses biographes vit encore le beau mai dans sa beauté et sa fraîcheur, et la jeunesse faisait encore des rondes autour de son tronc. Cité par l'abbé Jeangeot.

sépare du portail du temple de Dieu. La pieuse fille pouvait de sa petite fenêtre contempler la demeure de Jésus caché dans le Tabernacle. Elle dut porter souvent ses regards de ce côté pendant les heures qu'elle ne pouvait dérober à son travail pour les donner à la prière. Jeanne aimait cette vieille église où elle avait été régénérée par le baptême, unie à Dieu par la communion. Son âme candide gardait précieusement le souvenir de ses fiançailles mystiques. C'est à l'ombre du sanctuaire que son âme fut élevée à la hauteur de sa mission. Salut à l'enceinte bénie, l'église de Jeanne d'Arc !

L'église de Domremy date du XIIIᵉ siècle. Elle est dédiée à saint Remy. Elle fut restaurée en 1585, comme l'indique l'un des écussons de la voûte. Deux vitraux peints sont consacrés à Jeanne d'Arc. Ils représentent l'apparition de l'archange saint Michel et Jeanne agenouillée aux pieds de Notre Dame (1).

La chapelle de droite est appelée : chapelle de Notre-Dame de la Pucelle. Jeanne aimait sans doute à faire ses prières à cette place. Toutes les images qui lui rappelaient la Mère du Sauveur avaient pour son âme un doux attrait.

Les saintes vierges et martyres, Catherine et Marguerite, étaient vénérées dans l'église. La pieuse bergère venait les prier pour la France.

« Je leur rends tous les honneurs qui sont en mon pouvoir, dit-elle, sachant bien qu'elles habitent le royaume du ciel. J'ai aussi offert à la messe des cierges par la main du prêtre devant l'autel de Sainte-Catherine, en l'honneur de Jésus Christ, de la Sainte-

____

(1) *Jeanne d'Arc et ses souvenirs.*

Vierge et de mes deux saintes ; mais je n'en ai jamais allumé autant que j'aurais voulu. J'ai également orné leurs images de couronnes ».

Quand ses célestes protectrices lui parlaient sous l'œil de Dieu, lui traçant sa grande mission qu'elle devait accomplir, l'humble fille répondait qu'elle ne savait « ni chevaucher, ni conduire la guerre ». Mais elles lui promettaient de l'assister dans son expédition et de la conduire en paradis.

« Elles m'ont dirigées pendant six ans », dit l'angélique accusée, « et m'ont prêté leur appui dans tous mes embarras et mes travaux, et maintenant il ne se passe pas de jour qu'elles ne me visitent ».

Ayons un sentiment de fervente reconnaissance pour ces deux saintes martyres qui furent les guides et les consolatrices de notre Jeanne d'Arc.

Le petit jardin de la maison de son père touchait au cimetière qui entourait l'église. C'est là qu'elle reçut ses premières initiations célestes.

En 1425 Jeanne avait treize ans. C'était un beau jour d'été, à l'heure de midi. Elle se trouvait dans le jardinet qu'elle aimait à cultiver, et vit une grande lumière à la droite de l'église et une voix se fit entendre à elle disant : « Jeanne, sois bonne et sage enfant, va souvent à l'église ».

La jeune vierge eut peur, mais elle se rassura, dit-elle, parce qu'elle trouva que la voix était *digne*, et se rappelant qu'il faut un cœur pur pour communiquer avec les anges elle « *voua à Dieu sa virginité tant qu'il lui plairait* ».

La troisième fois, l'archange saint Michel, le chef de la milice céleste, entouré d'un nimbe lumineux, se montra à ses regards ravis escorté d'une foule d'anges. Le cœur de la voyante éprouvait à leur vue une grande joie, car « *lui était avis qu'elle n'était pas alors en état de péché mortel* ».

Elle raconte ainsi à ses juges anglais ses premières visions :

« Ce fut seulement après avoir entendu cette voix trois fois que je la reconnus pour celle de saint Michel. Il m'enseigna et me montra tant de choses, qu'enfin je crus fermement que c'était lui. Je les ai vus, lui et les anges, des yeux de mon corps, aussi clairement que je vous vois, vous mes juges ; et lorsqu'ils s'en allaient de moi je pleurais, et j'aurais bien voulu qu'ils me prissent avec eux. Je crois aussi ferme ce qu'il a dit et fait (saint Michel) que je crois à la mort et à la Passion de Jésus Christ notre Sauveur ; et ce qui me porte à le croire, ce sont les bonnes doctrines, les bons avis, les secours avec lesquels il m'a toujours assistée.

« L'ange me disait qu'avant tout je devais être une bonne enfant, me bien conduire, aller souvent à l'église, et que Dieu me soutiendrait. Il me racontait la grande pitié qui était au royaume de France et comment je devais me hâter d'aller secourir mon roi ».

Et la généreuse fille s'enflammait d'amour pour son pays pendant que la voix se faisait entendre. Elle était impatiente de se sacrifier et ne pouvait, dit-elle, durer où elle était ».

Dieu aime la France ; il lui donnait une libératrice au moment où sa perte paraissait consommée. Jetons un regard sur l'état du royaume : Le 10 novembre 1842, le corps du malheureux Charles VI était porté dans les caveaux de Saint-Denis, et sur cette tombe prête à se fermer un héraut d'armes s'écriait : « Dieu veuille avoir pitié de l'âme de très haut et très excellent prince, Charles, roi de France, sixième du nom, notre naturel et souverain seigneur ». Puis, il reprenait : « Dieu accorde bonne vie à Henri, par la grâce de Dieu roi de France et d'Angleterre, notre souverain seigneur ! »

Depuis dix ans la démence du pauvre roi avait excité la rapacité des partis d'*Armagnac* et de *Bourgogne*. Les Anglais profitèrent de la faiblesse d'un royaume divisé. Bientôt leur drapeau flotta sur les murs de Rouen, et la Normandie leur fut ouverte. Ils entrèrent en vainqueurs dans l'Ile-de-France, la Picardie, la Guienne et se crurent maîtres du plus beau royaume du monde. Deux ans avant la mort de Charles VI l'indigne traité de Troyes avait été conclu entre le roi d'Angleterre, le duc de Bourgogne et une reine et mère infâme. Il déclarait Henri V d'Angleterre régent du royaume et héritier du trône de France à *l'exclusion de toute autre personne de la famille royale*. Isabeau de Bavière, de ses mains souillées, bannissait son petit-fils, le dauphin, du royaume de saint Louis.

Au moment où Jeanne d'Arc reçut sa mission de salut, les Anglais menaçaient Orléans qui devait leur livrer la Loire et leur permettre de s'emparer de l'ouest et du midi. La noblesse était divisée. La peste et la guerre décimaient le pauvre peuple. L'armée suait, dans des combats sans gloire, les dernières gouttes de son sang au profit d'un roi de vingt ans qui perdait gaiement sa couronne.

Revenons à notre sainte héroïne.

Jeanne d'Arc aimait les pèlerinages. On se ressentait encore dans ce temps-là du courant de foi qui avait entraîné le peuple au delà des mers à la conquête du tombeau de Jésus Christ. Au XVᵉ siècle des pèlerins parcouraient les lieux bénits, et les récits qu'ils en faisaient au retour enflammaient d'une sainte envie les âmes pieuses.

Tout près de Domremy, sur le flanc d'une colline, s'élevait une chapelle rustique dédiée à la Sainte Vierge. Elle était cachée sous les arbres du *Bois chenu* et se nommait l'ermitage Sainte-Marie. Jeanne aimait à venir dans la solitude s'entretenir, sous les yeux de la Sainte Vierge, avec ses protectrices célestes.

Un historien contemporain de Jeanne d'Arc, Philippe de Bergame, raconte ce fait : « La vierge de Domremy faisait un jour paître les troupeaux, il lui arriva, pour se mettre à couvert de la pluie, de se réfugier dans une chapelle abandonnée. Là, elle ne tarda pas à s'endormir, et, pendant son sommeil, Dieu lui envoya un songe merveilleux qui lui donna connaissance de sa future destinée et de la nécessité où elle serait de quitter son troupeau pour aller secourir le roi de France ». « L'historien ajoute qu'il tient ces détails d'un gentilhomme italien qui avait vu Jeanne à la Cour du roi Charles VII » (1).

Un amas de pierres marque seul la place de l'ancien ermitage Sainte-Marie. Le peuple l'a surnommé : *le pierrier de la Pucelle*. Tout près de là coule toujours la source appelée *Fontaine de la Pucelle*. On retrouve aussi la *Fontaine des Groseilliers* où jadis la jeunesse de Domremy allait boire et se divertir. Les saintes du ciel ont consacré ces lieux. « Je ne sais

(1) L'abbé Jeangeot.

pas, dit Jeanne, si j'ai entendu les saintes sous l'arbre des fées, mais je sais bien que je les ai vues près de la fontaine ».

On croit que cette chapelle fut détruite pendant les guerres des Suédois. « Elle dut être élevée ou restaurée par des membres de la famille de Jeanne d'Arc (1), peut-être pour consacrer un souvenir à la gloire de leur héroïne ».

Sur la route de Vaucouleurs, près du village des Greux, s'élevait le petit clocher d'une chapelle sous le vocable de Saint-Thiébaut. Elle avait été bâtie vers l'an 920 par Antoine Sigismond de Lorraine. « Une léproserie fut fondée en cette solitude et confiée à des religieux hospitaliers à l'époque où la lèpre apportée d'Orient causait tant de ravages dans toute l'Europe » (2).

Les jeunes filles des villages voisins aimaient à prier dans la chapelle de Saint-Thiébaut, devant une image de Notre-Dame de Bermont ou Belmont, qui était en grande vénération dans le pays.

Jeanne venait presque tous les samedis y faire un pèlerinage. Elle employait ses modestes épargnes à faire brûler quelques petits cierges sur l'autel de la Reine des Anges, et oubliait les heures dans une délicieuse contemplation.

L'image qui fut l'objet des hommages de la Pucelle de Domremy est une statue faite d'un chêne très dur qui mesure un mètre de hauteur, c'est elle qui attirait Jeanne d'Arc dans cette solitude.

(1) *Idem.* Dans les fouilles on a trouvé une clef de voûte portant les armes dont fut plus tard gratifiée sa famille.
(2) *Jeanne d'Arc et ses souvenirs.*

Comme souvenir du temps de la vierge guerrière, on montre encore la petite cloche de l'ancien hôpital. Son inscription en lettres initiales signifie :

« *Cette petite cloche a été dédiée, dans la campagne, pour la gloire de son nom et après sa mort à la Vierge qui a arraché le gouvernement aux mains du peuple anglais* » (1).

Trois années s'étaient écoulées depuis le jour où le ciel, entr'ouvert sous les yeux de la sainte enfant, lui avait fait connaître ses desseins par la voix des esprits angéliques.

Le danger de la France avait grandi et les voix devenaient de plus en plus pressantes. Pauvre petite bergère, il faut quitter ton ombre protectrice, prendre l'épée et combattre pour sauver ton pays.

« Va..., va, fille de Dieu, lui disaient-elles, va trouver à Vaucouleurs le sire de Beaudricourt pour qu'il te fasse conduire au roi... Orléans est environné de toutes parts ; va pour faire lever le siège... ».

Une première fois, la fille de Jacques d'Arc a voulu obéir. Elle s'est rendue chez son oncle, Durand Laxart, un bon chrétien, qui demeurait à Burey-le-Petit, près de Domremy. Ayant prié ses parents de la laisser quelques jours près de lui, elle fit connaître à cet excellent homme « qu'elle était chargée par Dieu de faire couronner le dauphin ». Et comme il ne pouvait croire une chose si étonnante :

« N'est-il pas dit », ajouta-t-elle, d'une voix douce et modeste, « qu'une femme perdrait la France et *qu'une Vierge venue des Marches de la Lorraine* la

(1) *Idem.* Les cultivateurs invoquent St-Thiébaut pour le succès de leurs travaux. Les fiévreux vont boire à sa fontaine.

sauverait? que craignez-vous? il faut que la volonté de Dieu se fasse ».

Elle lui demanda ensuite de venir avec elle à Vaucouleurs pour prier le sire de Beaudricourt de la faire conduire au pays où était le dauphin.

Durand Laxart ne résista plus au désir de la vierge inspirée et partit avec elle, le 13 mai 1428.

Voici la charmante petite ville si bien nommée vallée des couleurs.

« La terre et les dépendances de Vaucouleurs appartenaient jadis au sire de Joinville, sénéchal de Champagne, historien et compagnon de saint Louis.

En 1365 ce domaine fut cédé au roi Philippe de Valois en échange d'autres terres. A partir de cette époque, l'antique seigneurie fut administrée par un gouverneur à la nomination du roi » (1).

La vierge de Domremy se présenta devant le sire de Beaudricourt dans sa robe rouge de bure grossière.

« Elle lui dit qu'elle venait de la part de son Seigneur afin qu'il mandât au dauphin de se bien tenir et de ne point assigner bataille à ses ennemis, parce que le seigneur lui donnerait secours avant le milieu de carême ».

Elle disait que le royaume n'appartenait pas au dauphin, mais à son Seigneur, et qu'il voulait que le dauphin devînt roi et qu'il eût ce royaume en commande ; qu'en dépit de ses ennemis il serait roi et qu'elle-même le conduirait au sacre » (2).

« Et quel est ton Seigneur » ? demanda Beaudricourt.

« Le roi du ciel ».

(1) L'abbé Jeangeot.
(2) *Jeanne d'Arc,* par H. Wallon.

Le gouverneur la renvoya en disant à son oncle qu'il ferait bien de la ramener chez son père bien souffletée.

Elle revint à Domremy, toujours humble, patiente, ne doutant point de sa mission, malgré l'affront qu'elle avait reçu, et que ses voix lui avaient annoncé.

Elle dit dans son procès, « qu'étant encore chez son père, il avait rêvé qu'elle s'en irait avec les gens d'armes. Sa mère lui en parla plusieurs fois et se montrait, comme son père, très frappée de ce songe : aussi la tenait-on en grande surveillance, et le père allait jusqu'à dire à ses autres enfants : « Si je pensais que la chose advînt, je vous dirais : « Noyez-la » et si vous ne le faisiez, je la noierais moi-même ».

Le dauphin songeait à chercher un refuge soit en Espagne soit en Écosse. Les Anglais pressaient le siège d'Orléans. Les voix parlaient à Jeanne à chaque instant, l'encourageant à partir sans délai.

La fille au grand cœur quitte Domremy, sa chère famille, sa vie laborieuse et contemplative pour entrer dans la vie militante qui va précéder de bien peu de temps le triomphe et le martyre.

« Dans toutes les autres choses, dit-elle, j'ai fidèlement respecté les ordres de mon père et de ma mère et je ne crois pas avoir péché en partant sans les avertir, car je m'en allais sur l'ordre de Dieu ; et je serais également partie quand j'aurais eu cent pères et cent mères, quand même j'aurais été la fille d'un roi ! »

Elle sacrifiait avec l'héroïsme des âmes saintes les plus chères affections de son cœur à la volonté du divin maître de sa vie.

Jeanne fut logée à Vaucouleurs chez la femme d'un

charron du nom de Henri Le Royer et demeura trois semaines sous son toit (1). Elle ne restait pas inactive. Elle filait le lin et la laine et aidait dans tous ses travaux son hôtesse qui la prit en si grande estime et amitié qu'elle ne comprenait pas que l'on puisse douter de la mission d'une si pieuse et si candide enfant.

Le sire de Beaudricourt l'avait accueillie avec le même dédain qu'au jour de sa première visite.

Un des chevaliers du gouverneur, Jean de Metz, vint un jour la voir chez son hôtesse et lui dit :

« Ma mie, que faites-vous ici ? Faut-il que le roi soit chassé du royaume, et que nous devenions anglais ?

« — Je suis venue ici, répondit-elle, à chambre de roi (dans une ville royale), parler à Robert de Beaudricourt pour qu'il veuille mener ou faire mener au roi. Mais il ne prend souci ni de moi ni de mes paroles. Et pourtant, avant le milieu du carême, il faut que je sois devers le roi, quand je devrais user mes jambes jusqu'aux genoux ; car nul au monde, ni rois, ni ducs, ni fille du roi d'Ecosse, ni aucun autre ne peut recouvrer le royaume de France ; et il n'y a point de secours que de moi ; et certes, j'aimerais bien mieux filer auprès de ma pauvre mère, car ce n'est point mon état ; mais il faut que j'aille et que je le fasse, parce que mon Seigneur veut que je le fasse ».

« — Qui est votre seigneur » ? dit Jean.

« — C'est Dieu ».

Le chevalier, subjugué par son air modeste et sincère et ses beaux discours, lui jura que, Dieu aidant,

---

(1) Les habitants de Vaucouleurs montrent encore la maison du charron qui logea Jeanne d'Arc.

il la conduirait au roi et lui demanda quand elle voulait partir.

« Plutôt maintenant que demain, plutôt demain qu'après », dit-elle.

Un autre chevalier, Bertrand de Poulengy s'engagea, comme Jean de Metz, à lui servir de guide. Mais le sire de Beaudricourt n'était pas convaincu, et un jour on le vit entrer chez le charron, à la suite du curé de la paroisse revêtu de son étole et qui commença aussitôt à lire les formules consacrées de l'exorcisme, disant à Jeanne que si elle était sous l'empire d'un maléfice elle se retirât d'eux.

La pieuse fille s'approcha humblement du prêtre et se mit à ses genoux.

« On dit que le jour où se donna la bataille de Rouvray (journée des harengs), Jeanne vint trouver le gouverneur et lui dit : « En nom Dieu (au nom de Dieu), vous mettez (tardez) trop à m'envoyer : car aujourd'huy le gentil dauphin a eu assez près d'Orléans un bien grand dommage ; et sera il taillé (courtil fortune) encore de l'avoir plus grand, si vous ne m'envoyez bientôt vers lui » (1).

L'obstiné capitaine dut céder. La ville murmurait, et peut-être la Cour de Bourges lui avait-elle envoyé un blâme. Jeanne d'Arc reçut de lui une épée, et à son départ elle recevra pour adieu une parole de doute et presque de raillerie : « Allez donc, allez, et advienne que pourra ! ».

Nous savons qu'au temps de Jeanne d'Arc le sire de Beaudricourt, bailli de Chaumont, en était le gou-

____

(1) *Jeanne d'Arc*, par H. Wallon.

verneur. Le château féodal élevé sur la colline dominait la ville et la vallée. Il en reste un souvenir : la chapelle souterraine dédiée à Notre Dame. « Cette crypte est désignée dans les documents historiques sous le nom de voûtes ».

Jeanne fréquentait l'église, se confessait souvent et gravissait la colline dès l'aube pour assister dans la chapelle du château à toutes les messes qui se célébraient. Tant que l'hostie consacrée était élevée entre le ciel et la terre, Jeanne demeurait à genoux, s'offrant sans doute en sacrifice avec l'auguste victime pour le salut de son pays.

« Un témoin qui était alors enfant de chœur de Notre-Dame de Vaucouleurs, déposa qu'il la voyait souvent dans cette église : « Elle y entendait, dit-il, les messes du matin, et y demeurait longtemps en prières, ou bien encore elle descendait dans la chapelle souterraine, et s'agenouillait devant l'image de Marie, le visage humblement prosterné ou tourné vers le ciel ».

Jean-le-Fumeux, chanoine de Vaucouleurs, la vit souvent dans la crypte « tantôt le front humblement courbé, tantôt les yeux fixés pieusement sur le visage de la statue ; elle renouvelait à la Reine des anges l'offrande de sa personne, de son amour et de sa vie ».

Loin des regards, dans le silence et le recueillement, aux pieds de sa mère du ciel, elle gémissait et pleurait sur les maux de son pays. Dans la peine que lui causait les retards apportés à sa mission et qui « *lui étaient à charge comme à une femme qui soupire après la délivrance,* elle suppliait la Vierge maîtresse des cœurs de toucher l'incrédule Beaudricourt.

On peut croire qu'il y eut là une merveilleuse communication entre le cœur immaculé de la Mère de Dieu et celui de la vierge Lorraine. C'est peut-être dans cette chapelle, à cette place marquée par la vénération de ses contemporains, que la Vierge admirable daigna parachever l'âme de Jeanne d'Arc, lui obtenant l'humilité dans le triomphe et la céleste patience dans l'agonie de la prison.

C'est en 1790 que Notre-Dame des Voûtes fut descendue dans l'église paroissiale. On put heureusement la soustraire à la profanation des impies et elle fut replacée sur l'autel après la réouverture des églises.

Ce précieux oratoire souterrain est parfaitement conservé. Les voûtes gothiques ont été respectées par le temps et les démolisseurs. Mais il ne fut pas à l'abri de l'indifférence et de l'oubli. Pendant de longues années, ce lieu consacré servit d'écurie et de cellier.

Il appartenait à la religion, dans la personne de son vénérable ministre, monsieur l'abbé Raulx, curé-doyen de Vaucouleurs, de relever ces souvenirs de la piété de Jeanne d'Arc. Aidé de quelques bons chrétiens, il fit l'acquisition de la crypte, et entreprit les travaux de sa restauration. Espérons que nous verrons bientôt l'antique et chère statue devant laquelle Jeanne a tant prié et pleuré à la place marquée dans l'histoire de notre libératrice.

Le succès de la généreuse campagne de l'éminent évêque de Verdun, Mgr Pagis, ses chauds appels, ont réveillé les sentiments nobles et purs au cœur de la France. Un monument digne de notre reconnaissance s'élèvera au jour prochain sur l'emplacement du château du chevalier de Beaudricourt qui est le point de départ, la première étape de la sainte bergère, soldat de par la volonté de Dieu.

Vaucouleurs méritait bien d'être ainsi honoré. C'est là que la mission de notre héroïne fut reconnue et acclamée par le peuple. Ce sont les habitants de Vaucouleurs qui se cotisèrent pour l'équiper, la monter, l'armer. Ce furent des gentilhommes de Vaucouleurs, avec leurs écuyers, qui la conduisirent et l'accompagnèrent auprès du Dauphin humilié, comme la messagère de la gloire et de la paix. Vaucouleurs a un droit à la reconnaissance de la France.

NOTRE-DAME DE BON SECOURS

La dévotion à Marie et le culte des morts ont fait nos frères lorrains pieux et fidèles. Nous en trouverons des preuves dans l'histoire de leur chère protectrice.

Le 5 janvier 1477, la veille des Rois, la ville de Nancy était assiégée par Charles le Téméraire, duc de Bourgogne. Le jour de cette poétique fête de l'Épiphanie de Notre Seigneur devait éclairer sa ruine.

René II régnait alors sur le beau duché de Lorraine. Il était jeune, vaillant, vertueux, et il aimait la Très Sainte Vierge. Quand il vit que le courage de son armée et sa bonne épée ne pourraient les sauver, il se tourna vers le Dieu des batailles et lui demanda la victoire sur son redoutable adversaire.

Il consacre à Marie sa personne et ses États ; dépose humblement à ses pieds sa couronne. Fort de son invincible confiance, il se met à la tête de ses sujets et des suisses ses alliés, et présente la bataille aux Bourguignons.

On se battit avec un fier courage, de part et d'autre. Quand la lutte cessa, le drapeau blanc du duc de Lorraine, qui représentait l'Annonciation, restait seul debout sur le champ de bataille.

René II avait remis son sort entre les mains de la Reine des armées chrétiennes ; il ne pouvait être abandonné.

Ce glorieux souvenir et ce beau sentiment sont rappelés dans une inscription qui attire le regard des pèlerins de Bon-Secours et semble être une leçon donnée à notre génération adoratrice de sa propre force : *Par la foi ils ont vaincu.*

Le corps de Charles le Téméraire fut trouvé dans un marais et reçut la sépulture à Saint-Georges de Nancy.

Les huit ou dix mille combattants couchés sur la terre rougie de leur sang furent déposés dans une fosse creusée sur le lieu du combat. C'est sur cet emplacement que s'élève l'église de Bon-Secours.

En 1478, le duc René *donna permission à frère Jean Villez de Sesse, d'ériger près du ruz de Jarville, une chapelle avec une maisonnette pour sa demourance... laquelle chapelle, en octroyant la dite permission, fut nommée et intitulée Notre-Dame de Bon Secours.*

Le duc fit sculpter et peindre par son *menuisier-imagier* une statue de la Vierge qu'il offrit au modeste sanctuaire. C'est l'image que l'on vénère encore aujourd'hui.

Elle est de grandeur naturelle. C'est une Vierge auxiliatrice. Elle étend son manteau sur vingt personnes agenouillées à ses pieds et partagées en deux groupes. « Le groupe de droite représente l'ordre ecclésiastique, cardinaux, évêques, religieux de différents ordres et même un pape qui, dans la pensée du fondateur, pouvait être Léon IX, lequel signait Léon, évêque de Toul et pape. Celui de gauche représente l'ordre laïc, princes, magistrats et peuple » (1).

La chapelle reçut d'abord le nom de *Chapelle des Bourguignons* en souvenir des soldats de Charles le Téméraire enterrés dans ce lieu. Le peuple au cœur généreux y venait prier pour le repos de leurs âmes. Olry de Blamont, évêque de Toul, vint la consacrer en 1494, sous le nom de Notre-Dame de la Victoire et des Rois ; mais celui de Notre-Dame de Bon Secours que lui avait donné René II, son fondateur, devait prévaloir sur tous les autres titres.

La chapelle, gardée par un ermite, conserva plus d'un siècle son humble apparence et son exiguité. Les pèlerins y étaient accourus aussitôt après sa consécration. Ils devinrent fort nombreux et il fallut plusieurs prêtres pour entendre les confessions, célébrer les messes et acquitter les fondations établies en faveur du culte ou des pauvres.

En 1609, Henri II, duc de Lorraine, comprit les besoins spirituels de son peuple et y appela les Pères Minimes établis à Nancy. Ces bons religieux étendirent le culte de Notre-Dame. Ils s'intitulèrent *Chapelains de la Vierge de son Altesse.*

La dévotion à la Vierge du duc René était si bien établie que les nobles familles et les riches bourgeois demandaient, comme un honneur, qu'on déposât leurs corps dans un cimetière auprès de la chapelle, sous l'égide de Notre-Dame de Bon Secours.

Les murs de l'oratoire étaient tapissés d'ex-voto. On y voyait des crosses, des béquilles, des jambes de bois. Les peuples arrivaient en foule dans la chapelle trop étroite pour les contenir, et ne se lassaient

---

(1) Nous empruntons ces renseignements à une notice historique et descriptive très exacte.

pas d'exposer leurs besoins à la Vierge secourable.

Les Pères Minimes se firent les interprètes des désirs des pèlerins et « Charles IV permit par lettres du 29 juin 1629 d'ajouter aux anciennes constructions une nef de soixante pieds sur trente ». Cet édifice exista jusqu'au règne de Stanislas le *Bienfaisant.*

Le règne de Charles IV fut marqué par les plus grands maux qui puissent atteindre un peuple pendant une durée de trente ans. La misère envahit tous les foyers lorrains. Les Suédois, conduits par le duc de Weimar, se jetèrent sur la Lorraine et la dévastèrent. Il s'ensuivit une famine si effroyable, qu'on fut réduit à partager avec les animaux les glands, les racines et les restes les plus infects. On vit de malheureuses mères dévorer leurs enfants dans un accès de délire famélique.

La peste succéda à la famine. Elle dépeupla en trois ans la ville de Nancy. « Sa population, alors la plus forte du monde, n'était plus, en 1644, que de 1,308 habitants, y compris la banlieue, les nobles et le clergé » (1).

Les Lorrains ne se laissèrent pas abattre par ces longues épreuves. Ils mirent en Dieu leur espérance et invoquèrent celle qui avait sauvé leur nationalité. Notre-Dame entendit ces unanimes supplications et vint à leur aide sous les traits de saint Vincent de Paul qui apporta à la Lorraine épuisée plus de deux millions de secours, distribués dans les villes et jusque dans les bourgs et les villages.

Le 3 septembre 1633, la ville de Nancy offrit à Notre-Dame de Lorette une table d'argent où l'artiste

____

(1) *Notice historique.*

avait sculpté ses armes en relief. Par cette offrande les Lorrains se reconnaissaient les humbles et fidèles sujets de Notre-Dame.

En l'année 1642, plus de deux mille personnes se rendirent en procession à Notre-Dame de Benoite-Vaux. « Là, le président de la Cour des Comptes tenant un gros cierge à la main fit amende honorable pour les duchés de Lorraine et de Bar, les mettant sous la protection spéciale de Notre Dame et chacun répondit : *Amen* ».

En 1646, la ville de Nancy, craignant un retour des fléaux de Dieu, supplia le Seigneur par la voix de ses magistrats et par les mérites de la Très Sainte Vierge et de saint Joseph de faire miséricorde à son peuple. « Nous, conseillers de la chambre du conseil, vouons et promettons à Dieu d'aller rendre grâces en procession solennelle à Notre-Dame de Sion, Comté de Vaudemont. et là faire un présent de 600 francs pour quelque fondation à perpétuité ou autre œuvre pieuse, en l'honneur de la Très sacrée Vierge mère soubs le titre de *Reyne de paix*, sachant bien que nous ne debuons (devons) espérer telles grâces et faveurs du ciel que par son crédit et très puissante intercession ». L'accomplissement de ce vœu eut lieu le 20 septembre 1663.

Le bienheureux Pierre Fourrier, curé de Mattaincourt, en Lorraine, passa, vers cette époque, à St-Nicolas de Port dont les habitants étaient affligés des même calamités que ceux de Nancy. On connaissait ses admirables vertus et on vint le supplier d'obtenir de Dieu un adoucissement à tant d'afflictions.

« Il faut, répondit-il, s'adresser à la consolatrice des affligés. Je suis persuadé que si l'on écrivait sur plusieurs billets ces belles paroles : *Marie a été conçue sans péché*, ceux qui les porteraient avec confiance en recevraient sûrement du soulagement .

La parole du saint porta ses fruits. Tous ceux qui la mirent en pratique furent délivrés de leurs maux.

Dès lors on établit en Lorraine des congrégations de la Sainte Vierge. Tous les ducs en firent partie, et en 1665, la fête de la Conception de Marie fut célébrée avec grande pompe.

Charles V, duc de Lorraine, qui a laissé le souvenir de sa piété et de sa vaillance, envoya à l'église de N.-D. de Bon Secours un drapeau qu'il avait pris aux mains d'un musulman à la bataille de Saint-Gothard, au moment où ce farouche ennemi allait le terrasser. La prise de cet étendard fut le signal de la défaite de l'armée ottomane. Par ce don, le prince reconnaissait qu'il était redevable de la vie à la Mère de Dieu, ainsi qu'en témoigne l'inscription commémorative gravée sur une table de marbre placée auprès de la rampe de la chaire.

En 1687, Charles-François de Lorraine, prince de Commercy, arracha aux mains d'un janissaire un drapeau qu'on suspendit vis-à-vis de celui de Charles V.

L'empereur Charles VI combattit aussi en personne les ennemis du nom chrétien. Il se recommanda à la bonne Vierge de Nancy et après les terribles combats de Peterwardin et de Méradia, victorieux, il envoya à Notre-Dame trois drapeaux comme un hommage de sa foi et de sa reconnaissance.

La chapelle de Notre-Dame avec ses glorieux présents, était un appel à la confiance et au patriotisme. Les grâces de Notre-Dame ne tarissaient pas et, fidèles à son culte, les Nancéens ne cessaient de lui prouver leur amour.

« Tous les ans, le 4 janvier, les princes, les magistrats et le peuple assistaient à une procession anniversaire de la journée de Nancy. La tente du duc Charles de Bourgogne décorait le sanctuaire de la chapelle ; son cimeterre, son casque, ses gantelets, ses éperons dorés y était portés, au bruit des tambours, par une députation de Suisses ».

La Lorraine allait perdre sa nationalité. Sa cession à la France s'accomplit en l'année 1737. Avant de dire adieu au pays gouverné par ses ancêtres, son dernier souverain François III se préoccupe des destinées de la chapelle de Bon Secours. « Il stipule expressément que les fondations de ses prédécesseurs seront maintenues et respectées.

Stanislas Leczinski, surnommé le *Bienfaisant*, devint duc de Lorraine et donna des preuves constantes de sa dévotion à Marie.

L'église, le couvent de Bon-Secours menaçaient de tomber en ruine ; Stanislas, aussi généreux que pieux, fit réédifier le couvent et imprima à l'église qu'il éleva un caractère de grandeur digne de sa munificence et de la dévotion de la Lorraine.

Il posa la première pierre du somptueux édifice le 15 août 1738. L'église fut achevée et consacrée trois ans après, en présence du roi et de la reine de Pologne, de la Cour, de la magistrature et de la noblesse. Stanislas fit de magnifiques présents à Notre-Dame. Il lui offrit entr'autres la couronne et le sceptre d'or avec lesquels il avait été sacré roi.

Comme un dernier témoignage d'amour il voulut être inhumé, lui et sa famille, auprès de la Vierge dont il avait décoré les autels. En 1745 la reine de Pologne y recevait sa sépulture. Son monument est une œuvre de génie d'un artiste lorrain.

Onze ans plus tard on déposait dans le caveau royal Catherine Jablonowska, cousine germaine de Stanislas, et François Maximilien, duc d'Ossolinski, son époux.

Stanislas, adoré de son peuple *qu'il édifia par ses exemples et défendit par ses écrits*, mourut le 23 février 1766, à l'âge de 88 ans. Son magnifique mausolée est placé en face de celui de la reine.

La vertueuse fille de ce modèle des rois, Marie Leczinska, épouse de Louis XV, demanda que son cœur fût déposé dans le caveau de Bon-Secours. Ses dernières volontés furent exécutées au mois de juin de l'année 1768.

Jusqu'en 1791 la ville de Nancy fut fidèle à accomplir son vœu solennel. Une messe était célébrée chaque semaine dans l'église de Notre Dame, et chaque année, le lendemain de l'Assomption, « le corps de la municipalité assistait au service solennel qui s'y faisait pour le repos des âmes de ceux qui sont morts durant la contagion ».

La Révolution n'intimida point les habitants de la ville de Nancy. En 93, l'église fut vendue et la magnifique grille de la galerie intérieure venait d'être arrachée pendant la nuit, quand des personnes qui se rendaient au marché jetèrent l'alarme dans la cité. Les Nancéens se réunirent et entourèrent leur chère église prêts à la défendre contre les destructeurs.

Craignant un soulèvement populaire, deux officiers municipaux leur promirent que la vente de l'église et des sacristies serait résiliée.

« Après le concordat, le conseil municipal vint reconnaître les dépouilles royales, et en 1806 les monuments qui avaient été abrités dans le musée départemental furent réintégrés dans l'église ».

Le comte d'Artois, depuis Charles X, visita le sanctuaire de Bon-Secours en 1814. Dans la même année les polonais, glorieux débris de notre armée, vinrent rendre hommage aux cendres de Stanislas Leczinski. En 1833, vaincus et errants sur la terre, on les vit une dernière fois pieusement agenouillés devant le monument du prince pieux qu'ils vénéraient comme un père.

Une plaque de marbre commémorative témoigne de leur inconsolable douleur.

La chapelle fut érigée en église paroissiale en 1844. Elle renferme de grandes richesses artistiques et historiques. Sculpture, peinture en mosaïque, peinture à fresque, tout est à visiter et à admirer.

Notre-Dame règne sur ces chefs-d'œuvres accomplis en son honneur. C'est elle surtout qui attire les pèlerins. Les mères viennent lui consacrer leurs enfants. On lui confie le succès des entreprises difficiles. Dans les maladies où les secours humains ont échoué, les affligés réclament son assistance. On envoie pour eux des linges que les prêtres attachés à l'église font toucher à l'antique statue et souvent des miracles éclatants sont la récompense de cet acte de foi.

Le jour de leur mariage, selon une pieuse et antique coutume, les jeunes époux viennent mettre leur nouvelle vie sous sa direction.

Notre-Dame de Bon Secours a été couronnée par le Saint-Père, Pie IX, le 3 septembre 1865.

NOTRE-DAME DE BON ESPOIR

Un tournoi en son honneur. — Le chevalier de Marie. —
Le siège de Dijon. — Prières exaucées.

La cité voisine du berceau de l'un des plus grands
serviteurs de Marie (1) devait être prédestinée à l'honneur de posséder une image miraculeuse.

L'origine du culte de vénération que l'on rend à
Notre-Dame de Bon Espoir n'est pas connue. Il fau-
drait sans doute remonter le cours des siècles les plus
reculés pour trouver l'époque où la précieuse statue
fut donnée au peuple de la Bourgogne.

On a lieu de supposer que la confrérie établie sous
le vocable de Notre-Dame n'est pas moins ancienne
que son image. En 1361, les membres de cette confrérie adressèrent une supplique à Guillaume de Poitiers, évêque de Langres, disant que depuis un temps
immémorial cette confrérie existait sous l'autorité des
évêques qui les avaient précédés ; que les règlements
anciens étant perdus, ils le suppliaient de leur donner de nouvelles indulgences et de nouveaux statuts.

L'évêque de Langres accorda tout ce qui lui était
demandé. « Sa chartre est datée du mois de janvier
1361 (2) ».

(1) S. Bernard naquit au château des Fontaines, près de Dijon.
Alix, sa mère, fille du seigneur de Montbard, était alliée aux ducs
de Bourgogne.

(2) *Histoire de N.-Dame de Bon Espoir*, p. 79, édit. 1823.

En 1733, la statue de Notre-Dame de Bon-Espoir
paraissait déjà avoir subi les morsures du temps, son
bois est usé et semble ne pouvoir résister au choc le
plus léger. Sa forme sans élégance fait songer à
cette époque malheureuse de l'invasion des Goths et
des Barbares sur notre sol, où le goût si pur des jours
d'Auguste parut se perdre pour toujours.

La forme du visage de la Vierge est allongée ; elle
tient l'Enfant Jésus sur ses genoux, d'après le type
que la peinture, et la sculpture du moyen-âge nous
ont laissé. « La couronne qui entoure sa tête rappelle
celle que les rois portaient dans le dixième siècle »
L'image est d'un brun foncé, comme toutes celles que
l'on exposait dans les premiers âges de l'Église. Cette
couleur est attribuée à Marie par plusieurs auteurs
anciens, Nicéphore dit que la Sainte Vierge était
d'une couleur très basanée. Cet important renseignement serait une preuve de plus de l'antiquité de la
statue dont nous résumons l'histoire.

Notre-Dame de Bon Espoir occupa différents sanctuaires dans le faubourg de Dijon. Tout porte à croire
qu'elle fit un long séjour dans la chapelle que l'on
appelait Notre-Dame du Marché, bâtie longtemps
avant le douzième siècle. On y célébra la sainte messe
jusqu'à la fin du siècle dernier. Elle dut donner aux
peuples des témoignages de son pouvoir et de sa
bonté, car de vieux ouvrages nous apprennent que
l'on accourait de toutes parts dans cette chapelle et
que, selon la coutume ancienne, on bâtit, à ses côtés,
un hôpital pour donner le logement et les soins
nécessaires aux pèlerins et aux malades. Il fut d'abord
gouverné par un seul chanoine qui reçut le titre de
Recteur. Mais comme le nombre des pieux pèlerins

s'augmentait chaque jour et que les dons des visiteurs devenaient considérables, les abbés et les chanoines de Saint-Étienne donnèrent cinq autres prêtres pour auxiliaires au Recteur, et l'hôpital fut appelé le petit monastère de Notre-Dame.

La chapelle était petite, très ancienne et menaçait d'entraîner dans sa ruine la sainte image qu'elle abritait. Il fallut songer à lui élever un sanctuaire.

Nos pères avaient une dévotion humble, une foi fondée sur la charité qui leur faisaient entreprendre des œuvres gigantesques avec une admirable simplicité et une énergique persévérance. Marie les comblait de ses grâces ; en fils reconnaissants ils voulurent lui élever un monument d'éternel amour qui serait par ses splendides proportions, la beauté de sa forme, sa richesse et sa durée, une œuvre digne de porter le nom de la Mère de Dieu.

Ce fut vers le milieu du treizième siècle, que l'on commença d'élever l'église paroissiale de Notre-Dame.

L'art gothique était en honneur. Il avait été épuré par le génie de Philippe-Auguste, roi de France. Il lui avait rendu la délicatesse, l'essor hardi, le fini qui devaient servir le sentiment religieux et s'épuiser dans la construction de nos splendides cathédrales.

Un maréchal de France, une des gloires de la Bourgogne, Monsieur de Vauban, rendit à cet édifice plusieurs visites. Après en avoir admiré la structure et les proportions, se sentant impuissant à exprimer son admiration, il disait qu'il ne manquait à ce temple merveilleux qu'une boîte pour l'enfermer (1).

____

(1) Vauban (Sébastien Le Prestre de) naquit en 1633, à St-Léger de Foucheret, près de Saulieu en Bourgogne. Il fut le premier ingénieur de son temps et le plus honnête homme de son siècle, dit

L'église de Notre-Dame de Dijon est proclamée le chef-d'œuvre de l'art gothique. Les galeries doubles, souvent triples, qui circulent dans la nef, le chœur, sous le portail, autour de l'église, dans l'intérieur du clocher sont d'une exquise délicatesse. Les colonnes de la nef, taillées au fuseau, ne mesurent que six pouces de diamètre et s'élancent vers la voûte à une élévation de quinze pieds. D'autres en mesurent plus de trente et chacune est faite d'une seule pièce (1).

La voûte est d'une hardiesse que l'architecture de nos jours n'a pu égaler. Elle semble dédaigner l'appui des murs et des arcs-boutans. S'appuyant légèrement sur les délicates colonnes, elle reste suspendue, comme si elle était soutenue par les anges qui forment la cour céleste de la Très Sainte Vierge.

Tous les détails de ce temple sont admirables. C'est un amas de beautés, une prodigalité de chefs-d'œuvre. On dirait que les artistes chrétiens qui les ont produits avaient devant les yeux un modèle divin, et multipliaient leurs efforts pour s'en rapprocher.

L'église Notre-Dame coûta des sommes immenses et cependant elle n'a point été bâtie par des rois et des princes. Sa construction est due principalement à la libéralité des peuples.

Une œuvre d'une telle perfection ne pouvait s'exécuter en quelques années. Les croisades, les guerres des rois de France que les ducs de Bourgogne étaient forcés de soutenir, la pénurie d'argent où se trouva

Saint-Simon. Il ne se faisait point de sièges importants sans son intervention. Louis XIV recommandait à tout le monde de ménager sa précieuse vie. Il mourut en 1707 laissant 12 volumes in-fol., renfermant des matériaux, des plans, des projets écrits dans le but d'être utile à son pays.

(1) Tiré de l'*Histoire de Notre-Dame de Bon Espoir*.

cette province appauvrie par les impôts dont ses ducs étaient forcés de la surcharger pour subvenir aux frais de la guerre, durent interrompre ce merveilleux travail. L'église de Notre-Dame ne put être terminée qu'en 1334.

Ce temple magnifique n'a cependant pas réalisé complètement son plan grandiose. Le portail devait supporter deux tours très élevées et un dôme aurait surmonté celle où les cloches se trouvent aujourd'hui.

Les papes tentèrent de ranimer le zèle des peuples pour l'achèvement de cette Basilique fameuse en offrant de précieuses indulgences aux donateurs et aux artistes. Mais les guerres avaient épuisé toutes les fortunes. On ne put que travailler aux décorations du splendide monument.

Les portes furent ornées des figures des prophètes, des pontifes et des rois de l'ancien et du nouveau Testament. Tous les mystères de la vie de Jésus Christ y étaient représentés, ainsi que l'histoire de la Vierge Marie.

Parmi les statues dorées placées dans les cintres, celles d'un duc et d'une duchesse se faisaient remarquer par la finesse des traits et l'élégance des draperies. On suppose qu'elles représentaient Eudes IV, avant-dernier duc de Bourgogne et Jeanne de France, son épouse, fille de Philippe le Long ; car c'est sous le règne de ce roi que l'église fut achevée.

Les bouchers de la ville de Dijon firent les frais de la construction d'une chapelle dédiée à saint Antoine, abbé, et ils le prirent pour leur patron. « Les armes du duc de Bourgogne étaient attachées à la voûte. Les échevins et le Conseil de la cité s'y assemblaient pour traiter des affaires les plus importantes. Plusieurs délibérations du seizième siècle sont datées de cette chapelle ».

Dans la tour gauche du portail, les chartres de la ville étaient renfermées, sous la garde de Notre Dame. Elles ne furent transférées aux archives qu'en 1765.

Philippe le Hardi, duc de Bourgogne, voulant punir les rebelles de Flandre, venait de faire incendier Courtrai. Cette malheureuse ville possédait une magnifique horloge ; il la fit enlever et l'envoya avec le timbre, à l'église de Notre-Dame de Dijon. La cloche seule nous reste, comme un souvenir de la dévotion des ducs de Bourgogne envers celle qu'ils regardaient comme leur protectrice.

Quand l'église fut terminée les dons affluèrent pour la fondation des prêtres. Le zèle de nos pères pour la gloire de Dieu était si grand, que plusieurs hauts personnages offrirent pour cette œuvre une partie de leurs biens.

Le 8 mai 1334, la Basilique fut consacrée par Hugues, évêque de Chabaries ou Chabories (1), Vicaire général de Jean de Châlons, soixante treizième évêque de Langres, assisté de l'abbé de Saint-Etienne, Ponse de Courbeton, supérieur de la paroisse Notre-Dame. On la dédia à la Mère de Dieu sous le titre de l'Annonciation. Plus tard, l'Assomption parut devoir être la fête de la cathédrale. Cette solennité n'est-elle pas l'apothéose de la Vierge excellente et le splendide monument, où elle règne en souveraine, ne peut-il pas être regardé comme le triomphe de l'art chrétien ?

L'église Notre-Dame reçut le titre de Paroissiale, et l'image vénérable y fut placée avec grande pompe au

____

(1) Titre d'un évêché de la Palestine. *N.-D. de Bon Espoir*, 1823.

lieu même où nous la voyons aujourd'hui. La chapelle seule a subi un changement regrettable. Elle était voûtée et obscure ; deux lampes y brûlaient nuit et jour, autant pour guider les pèlerins aux pieds de l'antique statue que pour lui rendre un hommage perpétuel. Une galerie régnait autour de la voûte qui était très élevée et là on plaçait les flambeaux que les fidèles venaient offrir à Notre Dame. L'intérieur et l'extérieur de la chapelle étaient ornés de tableaux rappelant des miracles obtenus. On y voyait des jambes, des bras, des pieds en cire et en argent. Aux colonnes qui supportaient la voûte étaient suspendus des boucliers, des écus, des épées, des étendards consacrés à Marie par des chevaliers et des ducs de Bourgogne.

L'abondance des faveurs obtenues avait fait donner à l'image miraculeuse le nom de Notre-Dame de Bon Rapport qu'elle a conservé jusqu'au seizième siècle, époque où celui de Notre-Dame de Bon Espoir lui fut donné.

La vénérable image attirait sur la province les bénédictions du ciel et la protection des rois de la terre. Ils firent de riches donations à son église et plus d'une fois, en son honneur, ils déchargèrent les peuples des amortissements qui leur étaient dus (1).

Pour lui rendre hommage, Jeanne de Boulogne, reine de France, agrandit la ville de Dijon. En 1462, Philippe le Bon, duc de Bourgogne, fonda un salut solennel pour l'amour de la Très Sainte Vierge. Tous les soirs, à la tombée de la nuit, on chantait le *Salve Regina* devant la chapelle de Notre-Dame de Bon Espoir. Le duc et la duchesse Isabelle de Portugal,

____

(1) *Histoire de l'image de N.-D. de Bon Espoir*, 1733-1823.

ne manquaient jamais d'y assister. Saint Bernard s'exprime ainsi sur cette belle prière dans son premier sermon :

« Le Salut qu'on dit le soir et que les Latins appellent *Vespertina Oratio*, est fort ancien dans l'Église. Cette prière a été composée et instituée par des saints et il n'y a que des âmes pleines de piété et d'amour qui puissent dignement la chanter, parce qu'elle ne peut être comprise que par des saints ».

Afin d'encourager ces pieuses manifestations, les évêques de Langres, d'Autun, de Châlon et de Mâcon, de Nevers, de Troyes, de Soissons, les archevêques de Lyon, de Sens, de Vienne, d'Aix, deux Souverains Pontifes, Pie II et son successeur Paul II, accordèrent des indulgences à tous les fidèles qui prendraient part à ce Salut et à l'antienne *Inviolata*. Cette pratique cessa en 1720 par suite des revers qui ruinèrent les plus grandes fortunes de France.

Les ducs de Bourgogne avaient inspiré à tous les seigneurs qui composaient leur cour la piété la plus tendre envers Marie. En 1443, un pieux chevalier, zélé serviteur de la Reine du ciel, conçut l'idée de donner un tournoi en son honneur. Il devait être digne de sa divine Dame et surpasser en magnificence tous ceux que l'on avait vu jusque-là.

L'idée était bien française (1), chevaleresque et chrétienne ; elle fut accueillie avec enthousiasme par les plus nobles et les plus vaillants seigneurs.

Pierre de Beaufremont, comte de Charny, chevalier de l'Ordre de la Toison d'Or, conseiller et grand

(1) L'invention des tournois est attribuée à Geoffroy II, comte d'Anjou et seigneur de Preuilly, en 1066, sous le règne de Philippe I. (l'abbé de Choisy).

chambellan de Philippe le Bon était l'auteur de ce noble projet. Il fit publier dans les deux Bourgognes, dans la Flandre et les Pays-Bas, en France, en Savoie, en Italie, en Allemagne, qu'un tournoi s'ouvrirait le 11 juillet 1443 ; et que, pendant six semaines de suite, treize gentilshommes de la cour du duc « tiendraient contre tous venans le pas d'armes en l'honneur de Dieu et de sa Très Sainte Mère ».

A une lieue de Dijon, sur le chemin de Nuits, se trouve un endroit appelé la Place de Charlemagne, sans doute en souvenir de ce grand empereur qui, allant en Italie au secours du pape Adrien I attaqué par Didier, roi des Lombards, traversa la Bourgogne et y fit camper son armée. Là se trouvait un arbre d'une grosseur extraordinaire. Sa hauteur et la quantité prodigieuse de ses branches couvraient d'ombre presque toute la place. On le nommait l'arbre de Charlemagne. A cet arbre on suspendit deux écus; l'un était noir, semé de larmes d'or ; l'autre violet, semé de larmes noires. Le violet était la couleur que devaient porter les combattants à pieds. Le noir pour ceux qui combattaient à cheval.

La noblesse la plus distinguée de tous les pays invités se réunit sur la place. Le duc et la duchesse de Bourgogne présidaient ces fêtes héroïques, entourés du duc de Savoie, du comte de Genève et d'un grand nombre de princes étrangers.

Jamais on ne vit rien d'aussi magnifique. Le concours de peuples fut immense et la bravoure des combattants se montra digne de la divine Reine du Tournoi.

Aussitôt après le dernier pas d'armes, le comte de Charny et ses douze chevaliers portant en main les palmes de la victoire, précédés de leurs hérauts d'armes et suivis de toute la noblesse, des spectateurs et juges du combat, vinrent à l'église Notre-Dame et firent célébrer une grand'messe dans la chapelle de la Vierge vénérée. A genoux, ils lui offrirent leurs écus et les suspendirent eux-mêmes à la voûte ; afin d'apprendre aux peuples qu'ils se reconnaissaient redevables de leur vaillance et de leur gloire à la puissante N.-D. de Bon Espoir.

Philippe Pot, seigneur de la Roche-Nolay, reçut de Notre Dame une maternelle assistance dans toutes les circonstances difficiles de sa vie. Ce seigneur avait pour parrain Philippe le Bon. Il était grand chambellan de Bourgogne, chevalier de la Toison d'Or. Louis XI lui décerna l'Ordre de Saint-Michel et lui donna le titre de premier chevalier d'honneur du Parlement de Bourgogne.

Philippe Pot méritait toutes les distinctions dont il était comblé. C'était le plus beau, le plus élégant cavalier de son temps. Sa loyauté était partout vantée. Sa bravoure qui ne connaissait pas d'égal lui obtint des charges considérables dans l'armée. Il était si éloquent qu'on l'avait surnommé la bouche de Cicéron. Sa piété couronnait toutes ses qualités naturelles. Jamais les devoirs de ses charges ne lui firent négliger ceux qu'il devait à Dieu.

Il avait pour N.-D. de Bon Espoir un si grand zèle et tant d'amour, qu'il choisit pour sa devise ces mots: *Tant L vaut* (Tant Elle vaut) et la fit graver autour de ses armes. « On la retrouve dans tous les châteaux qu'il a habités, sur les cheminées, sur les vitraux; surtout à Châteauneuf qu'il avait fait construire et qui appartenait en 1777 à M. le marquis de Vivienne (1).

Le repos pesait au seigneur de la Roche-Nolay animé des sentiments les plus généreux. Un jour il quitta la Cour et sa fortune pour courir au secours de Constantinople assiégée par les Turcs.

Il combattit héroïquement contre une troupe nombreuse de janissaires. Vaincu, mais ayant obtenu l'admiration de ses ennemis, il fut fait prisonnier et offert comme le plus glorieux trophée à l'empereur Mahomet II.

Le sultan aimait les braves. Il écouta avec un vif intérêt le récit du combat où Philippe Pot avait glorieusement succombé et, nourrissant le secret désir de se l'attacher, il ordonna qu'il fût séparé des esclaves et traité avec égards.

Le chevalier fut dispensé des travaux auxquels étaient condamnés les prisonniers. On lui fit des offres brillantes ; il les repoussa avec dédain. On le menaça ; il fit mépris des traitements les plus cruels. Sa force d'âme était si grande, qu'il parut insensible aux humiliations et à la souffrance la plus cruelle.

Le sultan le fit comparaître devant lui : « Si tu peux vaincre, lui dit-il, l'ennemi que je vais t'opposer, je te rendrai la liberté ».

Philippe Pot accueillit avec joie cette proposition. Il avait foi en la protection de Notre-Dame dont il portait sur lui l'image et se prépare par la prière au combat.

Au jour désigné, il fut conduit dans un cirque. L'ennemi se précipita au devant de lui : C'était un lion affamé. A cette vue, le chevalier ne trembla pas. Il brandit son sabre et, regardant en face le roi

____

(1) Note de l'histoire de l'image de Notre-Dame.

du désert, il lui jeta comme un défi superbe le sublime cri de sa devise : *Tant L vaut!*

Le lion rugit, ses yeux étincellent ; la gueule ouverte et écumante, il s'élance sur Philippe comme sur une proie. Mais le chevalier de Notre-Dame, avec un sang-froid et une adresse sans pareils, se dégage, fait un bond en arrière et revenant sur le lion lui coupe les deux pieds de devant. Il tombe, écume, poussant des rugissements qui remplissent d'effroi les témoins de ce terrible combat. Philippe Pot achève son ennemi et jette vers le ciel un cri de reconnaissance : *Tant L vaut !*

L'empereur Mahomet touché et charmé de tant d'adresse et de courage, descend dans le cirque, embrasse le chevalier et lui passe au cou son baudrier d'où pendait son cimeterre.

Rentré dans sa patrie, le seigneur de la Roche-Nolay fit peindre un tableau où il était représenté à genoux devant Notre-Dame de Bon Espoir. Sa devise : *Tant L vaut* sortait de sa bouche. A ses côtés se lisait une hymne, sorte de rondeau que nous reproduisons dans sa ravissante simplicité (1).

> Mère de Dieu, très glorieuse,
> Belle, plaisante et saicoureuse :
> Zaphis qui jamais fut sur terre,
> Très humblement je viens requerre
>   Ta sauvegarde précieuse,
> Tu m'as préservé jusques ici
> L'honneur, la vie et la santé,
> Sous l'espoir de ta grand merci,
>   Je me rends à ta volonté.

_____

(1) On voyait encore ce tableau dans l'église Notre-Dame au commencement du XVIII° siècle.

> Sauve-moi, Dame glorieuse,
> De la prison tant rigoureuse
> Où l'on ne voit que cruauté ;
> Garde-moi d'y être bouté,
> Car à chacun tu es piteuse,
>   Mère de Dieu !
> Tant L vaut et a valu
> A celui qui a recouru
> A celle pour qui dit ce mot,
> Te suppliant, Philippe Pot,
> Qui de tout mal l'a secouru,
>   Tant L vaut.

Philippe Pot mourut en 1494. Il fut inhumé à Cîteaux. Son mausolée a été transféré à Dijon (1).

Dans une circonstance mémorable, Notre-Dame de Bon Espoir étendit son bras tout puissant sur la ville qui l'invoquait.

En 1513, tous les cantons de la Suisse levèrent une armée considérable contre la France. Louis XII donna avis au maire et aux échevins de Dijon que son armée étant occupée en Italie, il était impuissant à les secourir efficacement. Il leur ordonnait de rester fermes et courageux, leur promettant de donner aux Dijonnais l'assistance dont il serait capable.

La paisible Bourgogne fut frappée de stupeur à la vue des maux qui allaient fondre sur elle. Des gémissements et des supplications se faisaient entendre de tous côtés. La chapelle de Notre-Dame était remplie de suppliants qui, le front sur les dalles, les bras en croix, imploraient la pitié de Dieu au nom de Celle qui avait enfanté le Rédempteur du genre humain.

(1) Note de l'histoire de l'image de Notre-Dame de Bon Espoir.

Le gouverneur de la Bourgogne était Louis de la Trémouille. Il passait pour un capitaine sans reproche et le plus grand homme d'armes de son temps. Les intérêts du trône, dont il était le conseiller et l'appui, le retenait au loin ; le roi le rappela et lui ordonna d'aller défendre la ville menacée.

Sa présence ranima le courage des Dijonnais. A peine arrivé, il se mit en devoir de préparer la cité à soutenir un siège. Des travaux considérables furent accomplis sous ses ordres avec une incroyable promptitude. Le roi envoya six mille hommes de troupes habituées aux fatigues de la guerre, et tous les habitants capables de porter les armes furent enrégimentés.

La Trémouille assembla le conseil de guerre, celui de la ville, et l'on prit une héroïque résolution : les faubourgs qui pourraient servir de retraite à l'ennemi seraient brûlés.

Le 4 septembre, on alluma l'incendie qui consuma toutes les maisons du faubourg St-Nicolas. L'église paroissiale qui était fort belle fut seule épargnée.

Le 5, ce fut le tour du faubourg Saint-Pierre. L'église des chevaliers de St-Jean de Jérusalem resta seule debout.

Le 6, le feu détruisit celui de la Porte Neuve.

Le 7, le faubourg d'Ouche eut le même sort. L'église et l'hôpital du Saint-Esprit furent conservés. L'œuvre du sacrifice fut consommée.

Les Suisses avaient à leur tête le duc Ulrich de Virtemberg et Guillaume de Vergy. La famille de ce seigneur était originaire du duché de Bourgogne. Il occupait auprès du dernier de ses ducs un poste de confiance. Croyant l'attacher à lui, Louis XI l'avait nommé grand chambellan. De plus, il lui donna le château, la seigneurie de Vergy et d'autres terres importantes (1). Charles VIII le combla d'honneurs et de présents. Mais la noblesse toute dévouée aux ducs de Bourgogne avait une tenace aversion pour Louis XI. Rien ne put attacher Guillaume de Vergy à son successeur. Il suivit la fortune du dernier duc dont la fille venait d'épouser Maximilien d'Autriche, empereur d'Allemagne, à l'époque du siège de Dijon. Cet ennemi de la France ouvrit dans ses États un passage à l'armée des Suisses qui se sépara en deux colonnes pour s'emparer du pays et le terrifier. L'une prit le chemin de Gray, l'autre celui d'Auxonne.

Les Suisses portaient sur leur passage la honte, la désolation et la ruine. Les campagnes étaient changées en désert et les villages en monceaux de cendre. Cette terrible armée arriva devant la ville de Dijon, le 7 septembre 1513. Son artillerie, malgré la vigoureuse défense des assiégés, en eut bientôt ébranlé les murs. Le conseil de la ville résolut d'envoyer au camp des Suisses trois députés. On choisit le Bailli, le premier président du Parlement, et le lieutenant-général du Gouverneur, J. de Maizières, pour traiter des conditions d'une honorable capitulation.

Les assiégeants ne voulurent rien entendre et l'on recommença le combat avec plus de fureur que jamais, de part et d'autre.

Le onze, de nouvelles négociations furent ouvertes et une trève fut accordée. On espéra que la guerre se terminerait sans trop de pertes. Mais les préten-

---

(1) La terre de Vergy était demeurée unie au domaine des Ducs, depuis le mariage d'Alix de Vergy aveé Eudes III, duc de Bourgogne.— *Histoire de l'image de Notre-Dame,* 1733-1823.

tions des généraux suisses étaient exhorbitantes et ne pouvaient être acceptées. « Ils demandaient le duché de Bourgogne, les châteaux de Milan, de Crémone, Gênes, le comté d'Asti, quatre cent mille écus d'argent. En outre, le roi devrait reprendre à son service dix mille suisses » (1).

Louis de la Trémouille, indigné de ces orgueilleuses prétentions, y répondit par un coup de canon. Ce fut le signal de nouveaux combats dans lesquels les assiégés se montrèrent dignes de leur général.

Les murs étaient ouverts et les ennemis prêts à entrer par les brèches. Le gouverneur envoya une troisième députation aux généraux ennemis qui accordèrent encore une trève de trois jours. Les Dijonnais les passèrent dans la prière, la pénitence et les larmes. Le seigneur de la Trémouille, aussi bon chrétien que grand capitaine, les conduisit à la chapelle de Notre-Dame. Il priait avec eux, relevait leur confiance, soutenait leur foi et les assurait que la divine Mère leur accorderait sûrement la paix. Le clergé de Notre-Dame porta en procession la sainte image dans les rues de la ville. Toutes les cours y assistaient. Les officiers, les soldats, le peuple tout entier, portant un flambeau à la main, escortaient Notre-Dame de Bon Espoir (2).

Une si grande persévérance dans la prière toucha la Vierge qui ne cesse point d'être le Secours des chrétiens. La procession était à peine finie, que les généraux suisses acceptèrent les propositions qu'ils avaient précédemment repoussées et, le soir, les députés ap-

---

(1) *Histoire de l'image de Notre-Dame.*

(2) Cette procession est représentée dans une tapisserie qui se voyait en 1823, dans une des salles de l'hôtel-de-ville.

portèrent le traité de paix que signa Louis de la Trémouille au nom du roi.

Les Suisses s'étaient contentés du château de Milan, du comté d'Asti et de vingt-cinq mille livres. Ils
levèrent le siège, le 13 septembre, emmenant dans
leur pays quatre personnes en otages, des plus nobles
et des plus considérées du pays. Elles furent obligées
d'acheter leur liberté en payant une forte rançon.
Plus tard le roi Louis XII les dédommagea généreusement.

Son successeur, François Ier, jugeant que la résistance des Dijonnais avait mis une digue à l'invasion
de l'armée des Suisses qui pouvait, par la Bourgogne,
se répandre dans tout le royaume, donna, en considération de ce service, « aux roturiers mêmes de
cette ville et à perpétuité à tous leurs descendants, le
pouvoir de posséder des Fiefs nobles » (1).

Dès que la ville fut délivrée de ses redoutables ennemis, ses habitants ne songèrent point à prendre du
repos, mais à témoigner leur amour à leur divine libératrice. Après une procession d'actions de grâces,
le Conseil décida qu'une procession générale, à perpétuité serait faite désormais à l'époque de la délivrance de Dijon ; que l'image miraculeuse serait portée
en triomphe, ayant à ses côtés douze sergents, chacun
d'eux ayant à la main une torche aux armoiries de
la ville ; qu'un discours en l'honneur de Marie serait
prononcé et que tout commerce cesserait ce jour-là
comme le dimanche. Ces processions se continuèrent
jusqu'au milieu du siècle dernier.

En 1603, il y eut une terrible sécheresse. Flavigny
à cause de son sol montagneux, souffrait plus que les

____

(1) Note de l'*Histoire de N. D.* 1733.

autres pays de l'Auxois de l'absence d'eau. Les bestiaux languissaient et mouraient. La terre devenait dure comme la pierre. Le clergé et le peuple de cette ville descendirent en procession à Dijon. Les prêtres et les magistrats vinrent à leur rencontre et supplièrent Notre-Dame de Bon Espoir de secourir leurs frères.

Peu de jours après, les habitants de Saint-Seine, accompagnés de leur pasteur et des religieux Bénédictins de l'abbaye, vinrent implorer le secours de la Vierge toute puissante. Leurs prières furent exaucées.

Au mois de mai de l'année 1693, une pluie glacée ne cessait de tomber depuis le milieu de l'hiver. Tout espoir de récolte était perdu. Le débordement des fleuves et des rivières portait la désolation dans les campagnes qui se voyaient sur le point d'être ruinées et affamées. On fit des jeûnes rigoureux et des prières publiques ; mais la pluie tombait toujours. Le clergé de Notre-Dame se souvenant des bienfaits de la Mère de Dieu décida que son image serait portée en procession. Les magistrats « en robe de cérémonie » y prirent part. Le son des cloches et des trompettes annonça la veille, dans toutes les rues cette solennité. Tous ceux qui en firent partie étaient vraiment pénitents de cœur et d'esprit. On ne voyait que des visages désolés ; on n'entendait que des invocations entrecoupées de sanglots.

Notre-Dame de Bon Espoir se montra encore Mère secourable. L'arc-en-ciel parut ; un grand vent s'éleva et sécha la terre ; il chassa les miasmes répandus dans l'air et fit rentrer les eaux dans leur lit. Les blés se relevèrent, les vignes montrèrent leurs bourgeons, un soleil resplendissant ramena la chaleur et une fécondité inespérée.

Nos pères reconnaissants firent une neuvaine solennelle de prières, terminée chaque jour par une procession suivie par des milliers de pieux fidèles.

En 1718, le peuple affligé par de grandes calamités eut recours à Notre Dame et fut aussitôt délivré de ses maux.

En 1759, les pluies recommencèrent à tomber. L'image de la Vierge fut exposée sur le maître-autel de l'église. Pendant neuf jours on célébra de saints offices en son honneur. La pluie cessa et la saison, quoique avancée, fournit une récolte suffisante (1).

Prions et aimons Notre Dame comme nos aïeux, et comme eux nous recevrons des témoignages de sa bonté. Elle mérite bien que nous nous exposions aux railleries des sceptiques et des impies ; *Tant L vaut !*

(1) Nous avons puisé la plus grande partie des renseignements que nous offrons à nos lecteurs dans un ancien ouvrage intitulé : *Histoire de l'image miraculeuse de Notre-Dame de Bon Espoir*, de son culte et de la confrérie établie en son honneur dans l'église paroissiale de Notre-Dame de Dijon ; par M. l'abbé Gaudrillet, prêtre mépartiste de la même paroisse. La première édition parut en 1733, la seconde en 1777, la troisième en 1823. Aujourd'hui il n'en existe que très peu d'exemplaires conservés précieusement par les membres du clergé et quelques familles chrétiennes de la Bourgogne.

NOTRE-DAME DE BEAUNE

Son antiquité. — Ses miracles.

La bibliothèque de la ville de Beaune, diocèse de Dijon, possède parmi ses importantes richesses un manuscrit latin qui doit être de la fin du XIIIe siècle, si l'on en juge d'après la perfection des caractères calligraphiques.

Le consciencieux traducteur nous offre le récit naïf et précis des miracles obtenus par l'intercession de la très sainte Vierge dont on vénère l'image dans l'église paroissiale.

Si la foi ne nous oblige pas d'y croire, la justice et la raison elle-même nous font un devoir de leur reconnaître une puissance de vérité capable de satisfaire les esprits les plus exigeants.

Les faits minutieusement recueillis de la bouche des malades et des témoins de ces prodiges sont sanctionnés de l'approbation d'un prêtre éclairé et prudent, doyen du chapitre de l'insigne collégiale de Notre-Dame de Beaune, Pierre de Marcilly, docteur en théologie et censeur qui en outre exigea qu'ils fussent écrits pour l'édification de la postérité.

L'antiquité de la précieuse statue est suffisamment prouvée par la date de ses miracles. Depuis plusieurs siècles, la cité bourguignonne l'honore. Jadis les peuples des pays voisins accouraient à ses pieds et dans toutes leurs peines imploraient son secours. Son image se voyait dans les antiques sceaux de l'insigne collégiale, et sur les armes de la ville qui avait choisi pour devise ces paroles qui sont une louange et une consécration.

VRBIS. ET ORBIS. HONOS (1).

Tout porte à croire que la statue de l'église Notre-Dame est bien celle que l'on vénérait au XIIIᵉ siècle : sa forme, « son état de vétusté », la peinture qui couvre son vêtement, son attitude. Au moyen-âge la Mère de Dieu était représentée assise, tenant l'Enfant-Jésus sur ses genoux. Telle est la Vierge de Beaune, celle de Notre-Dame de Bon Espoir, de Dijon et d'autres très anciennes dans un grand nombre de sanctuaires. Sur les sceaux des chartres anciennes données par les églises placées sous son vocable on retrouve le même type de la Vierge-Mère.

Avant la Révolution de 93, Notre-Dame de Beaune était placée au dessus du maître-autel. « C'était là que chaque dimanche, comme aujourd'hui encore, l'officiant, après la grand'messe, entonnait et le chœur continuait, cette prière touchante, cri d'amour et d'espoir, qui saluait Marie mère de grâce et de miséricorde, et plaçait sous son puissant patronage les vivants et les morts.

Maria, mater gratiæ !
Mater misericordiæ !
Tu nos ad hoste protege
Et horá mortis suscipe !
Pro defunctis intercede !

(1) Gloire de la ville et de l'univers ! — Une couronne à Marie, ou traduction d'un manuscrit relatif à Notre-Dame de Beaune, conservé à la Bibliothèque publique de cette ville (1290).

> Marie, mère de grâce !
> Mère de miséricorde !
> Protégez-nous contre notre ennemi,
> Et recevez notre âme au moment de la mort !
> Priez pour les fidèles trépassés !

(Tiré de l'office de la très sainte Vierge, selon le rit Romain).

L'an 1290, le quinze avril, le samedi (1) après l'octave de Pâques, une jeune fille de Saint-Loup près Maizières, diocèse de Châlon, nommée Isabelle, se vit l'objet d'une insigne faveur. Son infirmité était effrayante à voir. Son bras gauche était retourné en arrière ; sa main droite collée sur le dos, toute contractée, s'appliquait sur le bras et rien ne pouvait l'en arracher. De plus, les doigts de la pauvre fille étaient fermés. Elle demeura à Beaune pendant près de trois ans, priant nuit et jour notre Sauveur et sa sainte Mère d'avoir pitié de sa misérable position. Ce fut dans l'église Notre-Dame qu'elle obtint sa guérison par l'intercession et les mérites de la Sainte Vierge. Elle recouvra subitement l'usage de ses membres. Son bras et ses doigts étaient sains et redressés et ne portaient aucune trace du mal qui les avait immobilisés.

Le même samedi, plusieurs infirmes des diocèses d'Autun et de Dijon furent guéris, et parmi eux un homme nommé Guillaume, du diocèse de Châlon.

Il avait une jambe tordue en dehors, l'autre avait perdu plusieurs os ; un pied lui manquait et il se traînait à l'aide de deux sellettes.

---

(1) On croit que la Vierge Mère mit au monde le Rédempteur des hommes un samedi. Ce jour qui lui est consacré paraît être plus particulièrement rempli de ses largesses divines.

Après avoir supplié Notre-Dame d'obtenir de Dieu sa grâce, sa jambe fut redressée dans l'église même. « Il jeta ses sellettes et marcha avec des béquilles sur un seul pied ». Ainsi le rapporte le respectable manuscrit. Ce miracle s'opéra en présence de plusieurs prêtres, clercs et laïques. Il parut si éclatant, qu'on sonna les cloches pour appeler le peuple à la prière. Un *Te Deum* solennel fut chanté et la ville se réjouit pieusement.

Le jour suivant, dimanche après la quinzaine de Pâques, une mère présentait à Notre-Dame son pauvre enfant âgé de cinq à six ans qu'elle lui avait consacré. Il faisait pitié à voir, ses pieds étaient contournés ; les articulations s'étaient déplacées ; les talons se présentaient en avant.

Le petit infirme ne fut pas plutôt déposé sur le pavé, devant la statue de Marie, que ses pieds furent redressés. Il se mit à courir dans l'église devant de nombreux et honorables témoins qui ont tous attesté ce miracle. Cet enfant était de Beaune, du faubourg Perpreuil.

Le samedi avant la fête des saints Apôtres saint Philippe et saint Jacques, plusieurs boiteux laissèrent à l'église leurs béquilles.

Le samedi avant l'Ascension, une femme très pauvre, usée et courbée, ne quittant pas son lit, fit le vœu de visiter le sanctuaire de la Vierge miraculeuse aussitôt qu'elle le pourrait. Elle prit le chemin de Beaune, se traînant péniblement, accompagnée de plusieurs de ses voisins. Avant d'arriver, son corps était redressé et guéri de tout mal.

Le même jour, une femme de Lorraine nommée Baremburges, née au château de Nancy, fut amenée à Notre-Dame. Elle était aveugle depuis deux ans. Ses yeux étaient fermés au point qu'elle ne pouvait soulever ses paupières. Devant l'image de Marie elle recouvra la vue.

Le samedi après l'Ascension, une jeune aveugle fut guérie, un infirme redressé. Une dame noble, abbesse de Molaise, de l'Ordre de Citeaux, vint en pèlerinage à Beaune et vit disparaître sa surdité.

Le samedi après l'Octave de la Pentecôte, une femme de Crugey, diocèse d'Autun, avait perdu la vue depuis le jour de la Purification. Prières, vœux à Dieu et pèlerinages à plusieurs sanctuaires ne lui avaient pas obtenu la grâce qu'elle sollicitait ardemment. Elle tomba malade et ses membres lui refusèrent leur service. Le bruit des miracles qui s'opéraient à Notre-Dame de Beaune raviva son espérance. Elle promit à Dieu et à sa sainte Mère de visiter son église dès que la santé lui serait rendue.

Après cette solennelle promesse elle recouvra la vue et ses membres furent guéris. Elle accourut avec sa vieille mère aux pieds de la Vierge, salut des infirmes et consolation des affligés, publiant partout le miracle dont elle venait d'être favorisée.

Le samedi après la quinzaine de la Pentecôte, un jeune tanneur nommé Michel, du faubourg Saint-Jean d'Autun, étant borgne et voyant à peine de l'autre œil, partit en pèlerin pour venir implorer la Vierge vénérée à Beaune. En route, il obtint un soulagement à ses vives douleurs. Aussitôt qu'il entra dans l'église ses deux yeux recouvrèrent la vue et il s'en alla bénissant Marie et louant Dieu.

Le même samedi, pendant la nuit, une mère de famille de Chambœux, diocèse d'Autun, courbée depuis dix huit ans, ayant prié avec une grande ferveur et humilité la glorieuse Notre-Dame, dans son église, marcha sans aide et sans éprouver aucune fatigue.

Le même jour, une jeune femme de saint Gengoux, diocèse de Châlon, nommée Guicharde, vint à Notre-Dame de Beaune, conduite par son mari. Depuis le vendredi avant les Rameaux, elle avait perdu l'ouïe et la sensibilité de ses membres. Ses doigts contractés étaient recourbés dans la paume de la main et les ongles perçaient sa chair. Elle pria la Vierge miraculeuse de lui obtenir sa guérison, et aussitôt toutes ses infirmités disparurent. Son mari, une de ses voisines et plusieurs autres personnes attestèrent la maladie de Guicharde et signèrent le procès-verbal de sa guérison.

Trois semaines après la Pentecôte, un samedi, le nommé Luc, clerc du diocèse de Langres, étant presque aveugle, tout courbé et ne pouvant se mouvoir, fut amené aux pieds de la puissante Vierge Marie. Son oncle, Jean de Saint-Maurice, prêtre et chapelain de Saint-Denis à l'église Notre-Dame, l'avait voué à la Vierge de Beaune. C'était d'après ses conseils et ses pressants appels que ses parents se décident à faire faire le pèlerinage à leur enfant. Le malade pria pendant neuf ou dix jours. La neuvaine terminée, il recouvra la vue et jeta son bâton, marchant droit et tout seul, comme s'il n'avait jamais eu d'infirmité.

Le dimanche avant la Nativité de saint Jean-Baptiste, un clerc de Sainte-Hélène, diocèse de Châlon, courbé jusqu'à terre depuis trois ans et « ne pouvant se soutenir qu'en appuyant ses mains sur ses genoux » se trouvait en pèlerinage à Notre-Dame. Pendant deux samedi, il avait passé la nuit en prières et la journée en oraison devant l'autel de la Sainte Vierge. Le jour dominical n'était pas achevé que le clerc se trouvait redressé et s'en allait dans son pays délivré de tous ses maux.

Dans le même temps, on vit un nommé Jean (dit Chopillard) marchand de Dijon, se précipiter comme un fou furieux dans l'église. Ses membres étaient agités d'un tremblement douloureux. Il étouffait et n'avait pas un instant de repos. Le cœur vraiment contrit, il resta devant la Vierge toute bonne, comme un pénitent, sans ceinture, sans souliers, vêtu seulement de sa tunique.

« O très douce Vierge Marie, Mère de Dieu, criait-
« il, venez à mon secours ? Malheureux que je suis !
« je mérite bien les tourments que j'endure ; car je
« n'ai cessé de blasphémer votre saint nom et celui
« de N. S. J. C., votre Fils, et de vomir des paroles
« obscènes contre l'un et l'autre. Mais, touché de re-
« pentir, je promets et fais vœu, ô Vierge sainte, que
« tout le temps de ma vie, je jeûnerai le jour qui
« vous est consacré. Dorénavant le blasphème contre
« vous et votre Fils ne sortira plus de ma bouche : je
« ne prendrai plus en vain son nom sacré ni le vô-
« tre, et ne tournerai plus en raillerie la piété des
« personnes qui vous honorent ».

En faisant ainsi amende honorable à Dieu et à sa divine Mère, il tremblait plus fort et inspirait l'effroi autour de lui. Vers l'heure de la grand'messe, il fut délivré de son terrible mal en présence de nombreux témoins émerveillés et touchés par cette éclatante preuve de la bonté de Celle qui est la Trésorière des grâces de Dieu.

Dans la même semaine, une mère de famille vint de Sainte-Sabine rendre grâces à Notre-Dame de Beaune. Sa protection avait été évidente. L'incendie dévorait onze maisons du village qu'habitait cette pieuse chrétienne. Celle de sa fille était envahie par le feu de trois côtés à la fois. A cette vue, elle s'était prosternée la face contre terre et avait mis la maison et ses habitants sous la garde de Dieu et de Notre-Dame de Beaune. Aussitôt, cette maison fut secouée violemment et le feu s'éteignit.

En 1507 deux enfants morts-nés, présentés devant Notre-Dame, donnèrent des signes de vie, furent baptisés, puis enterrés en présence d'un très grand nombre de bons chrétiens de la ville et de ses environs.

En terminant cette intéressante histoire des bienfaits de la Vierge vénérable de Beaune, rappelons que par son bref du 19 juin 1855, le bien-aimé Pie IX daigna accorder à l'église Notre-Dame la précieuse indulgence de la Portioncule, en l'honneur de Celle qui est regardée par l'Église comme une fontaine de bénédictions.

NOTRE-DAME D'EMBRUN

Ses miracles. — Gloire du Sanctuaire. — Décadence.

On sait que la cité découronnée de l'Embrunais avait une célébrité sans égale au moyen âge ; qu'elle vit cinq rois de France dans ses murs, pieux pèlerins humblement prosternés devant le tableau miraculeux de la Vierge. On sait que les peuples et les princes étaient, selon leur foi, gratifiés des dons de Marie, et que le monde catholique tout entier avait ses regards tournés vers son royal sanctuaire. Mais la légende fait défaut et les recherches des auteurs pour soulever le voile qui cache l'origine du pèlerinage n'ont produit qu'un résultat très insuffisant.

Cependant, il paraît certain que le culte de Notre-Dame dans la fière métropole des Alpes-Maritimes date de l'établissement du christianisme dans ces contrées par les Apôtres de Jésus Christ.

Lorsque l'empereur Constantin pacifia le monde, saint Marcellin vint prêcher la foi à Embrun, et le premier oratoire qu'il bâtit fut consacré à la très sainte Vierge (1). Le saint archevêque mourut dans l'antique cité romaine et fut inhumé dans l'église souterraine. « C'est là qu'on voyait le magnifique baptistère dont parle Grégoire de Tours et qui, d'a-

(1) Tout porte à croire qu'elle ne fut pas élevée par S. Marcellin; elle le fut par son successeur.

près du Saussay, s'emplissait, chaque année, aux fêtes de Noël et à celles de Pâques, d'une eau pure et
limpide » (1).

Devant les reliques de saint Marcellin une lampe
brûlait nuit et jour ; quand elle s'éteignait, faute d'être
entretenue, une main invisible l'allumait et l'huile
qu'on recueillait avait une vertu merveilleuse pour
la guérison des malades.

Embrun était, comme on le voit, un lieu béni du
ciel. Les empereurs romains en avaient reconnu l'importance. « L'empereur Néron lui avait donné le
« droit de latinité, c'est-à-dire le droit pour ses ci-
« toyens d'entrer dans les charges et les magistratu-
« res de l'Empire. Galba, son successeur, lui accorda
« celui de ville alliée. Il y avait alors à Embrun des
« consuls municipaux qui étaient en relation avec le
« sénat de Rome, et un questeur ou receveur des tri-
« buts des montagnes. Sous Constantin le Grand elle
« devint la métropole des Alpes-Maritimes, et le ti-
« tre de métropole civile lui mérita, dès cette épo-
« que, le titre plus glorieux de métropole ecclésias-
« tique » (2).

Les invasions successives des peuples du Nord vinrent porter un coup terrible à la prospérité du sanctuaire d'Embrun. Les Alains, les Suèves, les Hérules,
les Vandales, les Gépides, les Goths et les Bourguignons trouvant sur leur passage une ville célèbre
s'apprêtent à détruire ses remparts pour se partager
ses richesses. Les peuples épouvantés se portent vers

____

(1) Voir le texte du P. Fornier dans l'histoire des Alpes-Maritimes, cité par l'abbé Gaillaud. *Histoire de N.-D. d'Embrun*.

(2) Albert, *Histoire du diocèse d'Embrun*, cité par M. l'abbé Gaillaud.

l'église où repose le corps de saint Marcellin et supplient leur patron de les sauver. Tout à coup « on aperçoit dans les airs une croix menaçante et les assiégeants, remplis d'affroi prennent la fuite » (1).

L'église de Notre-Dame attira l'attention de Charlemagne. « Il lui assigna parmi les métropoles un rang honorable et lui donna, par son testament, une riche part dans sa succession ».

Ce grand monarque, qui témoignait par ses actes d'une si grande dévotion à la Sainte Vierge, remplaça la vieille église par une magnifique basilique. L'archevêque saint Bernard Ier la consacra à Notre-Dame sous le titre de la Nativité de la Sainte Vierge. Saint Marcellin ne sera pas oublié ; mais désormais Marie sera la dispensatrice des grâces divines (2).

L'église de Notre-Dame était à peine achevée quand les hordes sauvages des Sarrasins se ruèrent sur la France. Embrun fut envahi. L'archevêque fut massacré, l'édifice royal fut pillé, changé en mosquée et les archives détruites.

Mais la Vierge miraculeuse ne cessait pas de manifester sa bonté et sa puissance. Vers 970, un saint abbé de Cluny, Mayeul, revenant de Rome et passant par les gorges du pays d'Orcières, près d'Embrun, fut pris par les Sarrasins et jeté dans un cachot. Il s'adressa à la Sainte Vierge, et la supplia très instamment, dit le Père Fornier, de procurer sa délivrance et celle de ses compagnons, afin qu'ils pussent assister à la solennité de son Assomption qui devait se célébrer dans un mois. Le vénérable prisonnier s'endormit et à son réveil il se trouva les membres

____

(1) Le P. Fornier, *Histoire des Alpes-Maritimes.*
(2) Idem.

libres. Ses gardiens émerveillés le traitèrent avec moins de rigueur. Il put ainsi informer ses frères de Cluny de son triste sort et ceux-ci payèrent sa rançon.

Notre-Dame d'Embrun opérait des prodiges dès les âges les plus reculés, affirment les chroniqueurs, mais ce fut dans les XIe et XIIe siècles que les pèlerinages se multipliant, la Vierge Marie vit accourir les grands de la terre et les peuples, et fut envers tous prodigue de bienfaits.

Les princes et les seigneurs rivalisèrent de générosité en faveur de la royale église : « Guillaume de Forcalquier, comte de Provence, assura à Notre-Dame d'Embrun de vastes domaines (1127). L'empereur Conrad II, en exécution d'un vœu, lui accorda sur les autres églises des privilèges particuliers (1147) » (1).

Les miracles les plus étonnants et les plus authentiques se produisirent pendant trois siècles. Les infirmités les plus anciennes étaient guéries, et la mort elle-même abandonnait ses victimes à la seule invocation de Notre-Dame.

On lit dans le Père Fornier : « Aux kalendes d'a« vril 1483, il fut fait une procédure devant le Père
« Molin de l'Ordre de Saint Dominique, docteur en
« théologie et professeur aux saintes lettres, Pierre
« Savine et Guillaume d'Aymonet, docteur en droit
« canon, par laquelle il résultait que seize iours au« paravant Antoine, fils de noble André d'Albert,
« estant mort dix-sept iours après sa naissance on
« avait fait vœu par trois fois que s'il plaisait à Dieu
« de rendre la vie à cet enfant, on offriroit à l'église
« de Nostre-Dame le poids de l'enfant en froment

____

(1) *Histoire de N. D. d'Embrun*, par l'abbé Gaillaud.

« avec son drap ; que le père de cet enfant estant
« allé dans cette mesme église, s'estant prosterné à
« genoux dans la chapelle de Nostre-Dame de con-
« solation, il avait renouvelé ce vœu, et prié Saint An-
« toine de se rendre intercesseur pour luy vers la
« Sainte Vierge répétant souvent ces mots : comme
« vous avez allaité nostre Seigneur Jésus-Christ etc.
« et promit de consacrer entièrement son fils au ser-
« vice de la très-auguste mère de Dieu dans son église
« d'Ambrun. Au mesme temps il y eut une femme
« qui fit vœu d'y porter ce mesme enfant, et d'en
« faire un tour de l'église à genoux. Leurs vœux, fu-
« rent exaucés ; Antoine fut ressuscité : on accom-
« plit les vœux et on en dressa cette procédure par
« devant le Père Molin, Savine et d'Aymomet, dans
« la chapelle de Sainte Magdelaine » (1).

L'image antique qui attirait les pèlerins était un
tableau représentant l'Adoration des trois rois mages. Il était placé à l'entrée de l'église, sous un portique appelé vulgairement vestibule et mieux encore
le Grand-Réal. Le mot Réal est une expression locale
par corruption du mot Royal.

Le P. Fornier, dans son livre des miracles, parle
du *portail, communément appelé le Grand-Réal, où
l'on voit l'image de Nostre-Dame qui présente son fils
Jésus-Christ aux trois roys ; — du vestibule de l'église
cathédrale ; — de l'image de Nostre-Dame des Trois-
Roys qui est au vestibule de la cathédrale d'Ambrun ;
— de cette entrée de l'église où on voit un tableau de
l'Adoration des mages, et où les miracles se font et les
vœux s'accomplissent.*

(1) M. le Président Fabre, *Recherches historiques sur le pèleri-*
nage des rois de France à N.-D. d'Embrun.

Le portique qui faisait au Réal un splendide orne-ment est formé de deux colonnes qui soutiennent une sorte de dôme et s'appuient sur deux lions dont « l'un tient un enfant dans ses griffes et l'autre un animal ». De ce tableau miraculeux il ne reste plus que l'inscription. Elle est en caractères romains. D'a-près les figures qu'elle désigne et la place qu'elle oc-cupe on a pu se faire une idée exacte du trésor perdu.

Au XIVᵉ siècle la célébrité de Notre-Dame remplis-sait le monde, et les princes étrangers se faisaient gloire de lui envoyer des présents. Edouard II, roi d'Angleterre, lui fit don d'une chape d'une richesse incomparable. Elle servait à la procession de la Pen-tecôte. Le P. Fornier la décrit dans son livre des miracles.

« Elle estoit verte, or et argent, faite au mestier,
« d'un ouvrage fort beau... On y voyait la figure de
« tous les roys d'Angleterre qui avoient régné jus-
« ques à celui qui avoit fait ce présant. Cette chappe
« estoit toute enrichie de pierreries que les huguenots
« arrachèrent quand ils pillèrent cette église ».

Le moyen âge, avec une perfection inimitable dans l'art de la broderie, avait fourni ses plus splendides ornements : tentures de haute lisse où l'aiguille, avec un talent prodigieux, avait jeté des oiseaux, des fleurs, des cavalcades ; chasubles en lourdes brode-ries d'or ; devants d'autel en soie précieuse ornés de personnages au coloris délicat.

Nous verrons plus tard que les rois de France ne se laissèrent pas dépasser en générosité et en dévotes visites.

Embrun offrait une voie commode pour aller en Italie, et les pèlerins de la ville papale ne manquaient pas de s'arrêter dans la célèbre cité. On vit saint Ode, premier abbé de Cluny, Gérard évêque de Riez, saint Mayeul, Foulqué d'Anjou, le pape Léon III, gravir le roc d'Embrun pour vénérer la Vierge du Réal.

« Les faveurs et les miracles étaient si multipliés que le P. Fornier ne craint pas de comparer l'église cathédrale et son glorieux portique à cette fontaine d'eau vive dont parle le prophète » (1). Notre-Dame était surtout invoquée par les malheureux atteints de ce mal repoussant de l'épilepsie. Pendant les fêtes de la Nativité et de l'Assomption on constatait presque toujours la guérison de quelques épileptiques.

Le 26 septembre 1339, un homme appelé Caire, d'Embrun, perdit son enfant en bas-âge. Il était déjà enseveli, quand une heureuse inspiration le poussa à aller, accompagné de la mère du pauvre petit, aux pieds de la puissante Notre-Dame des mages. Il lui promirent le linceul du mort si la vie revenait en lui. La Sainte Vierge accepta leur offrande et ressuscita l'enfant.

Le 11 mars 1340, un homme habitant le Var et marchant avec une extrême difficulté depuis plusieurs années se présenta devant l'image de la patronne d'Embrun, et, ayant invoqué Notre-Dame, il sentit qu'une main invisible lui arrachait ses béquilles. Ses jambes paralysées avaient repris le mouvement et la souplesse.

Le 30 juin 1363 une femme arriva à l'église apportant en *ex voto* le linceul dans lequel son fils avait été enseveli. Elle l'avait voué à la Vierge du Réal et

______

(1) *Histoire de N-D. d'Embrun* par l'abbé Gaillaud.

au moment où l'on allait le porter en terre il revint à la vie et se trouva en parfaite santé.

Au mois de mars 1482, Antoine Bonges venait de mourir depuis plusieurs heures ; sa mère désolée promit à Notre-Dame d'Embrun de lui offrir trois livres de cire et de porter son enfant dans son sanctuaire, s'engageant de plus à se traîner sur ses genoux jusqu'au Réal du plus loin qu'elle pourrait l'apercevoir. La généreuse mère vit aussitôt son fils lui tendre les bras.

Les miracles de Notre-Dame d'Embrun sont innombrables et ont été attestés après une sérieuse enquête juridique. « Depuis 1320 jusqu'en 1585, le « concours des fidèles fut si considérable que pen- « dant ces trois siècles, cent prêtres suffisaient à peine « à l'empressement des pèlerins et aux besoins du « culte (1) ».

Charles VII, roi de France avait la Vierge du Réal en grande vénération. Il lui fit des dons magnifiques et demanda, pour le repos de son âme, deux services solennels qui devaient être célébrés dans l'église de Charlemagne.

Louis XI hérita de la dévotion de son père et se conforma à la volonté expresse du monarque défunt. Il portait à son chapeau une médaille de plomb représentant la Vierge des Trois Rois. Il reconnut qu'elle l'avait délivré de plusieurs maladies et lui avait accordé des secours particuliers dans des circonstances difficiles et il ne fut point ingrat envers sa divine protectrice.

« Il avait établi que tous les mercredis de l'année une offrande serait faite en son nom, devant l'image

____

(1) *Recherches historiques.*

du Réal (1), et il était si désireux de savoir comment ses ordres avaient été observés, qu'en 1472 il s'en informait auprès du Chapitre d'Embrun » (2).

« Le roi voulut encore qu'une messe en musique fut solennellement chantée chaque jour dans l'église de Notre-Dame et dans ce but il constitua une rente annuelle équivalant à treize mille livres ». Et pour rendre les cérémonies plus imposantes, il fit don à la cathédrale d'orgues magnifiques. « La plupart des tuyaux étaient en argent ». Elles furent enlevées par les calvinistes pendant le pillage d'Embrun.

Le pape Sixte IV sanctionna toutes les pieuses intentions du roi par une Bulle publiée le 23 janvier 1482. Elle est un glorieux hommage rendu à Notre-Dame. Le Pontife récompensa la dévotion du monarque en lui accordant, à lui et à ses successeurs, le titre de premier chanoine de Notre-Dame d'Embrun et le droit de porter le surplis, la chape et l'aumusse (3). Et Louis XI, roi très chrétien, accepta cette dignité avec une sensible reconnaissance. On entendra le vieux monarque s'écrier à sa dernière heure : « Notre-Dame d'Embrun, ma bonne maîtresse, ayez pitié de moi » !

Charles VIII vint à Embrun en novembre 1489 accomplir le vœu qu'il avait fait dans une grave maladie. Il se revêtit du surplis et de l'aumusse et occupa au chœur la première stalle réservée aux rois de France.

« Le roi revint une seconde fois à Embrun, le 31 août 1494, accompagné des princes de sa maison

(1) Elle coûtait trente et un écus d'or. On en conserve la quittance.
(2) *Histoire de N.-D. d'Embrun*, par l'abbé Gaillaud.
(3) *Idem.*

et d'une cour très brillante » (1). Il recommanda à Notre-Dame le succès de son armée qu'il allait conduire à la conquête du royaume de Naples.

Les historiens racontent qu'à la bataille de Fornoue, parcourant les rangs de ses soldats, monté sur un superbe cheval, il fut enveloppé par les Italiens et se voyant près d'être pris par eux, il appela à son secours Notre-Dame d'Embrun. Aussitôt son cheval fut enlevé par un élan irrésistible et il emporta, dans une course prodigieuse, son cavalier hors de toute atteinte.

Au nom de Louis XI il offrit à la Vierge du Réal « deux magnifiques coussins en drap d'or » (2).

La gloire de l'église d'Embrun était à son apogée. Son trésor était d'une richesse royale. Son chapitre était composé de savants et nobles personnages. « L'archevêque était prince et chambellan du Saint-Empire, prince d'Embrun, et traitait de pair avec les Dauphins, les rois de Provence et de Bourgogne ».

« Lorsque nos rois de France s'avançaient à tra-
« vers les montagnes, avec de faibles escortes à peti-
« tes journées, lorsque, harassés de fatigues de ce
« long voyage, quelquefois couverts de poussière, ils
« faisaient leur entrée dans cette ville d'Embrun, on
« ne savait lequel était le plus puissant, ou de ce mo-
« narque qui venait s'humilier devant la reine du ciel,
« ou de cet archevêque qui le recevait avec une
« princière magnificence » (3).

Louis XII, à peine monté sur le trône (1498), dut

____

(1) L'Abbé Gaillaud.
(2) P. Fornier. — Fabre, *Recherches historiques*, cité par l'abbé Gaillaud.
(3) Fabre, *Recherches historiques*.

aller en Italie pour reconquérir le Milanais. Il vint rendre hommage à Notre-Dame et fut si heureux de son pèlerinage qu'il pria le pape Léon X d'accorder aux pèlerins de libérales indulgences.

François 1er, entraîné en Italie par la guerre dès son avènement au trône, fut reçu comme ses prédécesseurs en qualité de chanoine. Il trouva à Embrun plusieurs de ses généraux entr'autres le connétable de Bourbon et le maréchal Trivulce qui se préparaient au combat par le jeûne et la prière.

En 1548, la fête de la Nativité fut célébrée à Embrun avec une grande pompe. Henri II entra dans l'église des rois accompagné des princes de sa maison. L'archevêque lui offrit les habits de chanoine qu'il revêtit « en souriant gracieusement » dit la chronique, et fut conduit par l'archevêque au chant du *Te Deum* à la place qu'il devait occuper.

Au milieu de tant de gloire un nuage menaçant se formait à l'horizon et allait jeter un voile de deuil sur l'auguste sanctuaire.

L'hérésie commençait à lever la tête ; la dévotion des fidèles s'affaiblissait et les miracles allaient devenir de plus en plus rares.

Embrun devait tenter la cupidité des ennemis de la Vierge divine. Il était comme le trône de la Mère de Dieu et possédait d'immenses richesses. L'archevêque comprenait le danger qui menaçait la Basilique et les âmes confiées à ses soins. Il redoublait de prière, de zèle et de vigilance dans l'espoir de conjurer l'orage qui s'avançait. Un moment la ville fut dans un extrême danger. Un calviniste y pénétra traîtreusement et y vécut sans éveiller les soupçons. La Sainte Vierge fit découvrir les desseins du traître et les habitants d'Embrun purent encore quelque temps se réjouir aux pieds de Marie.

Cependant la Réforme s'était emparée d'une partie du Dauphiné et l'influence de l'hérésie avait été désastreuse. Le luxe et l'oisiveté aidaient à la corruption des mœurs ; la foi s'affaiblissait et la Vierge si longtemps gardienne de la ville allait laisser l'épreuve tomber sur son peuple, comme une expiation de son ingratitude.

Un soir, le 19 novembre 1585, le duc de Lesdiguières se présenta devant la riche cité avec une troupe de huguenots. Un traître trompa la garnison et le général hérétique s'en rendit maître. La ville fut prise et livrée au pouvoir des ennemis pendant seize jours. Ils saccagèrent la ville, profanèrent la métropole de Notre-Dame et dispersèrent les saintes reliques.

Le grand Réal, « cette célèbre image devant la- « quelle, dans l'espace de moins d'un siècle cinq rois « de France ou dauphins étaient venus s'agenouiller, « fut livré aux outrages des vainqueurs et sacrilège- « ment détruit » (1).

Dans l'orgueil du triomphe, Lesdiguières osa se présenter à cheval devant le portique de la Vierge, voulant ainsi pénétrer dans l'antique et vénérable sanctuaire.

La patronne d'Embrun défendit son domaine. D'après la tradition, le cheval du profanateur refusa d'avancer, se cabra et perdit les fers des pieds de derrière. « Ils furent cloués à la porte de l'église où on les voit encore aujourd'hui ». Cette tradition est très répandue à Embrun.

Ce furent des jours d'humiliations et de ruines. La

____

(1) Fabre, cité par l'abbé Gaillaud.

royale église où la vérité catholique avait été enseignée pendant huit siècles entendit les négations impies des propagateurs du mensonge.

Les historiens rapportent que la magnifique cathédrale fut dépouillée de tous ses précieux ornements. Un rétable d'argent, ouvrage d'un grand prix, la statue de la Vierge d'argent massif, celle de saint Marcellin furent profanés et brisés. Nous devons ajouter que les misérables profanateurs furent frappés par la justice divine et que leur châtiment fut terrible.

Après plusieurs années de trouble, Henri IV se fit proclamer roi et rendit la paix religieuse à la France. L'archevêque d'Embrun qui vivait en exil à Rome avec quelques membres de son chapitre revint dans sa métropole et gagna les bonnes grâces du roi qui ordonna la restitution de l'église par des lettres patentes. Le duc de Lesdiguières vénérait l'archevêque Guillaume d'Avançon ; il lui céda de bonne grâce la Basilique, et une partie des trésors de Notre-Dame put être rachetée.

« En 1600, dit le P. Fornier, l'église de Nostre-
« Dame ayant été renduc aux catholiques par les
« calvinistes, il commença à s'y faire de nouveaux
« miracles. En effet, cette même année, un certain
« soldat nommé Dauphin ayant reçu deux coups de
« balles à même temps et en une occasion, d'abord
« qu'il se sentit blessé, il appelle à haute voix la sainte
« Vierge à son secours, et promet de lui aller porter
« son casque et le pendre au Grand-Réal, comme
« un trophée, et par un prodige admirable, il ne
« receut aucun mal de ces blessures qu'il avait re-
« ceues dans la poitrine. Il fut accomplir son vœu à
« Embrun avec l'admiration de tout le monde ».

Voici un naïf et merveilleux récit du même auteur :

« Un mardi, 27 septembre 1639, vers quatre heures du soir, un enfant de deux à trois ans, fils de Pellade Roux et de Anne Marcelle, de Réalon, sortit de la maison paternelle et pendant trois jours, malgré les recherches des parents et amis, il ne fut pas possible d'en avoir des nouvelles. La mère désolée se rendit nu-pieds à Embrun, s'y confessa, reçut la sainte communion et demanda avec un cœur purifié et une grande ferveur à la Vierge du Réal de lui rendre son cher fils.

La famille du petit égaré était pauvre ; elle possédait une seule brebis qui fut confiée à la garde d'un voisin pendant le pieux pèlerinage. Le berger l'emmena paître avec son troupeau, mais il avait beau la surveiller, elle échappait à sa vigilance ; il ne la retrouvait que pour la perdre presque aussitôt. Le berger étonné la suivit et reconnut qu'elle s'arrêtait dans un bois tout à côté d'une pierre où il vit l'enfant perdu plongé depuis trois jours dans un profond sommeil. Heureux de sa découverte il l'emporte dans sa maison pour lui donner les soins que nécessitait son état.

« En quoy on peut reconnaître la grandeur du mi-
« racle, ajoute Fornier, car comment aurait-il esté
« possible qu'un enfant de deux à trois ans peu vi-
« vre durant trois iours et trois nuits, exposé au se-
« rain, au soleil, aux ours et aux loups, sur une
« pierre dure et froide, sans aucun aliment, n'eut
« esté qu'il estoit entre les bras de la mère de miséri-
« corde ; mais qui pouvait porter la brebis à aller à
« l'enfant qu'un mouvement de l'esprit de Dieu ou
« une impulsion de ses anges, ce qui parait d'autant
« plus surprenant que depuis que l'enfant fût trouvé

« la brebis ne se sépara plus du troupeau. Hugues
« Eme, docteur en droit, chanoine, sacristain, et
« lieutenant du vicaire-général d'Ambrun, fit une
« procédure juridique de miracle, auquel Eme il fût
« baillé pour adioint » (1).

La source des miracles ne coulait plus sans interruption comme autrefois à la prière des pieux fidèles, car le nombre des pèlerins, leur ferveur et leur
générosité avait sensiblement diminué.

Un jour cependant la cité silencieuse et la majestueuse cathédrale parurent revenir à la vie des anciens jours. La guerre s'était déclarée de nouveau en
Italie, et le roi Louis XIII voulut se rendre favorable
la célèbre Vierge du Réal. Il arriva à Embrun le mer-
credi des cendres de l'année 1629. A l'exemple de
ses prédécesseurs, il revêtit le surplis et l'aumusse
et pria devant la Vierge des trois Rois. Il fut le dernier roi de France qui visita la cité de Saint-Marcel-
lin.

Quelques années plus tard la cathédrale d'Embrun
voyait la bergère du Laus agenouillée devant ses autels. « Les péchés du peuple » avaient éloigné la Vierge
sainte ; elle avait déserté la royale église et répandait
ses grâces dans l'oratoire d'une simple fille des Alpes.

Benoite avait été appelée dans le chef-lieu de la
province ecclésiastique pour répondre à un nouvel
interrogatoire au sujet de ses visions. C'était le jour
de la Fête-Dieu. L'orgue de Louis XI remplissait les
voûtes romanes de sa voix puissante. Cette harmonie
inconnue transportait de joie la bergère. Son ravissement se changea en extase quand elle vit apparaître

____

(1) *Livre des miracles*, page 8.

dans l'église, au milieu des dernières notes frémissantes de l'orgue Celle qui est le secours contre les ennemis invisibles. Le costume de sa *Bonne Mère* était magnifique. La Mère de Dieu lui dit qu'elle était ici en Reine parce que l'église était royale et qu'un roi l'avait fait construire. Puis elle lui parla de l'orgue et lui dit que cette musique sans paroles était destinée à peindre l'amour que Jésus son Fils a pour l'Église » (1).

Le sanctuaire de Notre-Dame vit entrer en vainqueur un souverain de la maison de Savoie, Victor-Amédée. « Il frappa la ville d'une forte contribution, fit briser les cloches de la cathédrale dont le métal, transporté à Turin, servit à faire dés pièces de monnaie (2) ».

Quand l'orage fut passé on restaura la Basilique et Embrun put encore montrer avec orgueil les restes de son ancienne splendeur. La Révolution devait lui porter le dernier coup.

En 1789 le chapitre se dispersa, la glorieuse métropole devint une simple paroisse et son dernier pontife mourut dans l'exil.

Marie n'oublie pas le peuple qu'elle a si longtemps visité. Dans les calamités publiques, la Vierge du Réal est invoquée avec confiance, et toujours sa main divine fait sentir son action bienfaisante. C'est par elle, on ne peut en douter, qu'en 1832 et 1854 le rayon d'Embrun fut préservé du choléra qui faisait des victimes jusque dans les solitudes des Alpes.

(1) *Histoire des merveilles du Laus*, par l'abbé Prou.
(2) Albert, *Histoire ecclésiastique du diocèse d'Embrun*.

Le sanctuaire d'Embrun est un roi découronné qui pleure les beaux jours de sa puissance ; mais il sera à jamais vénérable et cher aux âmes qui comprennent les beautés du culte de Marie et sont touchées par la divine bonté de la Mère de Dieu pour les hommes.

NOTRE-DAME DU LAUS

NOTRE-DAME DU LAUS

Le Laus est un vallon solitaire des Alpes, un lieu de pèlerinage sans pareil. Marie a daigné descendre dans ce pays agreste et charmant, au milieu du peuple pauvre de la montagne. Elle se montre à une petite bergère simple d'esprit et de cœur. La Reine du ciel veut être sa maîtresse, son guide, sa bonne Mère. Elle lui inculque, dans ses divins entretiens, une science qui dépasse celle des plus hautes intelligences. Elle fleurit le sauvage vallon, le fait retentir du concert de ses anges, le remplit de ses parfums célestes et renouvelle ses prodigieuses apparitions pendant cinquante quatre ans.

La privilégiée de Notre-Dame du Laus se nomme Benoite Rancurel. Le village de Saint-Etienne d'Avançon, autrefois du diocèse d'Embrun, lui donna naissance. Elle naquit la même année que la Bienheureuse Marguerite-Marie, l'apôtre du Sacré-Cœur.

Tout est humble, petit, caché, dans la famille, dans la maison, dans le pays de Benoite. Son père meurt alors qu'elle n'avait que sept ans. Sa mère est injustement dépouillée du champ qui la faisait vivre. Benoite, la plus forte des trois jeunes enfants, quitte le toit de la famille. Elle sera bergère.

Déjà une belle dame, au noble visage, lui était

apparue auprès de la fontaine. Elle l'avait attirée par son doux sourire et lui avait baigné le visage de l'eau puisée dans sa main céleste, comme pour lui donner un baptême de prédilection.

Benoite entra bergère chez un propriétaire nommé Louis Astier et y apporta les bénédictions qui l'accompagnaient. Sa parole candide, humble et profonde ramenait dans le devoir les hommes les plus orgueilleux. Son cœur était rempli de compassion pour toutes les misères. Elle partageait son pain avec les malheureux, et souvent elle oublia d'en garder un morceau pour son repas. Trempé dans l'eau de la source il lui parut encore trop bon et bientôt elle se livra à un jeûne qui lui obtint les plus grandes grâces.

Le rosaire à la main, elle parcourait les monts alpestres. Quand elle apprenait qu'une personne malade, en danger de mort, n'avait pas encore demandé la visite d'un prêtre, elle courait à l'église, entraînant avec elle quelques pieuses filles et récitait pour la mourante la prière si chère à Marie.

Que faisait son troupeau pendant son absence ? Il broutait paisiblement l'herbe du pâturage qu'elle lui avait désigné.

La disette était grande à cette époque dans ce coin des Alpes. Louis Astier était mort ; sa veuve avait six enfants et peu de biens ; mais elle aimait tant sa douce bergère qu'elle ne voulut jamais consentir à diminuer sa ration de pain. Le cœur de Benoite ne pouvait accepter ce sacrifice. Elle distribuait en secret sa nourriture aux pauvres petits et pendant sept jours elle continua son jeûne, jusqu'à ce que son sang jaillît du nez et de la bouche.

A dix sept ans, Benoite était belle et attrayante à
voir dans sa jupe et son corset de serge. Elle possédait le charme virginal qui inspire le respect et l'attachement. Son regard vif et profond purifiait les âmes
et sondait les consciences. Son esprit était prompt,
sa gaité avenante; sa pureté était si admirable, qu'elle
lui mérita de voir les esprits angéliques sous une
forme humaine. Ils l'honoreront du titre de sœur et
s'empresseront à la secourir dans toutes les difficultés de son extraordinaire vie.

L'un d'eux viendra la visiter avant son lever, et,
dans sa ravissante modestie, Benoite lui dira : « At-
tendez un moment à la porte, mon petit ange, je ne
suis pas encore habillée ».

La bergère du Laus croît chaque jour en vertus et
Marie veille sur elle avec sollicitude.

Le désert cache des dangers. Un jour deux muletiers, poussés par le mauvais esprit, veulent s'emparer de la bergère. Benoite s'enfuit avec rapidité.
Mais les misérables sont sur ses pas et vont la saisir;
une mare profonde va l'arrêter; que fera-t-elle? Sans
hésiter, elle la traverse, courant sur l'eau sans mouil-
ler le bord de sa robe. Les muletiers se frappent la
poitrine et vont publier ce prodige.

Les saints viennent, à l'exemple de leur reine, visiter Benoite. Un jour de mai, comme elle faisait paître son troupeau sur la montagne de St-Maurice, elle
eut soif et cherchant une source, elle se trouva près
des ruines de la chapelle du Bienheureux. Oubliant
sa soif, elle se mit à genoux et récita son chapelet.
Un beau vieillard apparaît devant elle. Un manteau
rouge couvre ses épaules; la mitre est sur sa tête, une
barbe blanche descend sur sa poitrine. « Ma fille »,

lui dit-il, « que faites-vous là ? — Messire », répond Benoite, « je garde mon bétail et prie Dieu ; je suis « venue ici pour chercher un peu d'eau. — Je vais « vous en tirer », reprit le vieillard, en se dirigeant vers un puits tout proche des ruines ».

La bergère offre naïvement un morceau de son pain à l'inconnu et quand il lui dit qu'il ne vit pas du pain de la terre, elle s'étonne et lui demande son nom.

« Je suis Maurice », répond le saint ; « j'étais honoré « dans cette chapelle et la voilà croulant de toutes « parts. Malheur à ceux qui en touchent les revenus! « ils en rendront compte à Dieu. Mais il faut que « mon culte se rétablisse ».

Après avoir satisfait à toutes les questions de la bergère, saint Maurice la congédia en lui recommandant de conduire son troupeau dans le vallon de Saint-Étienne. « C'est là », dit-il, que vous verrez la Sainte Vierge. — « Hélas ! » s'écrie Benoite, la Sainte « Vierge est au Ciel! » — « Oui, dit le saint vieillard, « au Ciel et sur la terre quand il lui plaît ».

Le lendemain, dès l'aube, Benoite se met à courir dans le chemin du vallon où un bonheur céleste l'attend. Son troupeau paraît aussi joyeux qu'elle. Dans une petite grotte où elle récitait souvent son chapelet elle voit une Dame belle à ravir, tenant un admirable enfant entre les bras. — « Belle dame, lui dit-elle, que faites-vous là ? » La dame sourit et ne répond pas.

La Vierge Marie revint pendant quatre mois auprès de sa bergère. Un jour elle lui demande un mouton, puis une chèvre qu'elle aimait, voulant ainsi lui apprendre le détachement des choses de la terre.

La divine Mère pousse la condescendance jusqu'à

mettre sa main dans les mains de l'humble fille et lui permet un jour de dormir sur le bord de son manteau. Elle lui apprend des prières, des litanies qu'elle lui recommande de faire réciter aux jeunes filles du village.

A l'époque des premières apparitions de Marie, le Laus était à peine un hameau composé de quelques familles. L'église se trouvant très éloignée, elles bâtirent une chapelle dédiée à Notre-Dame de Bon-Rencontre.

C'est cet humble toit de chaume que Marie choisit de préférence aux grandes cathédrales. Elle vient habiter la pauvre chapelle et la remplit de ses odeurs qui ravissent les âmes.

Un matin, Benoite voit en entrant dans la chapelle sa *Bonne Mère* debout sur l'autel couvert de poussière.

Inquiète de l'indignité de ce piédestal, elle dit à Marie : « Agréez que je détache mon tablier pour le « mettre sous vos pieds. Il est tout blanc ».

« Non », répond la Sainte Vierge, « gardez-le ». Puis, elle entretient la bergère de ses projets miséricordieux.

« Dans peu », lui dit-elle, « il ne manquera rien « ici, ni nappes, ni ornements ; je veux y faire bâtir « une église en l'honneur de mon très cher Fils et « au mien, où beaucoup de pécheurs et de pécheres« ses viendront se convertir ; elle sera grande comme « je la veux ; et c'est là que je vous apparaîtrai sou« vent.

« — Où prendra-t-on de l'argent pour bâtir cette « église ? » demanda la bergère, qui connaissait la « misère du pays ; « Vous serez peut-être obligée de rester dans cette petite chapelle.

— « Soyez sans inquiétude, répond Marie, l'argent « ne manquera point ; et je veux que ce soit celui « des pauvres (1) ».

Benoite revint fréquemment aux pieds de la Reine des Anges. La *Bonne Mère* ne se contente pas de la prendre pour confidente et intermédiaire de ses miséricordes, elle veut que sa bergère conserve le mérite du travail, son humilité, son obéissance. Elle l'avertit de rentrer chez ses maîtres quand il en est temps. Elle lui défend de porter une belle robe que le gouverneur de Gap lui avait envoyée pensant ainsi honorer la protégée de la Mère de Dieu. Elle lui recommande de « bien prier pour les pécheurs ».

En 1665, les pèlerins se dirigent en foule vers le vallon des Alpes. Cent trente mille personnes dans une seule année suivent avec des transports d'allégresse les traces de Marie sur cette terre fortunée. Les boiteux, les estropiés sont guéris, les aveugles voient, les pécheurs sont touchés par la grâce. L'oratoire ne peut plus contenir les foules pieuses. Des autels sont élevés en plein air, des confessionnaux s'adossent aux arbres. Tout est merveilleux dans ce lieu paisible où la bonté de la Mère de Dieu se fait sentir à tous les cœurs.

Les richesses se répandent sur le vallon, mais la bergère conserve la même pauvreté. Si elle ne va point s'abriter sous le toit de sa mère, elle est forcée de chercher un refuge dans une cabane du Laus. Elle préfère le plus souvent passer la nuit en prières dans l'humble oratoire.

---

(1) *Les merveilles de Notre-Dame du Laus,* tirées des archives du vénérable sanctuaire, par l'abbé P. Pron, publié par l'ordre de Mgr l'évêque de Gap.

Au milieu des difficultés matérielles qui paraissaient insurmontables, sans ressources humaines, l'église du Laus s'élève comme poussée par un souffle divin. La sainte chapelle visitée tant de fois par Marie y est renfermée. La veille des fêtes solennelles, les anges s'y rassemblent. « C'est ainsi que, une nuit de « Noël, après l'office de minuit, ils y viennent en « grand nombre, vêtus les uns de blanc, les autres « de rouge, ayant chacun un cierge à la main. Puis, « ils se mettent en ordre de procession à la suite « d'une grande bannière chamarrée de fleurs, et font « trois fois le tour de l'édifice à l'extérieur, en chan- « tant. Ils chantaient le *Gloria in excelsis* et cette an- « tienne composée pour la circonstance : *Béni soit le* « *Père céleste qui a choisi ce lieu pour la conversion* « *des pécheurs : que le Seigneur bénisse tous ceux et* « *celles qui viendront ici l'adorer* ».

« Benoite était dans l'église et suivait la procession « d'anges. Du dehors on apercevait par les fenêtres « une grande lumière à l'intérieur ; et de suaves par- « fums s'échappaient de toutes parts, quoique l'église « fût fermée » (1).

La vie de la bergère de Marie est remplie de merveilles. Les conversions qu'elle obtint furent incalculables. Elle les acheta par des souffrances inouïes dont nous n'avons pas à faire le récit. Benoite fut une héroïne, martyre de la charité. Qui saura le nombre des fléaux qui ont été détournés par son sang virginal généreusement offert ? Qui comptera les grâces

____

(1) Ne pouvant citer tous les ravissants passages du livre de M. l'abbé Pron, nous renvoyons nos lecteurs au livre lui-même. Il mérite d'être lu et relu.

que les pèlerins obtiennent encore par son intercession puissante sur le cœur de Marie ?

Sœur Benoite, tertiaire de saint Dominique, pleine de vertus, et comblée des faveurs célestes, mourut en odeur de sainteté, en 1718, après soixante ans de prières et de mortifications.

Le pape Pie IX, de sainte mémoire, voulut offrir un suprême hommage à Notre-Dame du Laus. Le couronnement de la Vierge qu'aimait tant la sainte bergère eut lieu le 22 mai 1855. A cette occasion la solitude des Alpes vit arriver les plus illustres prélats et trente cinq mille voix firent retentir le vallon du nom auguste et béni de Marie, Reine du Laus.

NOTRE-DAME DE LAGHET

Les Alpes-Maritimes qui séparent l'Italie de la France se font gloire de posséder le fameux sanctuaire de Laghet. Il s'élève au pied d'un mont escarpé et pierreux. Le couvent des Carmes déchaussés l'entoure. Les Pères, depuis deux siècles, y chantent les louanges de Marie et travaillent au salut des âmes.

Le site est agréable et offre une ravissante variété de tableaux. D'un côté, on aperçoit la mer Ligurienne et Nice, l'antique cité, couchée sur ses rives, au milieu des fleurs, comme une reine orientale.

Plus près, Eza, le port de Monaco et celui de Villefranche. Au levant, le village de la Turbie célèbre par les débris de cette fameuse tour que Jules-César fit élever pour perpétuer le souvenir de ses victoires sur les peuples des Alpes-Maritimes.

Du côté du Nord les collines sont arides. Au midi des vignes fertiles couvrent les coteaux et contribuent à la richesse des habitants de ce coin de terre privilégié.

On sait que Marie choisit la montagne de Laghet pour y être vénérée ; mais on ignore l'époque où elle daigna répandre ses premiers bienfaits.

La plus haute antiquité nous montre une petite chapelle entourée de ronces et d'épines, servant d'a-

bri aux animaux et à leurs gardiens dans les jours
de pluie.

En 1652, la Sainte Vierge inspira à un habitant de
Monaco, Hyacinthe Casanova, affligé d'une dange-
reuse infirmité, de recourir à elle. Il ne tarda pas à
voir ses prières exaucées et dans sa reconnaissance il
publia la faveur qu'il venait d'obtenir de la madone
de Laghet.

A cette nouvelle la joie fut générale. Un grand
nombre de dévots pèlerins accompagnèrent le mira-
culé à la sainte chapelle, et lorsqu'ils virent sa pauvreté et son abandon ils firent le projet de la rendre
moins indigne de leur céleste protectrice.

Il était difficile de relever le sanctuaire de ses ruines et plus encore de réparer la statue de Marie. Le
temps l'avait complètement détériorée. Une large
ouverture partageait le visage et lui donnait une
misérable apparence. On se décida à la remplacer.
Un jurisconsulte de Nice, Antoine Fighiera, possédait depuis de longues années dans sa maison une
statue révérée de la Sainte Vierge. Il la fit repeindre
par un artiste chrétien et en fit don à Laghet. Elle y
fut portée processionnellement par les habitants d'Eza
et placée dans la chapelle. « L'ancienne statue qui
avait été découverte en 1662 fut enfermée dans le
mur derrière la niche de celle qu'on voit maintenant » (1).

Marie se plut à répandre ses grâces avec une grande abondance sur le pays qui l'honorait. Les foules
accouraient ; rien n'arrêtait leur zèle, ni la difficulté
des chemins, ni la privation d'abri et de nourriture

____

(1) *Notice historique sur le sanctuaire de Laghet,* traduction de
l'italien.

qu'ils devaient éprouver sur une montagne déserte et escarpée.

La chapelle était pauvre, sans ornement. C'était plutôt une étable qu'une chapelle ; mais on y priait avec tant de ferveur, on s'y confessait avec une telle componction que les grâces tombaient avec une profusion divine sur la contrée.

Les processions composées de plusieurs milliers de personnes se succédaient sans cesse. Elles accompagnaient leurs prières de dons précieux de cire, vases sacrés, lampes, ornements, et d'aumônes considérables en or et en argent.

On ne parlait plus dans les trois vallées environnantes que de la bonté et de la puissance de la Vierge de Laghet.

L'évêque de Nice, craignant quelques supercheries, refusa d'abord d'ajouter foi à ces prodiges. Il ordonna qu'on couvrît la statue et fit fermer la chapelle. Mais ces sages précautions n'arrêtèrent pas le concours des fidèles et les faveurs du Ciel. Au contraire, les miracles devinrent si éclatants que le prélat craignant de s'opposer à des manifestations divines réunit les théologiens et les supérieurs ecclésiastiques, en grand nombre, à Nice, leur adjoignit des docteurs en droit et en médecine et leur ordonna d'examiner rigoureusement et publiquement les miracles de la Vierge de Laghet. Ce qui fut fait avec une parfaite exactitude.

L'évêque convaincu de la vérité des faits miraculeux qui s'opéraient à la sainte chapelle la fit ouvrir et la rendit au culte des fidèles.

Il fallut bâtir une église et une maison pour loger quelques prêtres, car le nombre des pèlerins augmentait de jour en jour.

Mgr Henri Provana, carme déchaussé, ayant été nommé au siège épiscopal de Nice, appela pour desservir le sanctuaire de Laghet les religieux de son Ordre qui en prirent possession avec l'autorisation du Souverain, en l'année 1674.

La ville de Nice, particulièrement dévote à la Mère de Dieu, se réjouit des faveurs miraculeuses dont était honoré le sanctuaire placé à sa porte et voulut lui rendre hommage. Les conseillers de la ville, réunis à l'évêque, aux ecclésiastiques et aux religieux, se rendirent en procession et à pied à Laghet. Ils firent des dons à la chapelle et lui allouèrent une somme de cent écus d'or pour les frais des embellissements nécessaires et la conduite des eaux de la fontaine que l'on voit encore sur la place de l'église. Le piédestal de cette fontaine porte l'inscription suivante : « Pèlerin, tu trouves ici deux sources : l'une descend du Ciel, l'autre du haut des monts. La première est un trésor que la Vierge distribue à la piété des fidèles, la seconde y a été conduite par les Niçois : bois à l'une et à l'autre si tu as soif des deux. L'an du Seigneur, 1654 ».

Pour perpétuer le souvenir de sa dévotion à la Sainte Vierge, le Conseil de Nice décida de choisir Marie pour patronne et protectrice de leur ville. Sur toutes ses portes on éleva sa statue et les habitants ne cessèrent de la regarder comme leur mère.

En retour, la reine du ciel répandit la fertilité sur leurs campagnes et les préserva d'un grand nombre de fléaux.

La maison de Savoie affirma de tout temps sa dévotion à la Sainte Vierge qu'elle considérait comme sa Protectrice sur la terre et dans la céleste Jérusalem. Les souverains se consacraient à son culte et érigeaient des églises en son honneur avec une royale munificence.

La Vierge incomparable voulut montrer qu'elle agréait leurs hommages en répandant ses bénédictions sur plusieurs sanctuaires des états du Piémont.

En 1652, le roi Charles-Emmanuel II avait un fils unique dont les jours étaient menacés.

Il le mit sous la protection de la Madone de Laghet et lui confia l'espérance de sa Maison et de son peuple. Marie rendit la santé à l'enfant et protégea le royaume.

En souvenir de cet insigne bienfait, Charles-Emmanuel donna au sanctuaire de Laghet un enfant en or massif, de la grosseur et du poids dont était alors le prince royal : « huit livres six onces », disent les chroniqueurs.

Les princes Maurice et Eugène de Savoie obtinrent de grandes grâces et offrirent à Notre-Dame des *ex-voto* en argent ciselés avec art.

Le prince Philibert et la princesse vinrent prier aux pieds de la bonne Vierge. Madame Royale offrit une jambe en argent, de grandeur naturelle, en action de grâces pour la guérison d'une souffrance qu'elle éprouvait depuis fort longtemps dans cette partie du corps.

Le roi Victor-Amédée et la reine Anne d'Orléans visitèrent deux fois le sanctuaire de Laghet en 1689. Le roi y fit célébrer solennellement une neuvaine, et la reine donna à la chapelle de riches ornements de velours, garnis en toile d'argent à franges d'or.

Dans un temps plus rapproché du nôtre, Charles-

Emmanuel, accompagné du duc de Savoie et des généraux de son armée, attribuant à Notre-Dame de Laghet la grande victoire qu'il avait remportée sur ses ennemis, vint au sanctuaire vénérable remercier sa puissante patronne.

En 1826, le roi Charles-Félix et la reine Marie-Christine visitèrent la chapelle. Ce fut là que Charles-Albert, après la défaite de Novare, en 1849, et son abdication, voulut recevoir la sainte communion avant son départ pour Porto en Portugal, où il mourut.

De l'aveu de tous les pèlerins, la précieuse statue de Marie attire et retient les regards et les cœurs. Elle est placée au dessus du maître-autel, sur un trône magnifique, couverte d'un manteau brodé d'or et d'argent. Elle presse de la main droite son divin Fils contre son sein ; de sa gauche elle tient un sceptre et un scapulaire. Sa tête et celle de l'Enfant-Dieu portent une couronne enrichie de pierres précieuses. En la regardant et en la priant on est pénétré de sa douceur céleste et enflammé d'amour pour une si grande et si aimable Reine !

Les murs de la chapelle sont couverts d'*ex voto* et de tableaux rappelant les prodiges opérés par la Vierge de la montagne. Chaque année, surtout pendant les jours qui lui sont consacrés, des provinces les plus éloignées on voit les peuples arriver à la chapelle. Après avoir entendu la messe et reçu la sainte communion, les infirmes se font conduire devant l'autel de Marie. Le prêtre jette sur eux l'eau bénite, les assistants s'écrient : « Grâce ! grâce ! Vierge toute bonne ! » et souvent les malades obtiennent leur guérison. Plus souvent encore, nous dit-on, ceux qui sont entrés dans ce lieu béni sous le poids de l'inimitié de Dieu ou l'âme refroidie par l'indifférence ou encore accablés par des chagrins secrets, en sortent convertis, éclairés et consolés.

NOTRE-DAME DE L'AUMONE

Le seigneur de Gouzié. — La ville sauvée. — La chapelle
détruite et relevée.

On sait que saint Bernard de Menthon fut un des
bienfaiteurs de l'humanité. Il s'arracha aux séduc-
tions du rang et de la fortune pour se faire le serviteur de ses frères.

Tout voyageur sur le chemin périlleux des Alpes a
béni son nom et salué les hospices fondés par cet apôtre vénéré, et qui semblent emprunter aux gigantesques sommets sur lesquels ils sont assis leur puissante
stabilité.

Les dignes disciples de saint Bernard de Menthon,
fidèles à la charité de leur fondateur, ne bornèrent
pas leurs bienfaits aux seuls passagers des montagnes. Ils descendirent dans les plaines et se firent les
servants de ceux qui avaient à franchir les rivières.

Nous les trouvons, l'an 1240, au prieuré de Notre-
Dame de l'Aumône, près Rumilly-Albanais, dans cette
austère Savoie si fidèle aux saintes traditions. Là fleurit la légende, cette mémoire naïve et poétique des
peuples. L'âme y recueille des traits pleins de grâce
et de salutaires enseignements.

La rivière du Chéran est large et profonde. A cette
époque la main de l'homme n'avait pas appris à vaincre la nature et à bâtir des routes de fer au dessus

des flots. Quand l'hirondelle effleurait de l'aile la surface mobile et que le pouillot (cet oiseau mignon dont le plumage et l'instinct mériteraient un nom plus gracieux), se balançait au bout d'un roseau en lustrant sa collerette blanche, ils semblaient narguer le roi de la création qui traversait modestement la rivière à gué, au sud-est, à un demi kilomètre de la ville, courant le risque de faire de ridicules et dangereuses génuflexions à la gente poissonnière du Chéran.

La piété prévoyante des aïeux avait placé dans un bosquet touffu, dit la légende, une statue en bois de la Vierge, comme pour inviter le passant à demander aide et protection dans sa détresse à la Mère de Grâce. Mais l'impiété entra dans le monde en même temps que la désobéissance de nos premiers parents et la *superbe* sera jusqu'à la fin des temps en lutte avec l'esprit de Jésus Christ.

Notre-Dame de l'Aumône avait un terrible voisin dans la personne de très noble et très puissant seigneur Amédée de Gouzié. La Vierge Marie n'avait pu, malgré ses avances miséricordieuses, vaincre l'âme irascible du châtelain. Son nom béni excitait la fureur et les blasphèmes de l'impie. Quand il passait devant la statue vénérée, il lui montrait le poing et grinçait entre ses dents : « Vierge de bois, tu auras à faire à moi ».

Nous ne mettons pas en doute que le seigneur de Gouzié ne fût très malheureux. Il luttait nuit et jour contre les suggestions abominables de la haine. S'il n'avait pas dormi, c'était la statue qui en était la cause. Elle avait passé et repassé sous ses yeux d'un air courroucé, traçant autour de son lit un cercle

brûlant. Si la grêle avait brisé ses arbres, ravagé
ses champs, c'était la statue, ce revenant de l'idolâtrie, disait-il, qui avait attiré les fléaux du ciel sur
la contrée.

Si ses chiens manquaient de flair, ou si les lièvres
avaient préféré le serpolet des montagnes aux chau-
drons des cuisines du château, le sire de Gouzié criait
au maléfice et jurait de tirer de l'audacieuse statue
une éclatante vengeance.

Les choses en étaient là, lorsqu'un jour le châtelain
convia les gentilhommes des environs à une chasse
qui devait être suivie d'un festin.

Les chasseurs arrivèrent en foule, avec flèches,
carquois et autres engins destructeurs de ce temps-
là et se dispersèrent dans les futaies situées sur les
rives du Chéran, avec l'intention de mettre à mort
une notable partie des habitants de la forêt.

Nous ne savons s'ils réussirent dans leur projet de
carnage cygénétique ; la légende est muette à cet endroit. Quant au seigneur de Gouzié, il était de la
plus méchante humeur et ne faisait pas grâce à la
plus maigre bestiole.

Un jeune levraut, plus habile que les autres, l'irri-
tait par ses résistances. Il gambadait, faisait des
bonds tantôt à droite, tantôt à gauche, disparaissait
dans les fourrés et tout à coup se montrait, traversait
en deux sauts le chemin sous les yeux du seigneur
essoufflé et furieux. Un moment il perdit complètement sa trace. Il chercha, fouilla, fouetta ses chiens
et les remit en chasse.

Soudain, il se trouve en face de la statue qui semblait le regarder en souriant ; et pour comble d'humi-
liation, il aperçoit les narines mobiles du levraut qui

s'était blotti aux pieds de la Vierge et tournait ses oreilles gaillardement, en montrant un air assuré, comme pour lui dire : « Je t'attendais là ».

Le noble chasseur laissa tomber son arme, croisa les bras dans une attitude superbe, et mesurant d'un œil hautain la statue, il lui tint à peu près ce discours :

« Te voilà donc, morceau de bois maudit, cause
« exécrable de toutes mes disgrâces ! avant de te
« châtier comme tu le mérites, je veux graver tes
« traits dans ma mémoire. Ah ! ah ! tu peux te van-
« ter de m'avoir fait passer de terribles nuits, d'avoir
« appauvri mes celliers et fait faire piteuse chair
« au puissant seigneur de Gouzié. Mais ton règne est
« passé. Le peuple stupide va se détourner de tes dé-
« bris ; ma patience est à bout. Tiens, reçois ce coup
« de ma vengeance ».

Et le Seigneur mécréant et félon, décoche une flè-
che contre la face de Marie. O miracle ! la flèche ne touche point l'image et revient frapper l'impie qui tombe à la renverse. La justice divine l'a condamné : il est aveugle.

Mais tandis qu'il perdait la lumière du jour, la lu-
mière céleste descendait dans son âme. Il se relève, comme saint Paul sur le chemin de Damas, rempli d'une profonde humilité et pleurant sa félonie et son crime :

« Je suis un misérable, bonne Dame, s'écrie-t-il ;
« j'accepte la punition de mon forfait. Cependant si
« vos mains ouvertes aux malheureux daignent me
« faire l'aumône de la vue, je vous promets que je
« construirai une chapelle en votre honneur, sur les

« bords de la rivière, afin que tout le peuple apprenne
« que vous avez fait miséricorde au plus indigne des
« pécheurs ».

Cette prière humble et sincère toucha le cœur maternel de Marie. Le seigneur de Gouzié fut pardonné et guéri. Dans sa reconnaissance il se hâta d'élever le sanctuaire promis et y fit transporter, avec de grands signes de vénération, la statue miraculeuse. Il fit plus : il fonda un monastère près de la chapelle, le dota richement et y établit les chanoines réguliers de Saint-Augustin. Ils devaient former comme une garde d'honneur auprès de la Reine du Ciel et de la terre, donner asile aux pauvres, leur fournir ce qui leur était nécessaire pour continuer leur route. De là vint au sanctuaire le nom de Notre-Dame de l'Aumône.

Il résista à toutes les secousses des siècles et vit, presque sans interruption, se dérouler aux pieds de sa Madone une longue chaîne de pélerins des pays éloignés. Tous, pour visiter la Vierge bénie, quittaient les palais et les chaumières avec un merveilleux empressement.

Au mois de mai 1517 Notre-Dame de l'Aumône vit à ses genoux le roi François Ier qui avait fait à pied, et en aube de pénitent blanc, le voyage de Vienne à Chambéry, pour y vénérer le Saint Suaire. Le 28 février 1532, son oncle, le duc de Savoie, Charles III, vint dans cet oratoire implorer la protection de Marie. Saint François de Sales y fit un pèlerinage le lundi de Pâques 1608, après une station de carême préchée aux habitants de Rumilly, « ce peuple facile, humble, dévot », disait-il, dans son langage empreint d'une suave charité.

En 1514, le duc de Savoie, Charles III, fit à la ville de Rumilly l'honneur de sa visite. Les bons habitants voulurent témoigner leur reconnaissance au souverain par des illuminations extraordinaires. C'était à qui poserait ses lumignons le plus haut et ferait éclater les plus belles flammèches. Les beaux feux flambèrent si bien, qu'un coup de vent aidant, la plupart des maisons qui n'étaient à cette époque couvertes qu'avec du bois et du chaume s'enflammèrent tout à coup. Bientôt des cris de détresse remplacèrent les cris de joie. La ville était en feu et un orage dont la violence s'accroissait d'instant en instant donnait à l'incendie une activité dévorante. « De l'eau, de l'eau ! », criaient de toutes parts des voix affolées. Mais l'eau était impuissante à éteindre un foyer incandescent qui s'allumait sur tous les points à la fois.

Que ferait à notre époque une ville menacée d'un pareil sinistre ? Elle mettrait sur pied toutes les pompes et tous les pompiers de cinq lieues à la ronde, et ces courageux citoyens, au péril de leur vie, multiplieraient leurs efforts autour des poutres embrasées. Mais qui songerait à demander à Marie un miracle ? Personne, peut-être. Les moyens humains sont si puissants aujourd'hui, qu'il nous semble que Dieu n'a plus à se mêler de nos affaires. C'était bon pour les siècles faibles et ignorants ; nous avons acquis la force et l'intelligence ; qu'avons-nous besoin des secours célestes ?

Bien leur en prit pourtant, aux bons habitants de Rumilly, d'avoir confiance en leur douce Madone. Ils coururent au sanctuaire et, avec une pieuse violence, enlevèrent la statue et la posèrent au milieu de la ville abandonnée aux flammes. Ce fut aussitôt une explosion d'enthousiasme. La foi, cette foi qui transporte les montagnes, avait dissipé toutes les terreurs. On passait devant les maisons croulantes, on promenait la statue dans les rues, et le peuple chantait de toute son âme ces strophes d'une supplication si touchante : *monstra te esse matrem* ; huit fois elles furent répétées avec une confiance toujours croissante. A la neuvième, Marie prouva qu'elle entend la prière humble et persévérante. Les flammes s'éteignirent subitement ; Rumilly était sauvé.

En 1630, le roi Louis XIII déclara la guerre au duc Charles-Emmanuel I. Le fort de Montmélian, qui domine la position, résistait aux armées françaises. Les bourgeois de Rumilly, confiants en leur courage et la solidité de leurs fortifications, décidèrent qu'ils tiendraient tête à l'ennemi. Ils refusèrent donc la capitulation que le roi offrait, comme à la ville de Chambéry et d'Annecy.

Furieux de la résistance opiniâtre d'une place si faible, Louis XIII ordonna au maréchal du Hallier de vaincre la ville au plus tôt. Le fort de l'Annonciade fut renversé, et le canon troua les murs si largement, que l'armée française y entra triomphante.

Rumilly allait subir le sort des vaincus qui ont refusé de capituler ; elle allait être pillée et brûlée, lorsque le commandant de la division apprit que cette ville comptait au nombre de ses habitants trois demoiselles de Peyssieux de Salagine, parentes du maréchal du Hallier, et que l'une d'elles appartenait à la congrégation des Bernardins ou de la divine Providence, établie par saint François de Sales.

Le commandant leur fit dire de sortir sur le champ

et de venir se réfugier auprès de lui. Mais les femmes de ce temps-là, héroïques chrétiennes, comprenaient les sentiments les plus purs du patriotisme. Les demoiselles de Peyssieux firent répondre au vainqueur qu'elles voulaient vivre ou mourir avec leurs compatriotes et leurs amis. Cependant, pour ne point paraître faire dédain de cette bienveillante proposition, qui pouvait avoir été inspirée par Dieu, on décida que la sœur de Peyssieux se présenterait au quartier général à la tête d'une députation des notables, en vue d'obtenir la grâce de Rumilly. Il en coûtait à la modeste religieuse, arrachée à son ombre protectrice, d'aller s'exposer aux regards curieux des soldats et de prendre la parole devant ce redouté commandant. Mais la charité, qui surmonte tous les obstacles, pressait ses pas, et son cœur se sentait saisi d'une ardeur extraordinaire. Les religieuses Bernardines, après son départ, se mirent en prière. Elles supplièrent Notre-Dame de l'Aumône d'inspirer à leur sœur la force irrésistible de l'âme qui avait été accordée à Esther pour la délivrance de son peuple.

« *Monstra te esse matrem* », s'écriaient-elles, les bras levés du côté du sanctuaire de Marie. Montrez que vous êtes la Mère du peuple qui vous aime !

De si confiantes prières devaient être exaucées. La sœur de Peyssieux eut des paroles inspirées et força le vainqueur à la clémence.

La ville de Rumilly fut sauvée pour la seconde fois.

En l'année 1793, de lamentable mémoire, le sanctuaire de l'Aumône fut vendu avec ses dépendances par ordre du gouvernement français, mais les profanateurs ne souillèrent pas la chapelle vénérée.

A cette sinistre époque, un gentilhomme d'origine languedocienne, le comte Aimé-Vincent-Gaspard de Pingon de la Prunarède, vivait dans ses terres à la Motte et à Marlioz, préférant sa pieuse Savoie au pays de ses ancêtres.

Depuis son enfance, il avait professé un culte tout particulier pour Notre-Dame, et deux fois dans l'année il aimait à venir en pèlerin au sanctuaire pour confier à la Mère de Dieu les besoins de son âme et lui demander son assistance.

Sa dévotion, qu'il ne cachait à personne, et son nom le désignèrent à la haine des démolisseurs. Il fut arrêté dans son château, traîné à Cluses, où siégeait un tribunal révolutionnaire, et emprisonné (1).

Le comte de Pingon était sous les verrous depuis plusieurs semaines. En vrai gentilhomme chrétien, il était prêt à marcher à l'échafaud ; cependant il se disait qu'il avait encore du bien à faire, une famille et des amis à aimer ; qu'il n'est pas défendu de désirer la prolongation de la vie, puisqu'elle est un présent de Dieu, et il sentit que Notre-Dame de l'Aumône l'invitait à recourir à sa toute-puissante intercession. « Jésus, mon Seigneur, pria-t-il, si vous daignez me « sauver, je vous promets de racheter la chapelle de « Notre-Dame et de la rendre au culte des fidèles. Et « vous, bonne Dame, ouvrez votre cœur à la prière « de votre serviteur ! »

Quelques jours plus tard, le prisonnier était providentiellement rendu à sa famille.

Le 3 fructidor 1805 le comte de Pingon accomplit son vœu en rachetant la chapelle de l'Aumône, et, par

____

(1) *N.-D. de Savoie*, par M. l'abbé Grosbel.

un acte, il en fit donation à la ville et à la paroisse de Rumilly.

Cette donation fut approuvée le 7 janvier 1806 par décret de l'empereur Napoléon Ier.

La piété de ces bons habitants de Rumilly, qui charmait saint François de Sales, est demeurée fidèle à l'antique sanctuaire, auquel Pie IX accorda l'indulgence de la Portioncule.

On voit sur le maître-autel, renfermée dans une niche, une statue qui est, dit-on, la même qui existait du temps d'Amédée de Gonzié.

Chaque année, le premier dimanche de mai, la statue miraculeuse est portée en triomphe dans les rues richement décorées de la ville, et les pèlerins accourent, fervents et zélés comme autrefois.

NOTRE-DAME DES VOIRONS

Le sanglier. — Protection dans le danger.

Sur les confins du Chablais et du Faucigny, le voyageur s'arrête avec admiration devant une gracieuse vallée. Un torrent roule ses flots limpides entre deux rangées d'arbres et la traverse dans toute son étendue. Le bourg est au centre. Des villages entourant leurs clochers offrent l'image de la paix et d'une douce aisance. Les montagnes qui encadrent la vallée sont riantes, parées de prairies et d'arbres touffus. Partout d'heureuses et fertiles campagnes.

L'imagination se représente difficilement aujourd'hui ce pays couvert d'immenses forêts. Telle est cependant l'affirmation de l'histoire.

Les Allobroges appelèrent cette vallée *Boëge*, ou pays de bois. Le moyen âge la désignait sous le nom caractéristique de *Combe noire* (1).

Les chanoines de Saint-Augustin de l'abbaye de Filly vinrent la cultiver au onzième ou au douzième siècle, et dédièrent à Notre-Dame leur prieuré de Burdigniu (2).

Les Voirons sont une petite chaîne de montagnes. Près du calvaire, leur point culminant, s'élèvent les ruines de l'ancien couvent de Marie.

(1) *N.-D. de Savoie*, par M. l'abbé Grosbel.
(2) D'après Besson, *Mémoires*, p. 104.

Du temps des Allobroges, les Voirons et la vallée de Boëge étaient habités par les druides et consacrés à leurs divinités. Quand les Romains y vinrent régner en maîtres, ils consacrèrent à Teutatès les autels druidiques. L'invasion des barbares favorisa le culte païen. Au dixième siècle, Jupiter recevait encore les honneurs divins sur les Voirons. Il rendait, disait-on, des oracles. C'était le dieu redouté de la montagne.

Les évêques de Genève furent justement effrayés de ce culte idolâtre, qui grandissait avec l'astuce des gardiens de l'idole, et ils renversèrent Jupiter et son temple.

Les populations voisines commençaient à goûter un peu de repos. Mais voici qu'un terrible sanglier se montre sur la montagne; il dévaste les campagnes et menace chaque jour la vie de ses paisibles habitants. L'épouvante est à son comble. Le peuple fuit devant la bête farouche, qu'il croit être le démon chassé de l'idole et venu pour se venger de sa défaite.

Le château de Langin, bâti sur le versant de la montagne, appartenait à un seigneur courageux et dévoué à ses semblables. Il invita quelques amis à une grande chasse qui avait pour but la destruction du sanglier.

Arrivés au sommet des Voirons, les chasseurs voient accourir la bête fauve, et, saisis d'une lâche frayeur, ils abandonnent le sire de Langin à son cruel adversaire. Une lutte désespérée s'engage ; le brave seigneur est couvert de blessures.

« Dans sa détresse, il jeta les yeux vers le ciel et
« fit vœu à la très sainte Vierge de lui faire bâtir une
« chapelle au même lieu, si par ses prières et son in-
« tercession cette bête farouche pouvait être tuée ou

« chassée, et si lui pouvait échapper à tant de plaies
« dont il pensait que la moindre était mortelle » (1).

La Vierge Marie accueillit sa prière : le sanglier abandonna sa victime et disparut pour toujours.

Le sire de Langin eut la force de rentrer dans son château, et, contre toute espérance, il vit se fermer en très peu de temps ses blessures. Il se hâta d'accomplir son vœu en faisant élever au sommet des Voirons une chapelle en l'honneur de Marie : « La statue était en bois noir, la Vierge tenait l'Enfant Jésus dans ses bras, et un évêque de Genève l'avait bénite » (2).

Le brave seigneur de Langin ne se contenta pas d'avoir rempli son vœu : il fit construire près de la chapelle un ermitage où il vint finir saintement ses jours en compagnie d'un ami, qui partagea jusqu'à la fin la vie solitaire et mortifiée.

Pendant plusieurs siècles les ermites se succédèrent dans ce lieu embaumé « par la très suave mémoire de la vie du sire de Langin » (3).

« La fête de la Visitation, établie par saint Bonaventure pour les Frères mineurs dès l'an 1263, et que le pape Urbain VI étendit à toute l'Église en 1389 », était la fête patronale des Voirons dès la fin du quatorzième siècle. Elle attirait sur la sainte montagne un grand concours de pèlerins. Le Chablais et le Faucigny ne la connaissaient que sous le nom de fête de Notre-Dame des Voirons.

Un trait de la protection de la Vierge de la montagne nous a été conservé par la mémoire populaire:

(1) Charles-Auguste de Sales.
(2) M. l'abbé Grosbel.
(3) M. l'abbé Grosbel. — Benoît XIV, *de Festis.*

Une jeune fille, étant venue prier seule la Reine des vierges, rencontra sur son chemin un homme de mauvaise vie. A son approche elle fuit épouvantée. Il la poursuit : elle précipite sa course. Mais les forces lui manquent ; un précipice sans fond s'ouvre devant ses pas... Y tomba-t-elle ? ou, vierge héroïque, préféra-t-elle la mort à la perte de sa vertu ? La tradition ne le dit pas, mais elle assure que cette courageuse fille se trouva au fond du précipice sans avoir éprouvé aucun mal. En souvenir d'elle, les peuples donnèrent au roc perpendiculaire témoin de sa chute le nom de *Saut de la pucelle*, qu'il a conservé jusqu'à nos jours.

En 1536, les Bernois, les armes à la main, exercèrent mille ravages dans le Chablais, et le saint ermitage fut démoli jusqu'à la dernière pierre.

« Toutefois, dit Charles-Auguste de Sales, Notre-Dame fut miraculeusement conservée. Jean Burgnard, Chablaisien de la paroisse et du village de Breus, ayant non seulement embrassé l'hérésie des Bernois, mais de plus s'étant joint à eux pour les conduire à l'ermitage, se jeta sur l'autel pour enlever la statue, et, l'ayant attachée, la traînait derrière soi en descendant, avec toutes sortes d'ignominies, et disait par moquerie : — « Viens après moi, ma pe-
« tite Maure ; si tu as tant de pouvoir, comme on le
« dit, montre-le maintenant. Pourquoi te laisses-tu
« ainsi traîner ? Que ne te défends-tu ? »

« Et voilà que, pendant qu'il vomit de tels outrages et blasphèmes, tout aussitôt la statue s'arrête et demeure immobile, quoique ce fût en un lieu où la erre était égale, au milieu d'un pré. Ce misérable, voyant qu'il ne la pouvait plus tirer, tourna la tête pour voir ce qui en empêchait ; mais, par un double miracle, la tête lui demeura de la sorte toute contournée, et fut à même instant perclus et estropié d'un bras et d'une épaule, sans que jamais il pût se retourner droit ; de sorte qu'il fut contraint de laisser la statue en ce même lieu, et descendit avec peine, portant sur soi, tout le reste de sa vie, la punition de son impiété et l'évident témoignage du souverain pouvoir de la Reine du ciel (1) ».

La statue fut retrouvée par un prêtre de l'ordre des ermites de Saint-Augustin, qui désirait finir ses jours dans les bois de la montagne des Voirons.

Avec la permission de l'évêque et du seigneur de Boëge, il se bâtit une cellule, restaura la chapelle de Notre-Dame et y plaça la statue miraculeuse de la Vierge, qui avait trouvé un pieux abri dans l'église de Boëge.

La dévotion à Notre-Dame des Voirons reprit son cours. Mais les hérétiques nourrissaient une telle haine contre les pèlerins de la sainte Vierge qu'ils étaient obligés de se rendre armés sur leur montagne, surtout le jour de la Visitation, et de garder l'autel où l'on célébrait la sainte messe.

Le premier juillet 1595, la veille de la fête de la Visitation, le grand apôtre du Chablais, avant de commencer sa difficile mission, s'achemina en pèlerin vers les Voirons pour demander l'assistance de la Reine des apôtres. Les hérétiques, comprenant que l'esprit divin parlait par sa bouche et allait leur porter un coup mortel, cherchèrent à se délivrer de cet

(1) Charles-Auguste de Sales, *Vie de saint François*, liv. IX. Plusieurs des membres de la famille Brugnard portèrent jusqu'à ces derniers temps des signes visibles de l'impiété de leur ancêtre.

adversaire redoutable. Ils suivirent saint François
sur la sainte montagne, l'attaquèrent et lui firent
mille outrages. L'aimable saint disait plus tard qu'il
ne s'était échappé de leurs mains que par une protection miraculeuse de la sainte Vierge. Elle le récompensa visiblement de ce qu'il avait souffert pour
elle : car ses travaux, qui jusque-là avaient été infruc-
tueux, furent dès ce jour couronnés d'un succès toujours croissant. On sait qu'il convertit soixante et dix
mille hérétiques (1).

Quand le Chablais revint à la foi catholique, l'ermitage des Voirons fut rétabli, et, l'an 1620, saint
François de Sales fit une congrégation particulière
des ermites de Notre-Dame et leur donna des règles (2).

Charles-Auguste de Sales fut ermite des Voirons
avant de devenir évèque de Genève. Après son élévation au siège épiscopal, il décida ses anciens compagnons à s'unir aux frères prêcheurs d'Annecy, et la
garde du sanctuaire fut confiée aux fils de Saint-Dominique (3).

Le pèlerinage de Notre-Dame des Voirons devint
alors le plus fréquenté de toute la Savoie. On vit jusqu'à vingt-cinq processions se rencontrer sur la célèbre montagne. Un nouveau désastre devait atteindre
le sanctuaire. Le 7 août 1769, un incendie consuma
le couvent et la chapelle vénérée. Les religieux de
Saint-Dominique rentrèrent dans leur maison d'Annecy. Ils élevèrent à Notre-Dame des Voirons un au-

---

(1) *Relation abrégée des travaux de l'apôtre du Chablais,* t. 1ᵉʳ,
chap. XII.

(2) Charles-Auguste de Sales, *Vie de saint François.*

(3) Besson, *Mémoires.*

tel, et, fidèles à son culte, continuèrent à célébrer chaque jour une messe en son honneur (1).

Le chemin de la montagne ne fut pas oublié. Les fidèles allaient prier sur les débris de l'antique chapelle, et, chaque année, les pèlerins en grand nombre s'y rendaient en procession comme autrefois. Les terreurs de la Révolution ne purent affaiblir leur zèle. Les prêtres célébraient en secret les saints mystères sur la montagne, suppliant sans doute Marie d'apaiser les flots qui menaçaient la barque de Pierre (2).

Il y a quelques années, un des descendants pauvre de la famille Burgnard fit creuser une pierre sur le bord du sentier qui traverse la montagne, et y porta la statue de la Mère de Dieu. L'humble monument expiatoire dut attirer les regards miséricordieux de Marie.

En 1852, son image fut rapportée solennellement dans l'église paroissiale, qui l'avait abritée au seizième siècle, et, en 1855, le premier dimanche de juillet, les habitants de Boëge posèrent la première pierre d'une magnifique église consacrée à Notre-Dame des Voirons. Deux ans après, elle fut solennellement bénite et l'antique statue y fut définitivement installée.

En 1853, le vénéré pape Pie IX accorda deux indulgences plénières à ceux qui visiteraient le sanctuaire de Notre-Dame des Voirons.

La bonne Vierge continue à répandre ses bienfaits sur cette contrée dévouée à son culte. De nombreux ex-voto, témoignages de reconnaissance et d'amour,

______

(1) Grillet, *Dict. hist.* (art. *Voirons*).
(2) **M.** l'abbé Grosbel, *Rapport d'un vieillard qui leur avait servi de clerc.*

ornent sa nouvelle église. Chaque année son image est portée en triomphe dans les rues du bourg de Boëge, parées comme pour une réception royale. Heureux peuple, pieux et fidèle ! La foi sera la sauvegarde de son honneur et de sa liberté.

NOTRE-DAME DE BÉNITE-FONTAINE

PRÈS LA ROCHE-SUR-FORON

Guérisons miraculeuses. — Histoire de la ville. — Saint François
de Sales. — L'oratoire et le mendiant.

Les druides avaient séduit l'imagination de tous
les peuples. Le clergé et les moines, ne pouvant parvenir à déraciner leurs habitudes superstitieuses,
voulurent faire servir à la gloire de Dieu les monuments de l'idolâtrie. Les *menhirs* des landes furent
surmontés d'une croix, et des chapelles consacrées à
la Mère de Dieu furent placées au bord des *fontaines
des fées* (1).

Cette substitution de culte devait d'autant moins
froisser les peuples attachés aux pratiques druidiques,
que le souvenir de la *femme* prédite depuis le commencement s'était conservé chez les Celtes et que les
druides avaient dédié des autels à la *Vierge qui devait enfanter*. Plusieurs églises furent érigées sur
leur emplacement.

La Mère divine eut pour agréable la pensée qui fit
élever ces pieux monuments, car elle communiqua
aux sources qu'on plaçait sous sa protection une vertu
salutaire pour les corps et pour les âmes. De là leur

(1) L'abbé Orsini, *la Vierge*, t. II, chap. vi.

est venu le nom de *bonnes fontaines* ou *fontaines bénites* (1).

La *Bonne-Fontaine* de la Roche en Faucigny est particulièrement en vénération. Cette petite ville s'est toujours distinguée par son amour pour la Mère de Dieu.

Au IX⁰ et au X⁰ siècle, le territoire où elle est bâtie était couvert d'épaisses forêts. Les comtes de Genevois firent construire sur cette montagne rocheuse un château de chasse qui prit le nom de la Roche.

Béatrix, comtesse de Genevois, soutint en 1179 un long siège en ce château, où elle s'était réfugiée avec ses enfants afin d'échapper aux ennemis de sa maison. Guillaume 1ᵉʳ, son époux, vint la délivrer, et, pour accomplir le vœu qu'elle avait fait au moment du danger extrême où elle s'était trouvée, le prince fit un don généreux à la Chartreuse de Pamiers.

L'église de la Roche fut bâtie en 1111, par Aimon Iᵉʳ, comte de Genevois. Elle eut sous sa dépendance un hôpital de Notre-Dame fondé en 1310 et une léproserie (2). Quand les croisades emportèrent une nouvelle armée de chevaliers du Christ vers la Palestine, Pierre de Lambert, évêque de Caserte, fit ériger l'église de la Roche en collégiale, l'an 1535.

Les paisibles habitants de la Roche furent en plus d'une occasion les martyrs de leur foi. Le 19 mars 1590, une armée d'hérétiques sortie de Genève vint les surprendre au milieu de leur sommeil. Ils égor-

(1) M. l'abbé Grosbel conjecture que les druides avaient peut-être dédié à leurs divinités la fontaine de la Roche (Notre-Dame de Savoie).

(2) *Archives de la cure du Bouchet* (N.-D. de Savoie, par M. l'abbé Grosbel).

gèrent les dix bourgeois qui formaient la garde de la ville et se portèrent à l'église de Saint-Jean. Le chanoine Damex appela à lui les bourgeois courageux pour défendre la collégiale, et ils se firent tous tuer avec lui.

En 1530, cette église avait été brûlée par les partisans de la Réforme. Guillaume de Vège, prélat domestique du pape Clément VII de Médicis et plébain de la Roche, la fit réédifier et lui donna une chapelle dédiée à Notre-Dame de Grâce. Elle existe encore et l'on aime à venir y prier.

Un souvenir nous attache particulièrement à ce sanctuaire. Saint François de Sales n'avait que six ou sept ans lorsqu'il fut placé au collège de la Roche pour y commencer ses études. Il dut s'agenouiller souvent aux pieds de Notre-Dame de Grâce : car son cœur était attiré vers les sanctuaires de la sainte Vierge, ainsi qu'il le dit lui-même avec une onction si tendre : « Quand j'entre dans un lieu consacré à Notre Dame, je sens que je suis chez ma mère ».

Il est permis de croire que, pendant le Carême que prêcha le charitable évêque dans l'église de la Roche en 1605, il célébra la sainte messe dans la chapelle qui avait eu ses prédilections dès l'enfance.

Avant lui, le bienheureux Pierre Lefèvre, né à Saint-Jean de Sixte, un des premiers fondateurs de la Compagnie de Jésus, fit ses classes à la Roche et laissa dans le vallon béni la mémoire de ses précoces vertus.

Près du territoire de la Roche il y avait un étroit vallon couvert de broussailles. C'est là qu'une source miraculeuse se fit jour.

Saint François de Sales n'explique pas l'origine de

cette source inconnue jusque-là ; il ne dit que ces paroles : « Il avait surgi et l'on avait trouvé une fontaine » ; *quod apparuerit et inventus fuerit fons quidam propre urbem Rupis*.

Le peuple auquel elle était donnée comme une source de grâces, en fit bientôt la douce expérience ; les guérisons commencèrent dès les premiers jours de mai 1619.

La première personne qui en recueillit les bienfaits, fut une fille des environs, atteinte d'une maladie qui laissait sur sa peau des traces répugnantes. Elle se lava avec l'eau de la bonne fontaine et se vit à l'instant délivrée.

Le bruit de cette guérison se répandit dans les villages et les montagnes. Les chemins se couvraient de malades, et tous éprouvaient les effets bienfaisants de cette eau.

Les pères capucins venaient de s'installer à la Roche. Le P. Davien, gardien du couvent, souffrait extrêmement d'un mal de dents depuis six semaines. Il but dans le creux de sa main de l'eau et en recueillit la vertu surnaturelle : il fut guéri subitement.

Le 2 juin, Amédée Favre, de Rumilly-sous-Cornillon, accablé d'infirmités, n'avait pas quitté le lit depuis cinq mois. Le bruit des miracles opérés à la source lui donna un grand désir de s'y rendre. Il en fit le vœu et se trouva aussitôt soulagé. Il se mit en route, à pied, n'ayant pour appui que ses béquilles. A Saint-Sixte il s'arrêta pour y remplir pieusement ses devoirs religieux, et, après deux jours de marche depuis son départ, il descendit à la fontaine bénite. Il but de l'eau avec foi, et s'en retourna sans béquilles dans son pays.

Antonie Terroux, de Thorens, avait les deux bras paralysés. Elle vint à la source, y but dévotement de l'eau bienfaisante, et retrouva aussitôt l'usage de ses bras.

Maurice Boucommaud avait une jambe difforme et tordue. Dès qu'elle l'eut plongée dans l'eau miraculeuse, elle se redressa et ne lui causa plus aucune gêne.

Une fille de Pont-Notre-Dame, âgée de 25 ans, était réduite à l'état le plus misérable : elle se traînait sur les genoux et sur les mains. Comme elle était calviniste, elle ne pouvait se décider à recourir à un moyen surnaturel de guérison. La grâce agit dans son âme. Elle se fit conduire à la Bénite-Fontaine, et, après avoir bu avec une humble confiance, elle recouvra l'usage de ses membres. Par un double prodige, son cœur fut changé et elle embrassa le catholicisme.

Le récit des faits prodigieux qui rendirent célèbres le vallon de la Roche sont innombrables. Aucune maladie ne résistait à la vertu de cette eau. Les possédés du démon y étaient conduits et s'en retournaient bénissant Dieu.

Un jeune homme de 12 ans, muet de naissance vint boire de la bénite eau, et aussitôt après il s'écria : « L'eau est bonne. Dieu la bénisse ! » Il continua depuis à parler distinctement.

Un notaire de Grenoble « avait vu ses doigts de la main droite se serrer ensemble, et ne pouvait plus tenir la plume pour rédiger ses actes. Encouragé par tout ce qu'il avait entendu des propriétés de la Bonne-Fontaine de la Roche en Genevois, il s'y transporta, but de l'eau, trempa sa main, vit ses doigts se dégager, et, à son retour chez lui, reprit son service avec facilité ».

Le Révérend François de Saint-Sixte, archidiacre de l'église collégiale de la Roche, auquel appartenait le terrain sur lequel avait jailli l'eau miraculeuse, recueillit les prodiges opérés à la fontaine bénite et « en fit part à l'évêque du diocèse, qui arrivait d'une longue excursion de presque une année, à la suite du prince de Piémont, Victor-Amédée de Savoie, à l'occasion de son mariage avec Christine de France, sœur de Louis XIII ».

Le P. Baranzano, célèbre professeur de physique et de chimie au collège d'Annecy, avait analysé la nature de cette eau et déclaré que ses propriétés naturelles ne pouvaient opérer des œuvres si diverses et si prodigieuses (1).

Saint François de Sales examina la question de la Bonne-Fontaine. Les enquêtes juridiques se firent avec une sage lenteur, et le saint évêque reconnut que cette source était un présent de la Providence de Dieu et qu'elle avait reçu les propriétés surnaturelles de la piscine de Siloé. D'après les dons laissés par les nombreux malades guéris, il crut devoir ordonner la construction d'une chapelle à côté de la source. On plaça dans une niche, au-dessus de l'eau bienfaisante, la statue de la sainte Vierge que l'on voit encore dans le nouvel oratoire.

« D'après un manuscrit conservé à la Roche, saint François de Sales vint bénir la statue et la fontaine

____

(1) Ce rapport est mentionné dans Colombo, *Vita ed opere del P. Redento Baranzano*, et dans Severino Pozzo, *il Commune di Serravalle-Sesia*.

et mit la chapelle sous le vocable de la *Visitation Sainte Marie* ».

Par décret du saint évêque, daté du 24 octobre 1620, l'archidiacre François de Saint-Sixte en fut nommé le gardien, et les chanoines de la collégiale, aidés des RR. PP. capucins, s'employèrent au service religieux.

La magistrature s'enquit des faits qui attiraient un si grand concours de malades à la Roche. « Un contrôle juridique de tous les cas advenus fut consigné au greffe de la cour, qui siégeait au palais de l'Ile, à Annecy. Ce document fut porté, avec ceux de la Chambre des comptes, à Turin, en 1772, et c'est du sommaire déposé aux archives d'État que nous avons tiré la liste des faits miraculeux énumérés plus haut (1) ».

Le jour de la Visitation de Notre-Dame on célébrait à la chapelle une messe de fondation et la paroisse de la Roche s'y rendait en procession, suivie par un grand nombre de fidèles accourus des paroisses voisines.

Des fondations généreuses donnèrent comme seconds patrons au pèlerinage, sainte Anne, au 26 juillet, et saint Grat, évêque d'Aoste, au 9 septembre.

André Foraz, Chablaisien, fut un des miraculés du XVIII\u2009e siècle. On lui permit de bâtir une cellule attenante à la chapelle, et il passa le reste de ses jours à la parer et à servir les pèlerins, qu'il édifiait par sa vie exemplaire.

L'évêque de Genève Charles-Auguste de Sales, neveu et successeur de saint François, composa un poème latin sur les vertus de la Bénite-Fontaine.

---

(1) *La Bénite-Fontaine, près de la Roche* (1884).

La tourmente révolutionnaire de 1793 renversa les murs de la chapelle. L'autel allait être brisé, quand des hommes dévoués de Saint-Sixte vinrent, la nuit, l'enlever pour le cacher dans le cimetière de leur paroisse. Les impies n'osèrent toucher à l'image vénérée par le peuple, et pendant des années on vit l'antique statue du XVe siècle, au milieu des ruines de sa chapelle, bénissant encore les pèlerins qui venaient la prier.

Il y avait à la Roche, en 1834, un de ces pauvres aimés de Dieu qui sont la bénédiction d'un pays. Il s'appelait François Thabuis. Les bons Savoyards ajoutaient à son nom cette épithète empreinte d'une pitié chrétienne : l'innocent.

Ce pauvre au grand cœur se lamentait sur l'abandon où se trouvaient la source et la statue de la sainte Vierge. La mère des déshérités agréa son amour et le choisit pour son mendiant, le restaurateur de son œuvre.

François Thabuis, inspiré et soutenu par Marie, se mit au travail. Chaque matin, après avoir entendu la messe, il descendait dans le ravin et se livrait jusqu'au soir aux plus durs labeurs, mangeant du pain sec et s'abreuvant à l'eau limpide de sa chère Notre Dame.

C'est ainsi qu'il construisit un modeste oratoire où la statue fut placée. Il mendiait pour l'embellir, fier et joyeux de cet honneur. Les pèlerins ne se faisaient pas prier pour lui remettre leur obole, quelquefois des honoraires de messes, que l'innocent s'empressait de porter au curé de la paroisse.

François Thabuis refit des canaux afin de conserver l'eau précieuse, et creusa des sentiers pour faciliter le passage des processions. Quand mourut cet heureux mendiant, en 1859, dans sa 86ᵉ année, le pèlerinage était à jamais acquis à la gloire de la très sainte Vierge.

L'innocent, sans doute puissant au ciel, stimula la ferveur de ses compatriotes : car les habitants de la Roche tinrent à honneur d'achever l'œuvre de François Thabuis, et l'on décida d'élever une chapelle assez vaste, qui dominerait la source et la ville, où les pèlerins pourraient entendre la messe avant de descendre à la Bénite-Fontaine.

On choisit un monticule rocailleux, qui présentait, avec une position admirable, de grandes difficultés matérielles.

Mais il sera éternellement vrai que tout est possible aux cœurs qui aiment. Tout le monde contribua à la construction du sanctuaire : bourgeois, ouvriers, propriétaires et fermiers ; les uns par les dons, les autres par le travail. Ce fut comme un renouveau de pieux zèle digne du passé de la Savoie.

Les prêtres nés à la Roche firent don d'un magnifique autel. Le sculpteur a ingénieusement représenté Marie entourée des emblèmes des différents âges de la vie. Cette ravissante image semble dire : « Approchez, enfants, vieillards, infirmes et désolés : je suis la Mère céleste ; j'étends sur tous mon bras et mon amour ».

Les vitraux rappellent les figures aimées et vénérées de saint Joseph, de sainte Anne et saint Joachim, de saint François de Sales, de Saint Vincent de Paul, de saint François d'Assise, du bienheureux de la Salle. Tous ces saints, chers à l'Église, forment comme une cour d'honneur à la statue de l'immaculée Mère de Dieu.

Devant la chapelle on a ménagé une terrasse entourée d'une balustrade de fer. Nous allons raconter, d'après une excellente notice (1), à quelle occasion elle fut placée.

Une famille de la Roche était plongée dans une grande douleur : leur enfant de trois ans allait mourir. Le père et la mère, agenouillés près de son berceau épiaient ses derniers souffles. La mère sortit tout à coup de son accablement et dit à son mari : « Il y a trois semaines notre enfant faillit être précipitée du haut de la terrasse. Promettons à la sainte Vierge d'y faire placer une balustrade si elle nous rend notre fille : car elle seule peut l'arracher à la mort ».

Le miracle demandé d'un cœur si confiant ne se fit pas attendre : la petite mourante s'endormit d'un paisible sommeil. Le lendemain, elle s'amusait dans la chambre témoin de son agonie.

A la Roche et dans tous les pays environnants, les mères ont la pieuse habitude de consacrer leurs enfants à Notre-Dame de la Bénite-Fontaine. La bénite eau est le remède unique et presque toujours souverain avec lequel on soigne les nombreuses maladies du jeune âge. Elle fortifie les yeux affaiblis ; beaucoup d'infirmes y trouvent la guérison. L'eau limpide ne cesse de remplir les deux bassins de pierre où l'on va puiser, non seulement la santé, mais les grâces du salut. Marie n'est-elle pas une fontaine vive de grâces et d'espérance ?

____

(1) *La Bénite-Fontaine de la Roche en Faucigny*, 1874.

Nos souvenirs personnels ont gardé l'impression rafraîchissante que l'on ressent dans ce solitaire vallon embaumé des suaves souvenirs de saint François de Sales, et de la douceur de cette eau qui réconforte les corps et les âmes. Nous souhaitons à nos lecteurs d'en faire un jour l'expérience.

C'était le soir du 27 juin 1862, date mémorable dont les habitants de la Roche gardent pieusement le souvenir. La chapelle terminée s'était ouverte devant un imposant cortège de huit mille pèlerins. Dans toutes les rues de la ville on ne voyait que guirlandes de fleurs, draperies élégantes, arcs-de-triomphe lançant vers le ciel de légères banderoles aux couleurs de Marie.

Le clergé savoyard, si édifiant et si dévot à la sainte Vierge, avait accompagné du centre de la ville au plateau la nouvelle statue en bronze doré, que cent jeunes gens s'étaient fait un honneur de porter tour à tour. Lorsque, après la bénédiction solennelle, l'image de la Mère de Dieu fut placée au sommet du clocher et qu'elle parut régner sur toute la contrée, le cri de Vive Marie ! s'était échappé de tous les cœurs avec un indicible enthousiasme.

Une pauvre femme de la campagne était arrivée au point du jour à la Roche. Elle avait marché toute la nuit, son petit enfant infirme sur les bras, et s'était cachée dans le ravin, ne voulant pas montrer sa mauvaise robe et son triste visage à la foule joyeuse, en habits de fête.

La cérémonie terminée, libre enfin d'accomplir son pèlerinage solitaire, elle reprit son cher fardeau en se disant : « Allons boire à la *bénit aiguia* ».

Devant l'antique statue de Marie elle éleva ses bras suppliants, baisa la terre, priant tout haut Notre Dame, avec cet accent de foi des bons paysans savoyards, de lui accorder la guérison de son enfant :

« Vous qui êtes la bénie sainte Vierge, la Mère du béni bon Dieu, disait-elle, vous devez secourir les pauvres gens, surtout les mères. Vous ne pouvez dire que vous n'avez pas le pouvoir de guérir ce pauvret dont les membres sont sans mouvement depuis sa naissance : vous avez fait bien des fois ce beau miracle. Vous ne pouvez pas dire que vous ne comprenez point ma peine : vous avez tenu dans vos bras votre béni Jésus crucifié, descendu de la croix, couvert de plaies, pitoyable... Vous allez voir comme il est maigre et infirme, le petit être que votre Fils m'a envoyé, et vous aurez compassion de sa mère ».

Et la paysanne, croyant donner plus de force à sa prière, enlève les langes qui enveloppaient le corps rachitique de son enfant. Elle l'élève dans ses bras devant la statue de celle qui est le salut des infirmes. Elle prend à témoin de son malheur sainte Anne, sa patronne ; saint Joseph, le patron du pauvre petit ; puis elle tire de sa poche une tasse en bois, la remplit de l'eau précieuse, et lave les membres du malade, qui paraît en éprouver un doux bien-être et s'endort.

Sa mère le couche sur l'herbe et récite son chapelet à ses côtés.

A la nuit, le petit Joseph dormait toujours. Ses traits étaient reposés ; ses lèvres pâles souriaient. Peut-être son âme pure voyait-elle la divine Marie bénissant son corps infirme et lui rendant la santé.

La pieuse paysanne le prit dans ses bras et monta le sentier étroit et sinueux creusé dans le roc. La foi, qui n'abandonne jamais les enfants de la catholique Savoie, avait fait naître l'espérance en son cœur et dissipé toute fatigue.

Un instant elle s'arrêta brusquement ; un frisson de joie faisait trembler ses membres : elle avait cru sentir remuer les pieds inertes de l'enfant.

Ce fut en courant qu'elle arriva sur le plateau qu'avait occupé la foule.

La chapelle grande ouverte, mais vide, avait retrouvé son silence recueilli. La fumée des cierges qu'on venait d'éteindre, montait en vaporeuses spirales des deux côtés du tabernacle. Les guirlandes de fleurs, les branches de verdure apportées par les pèlerins traînaient languissamment sur les marches des autels.

La paysanne s'avança à petits pas, cherchant à assourdir le bruit de ses souliers ferrés. Cette chapelle neuve, éclatante de blancheur céleste, dans ce désordre mélancolique des fêtes qui viennent de finir, excitait son admiration et la rendait timide.

Il faisait bon prier dans cette tiédeur de l'encens qui remplissait ce lieu consacré, où tant de fidèles avaient laissé quelque chose de leur âme !

Le vent du soir, très vif, avait pénétré en même temps que la paysanne dans le petit temple. Les roses effeuillées, semées à profusion sur les dalles, se soulevèrent en tourbillons gracieux, montant jusqu'à la voûte ; et comme la porte se refermait, elles retombèrent mollement, se collant aux fronts austères des saints, sur les mains et les pieds de la Vierge Marie.

La coiffure de l'humble femme reçut quelques pétales roses. Cela lui sembla d'un bon augure. Le visage de son cher petit était comme inondé de cette

pluie odorante et bénie. Il fermait les yeux en souriant, secouait sa tête dolente ; mais les feuilles res-
taient attachées à sa peau humide.

« Laisse-les, lui disait sa mère. Ça, qui te gêne,
c'est un présent de la bonne Dame, de la bénie sainte
Vierge qui veut te guérir ».

Elle fit le signe de la croix, se mit à genoux et y
resta longtemps, le regard fixé sur les nombreux ex-
voto appendus aux murs dans un demi-jour mystique.

Quel appel la pieuse mère fit-elle entendre au cœur
si compatissant de Marie ? Sans doute une de ces
prières toutes puissantes dans leur simplicité et qui
étonnent l'âme même qui les produit.

En sortant de la chapelle, elle s'arrêta devant la
nouvelle statue qui, sous les rayons de la lune, semblait se détacher de son piédestal et flotter dans l'air
limpide.

« Je vais vous réciter encore trois fois la prière
que vous aimez, dit-elle naïvement, et après vous
guérirez mon petit malheureux ».

Elle s'arrêta au milieu du troisième *Ave*.

« O mon béni bon Dieu ! » cria-t-elle, « ma bénie
sainte Vierge, merci ! merci ! »

L'enfant, qu'elle avait posé à terre, agitait ses mains
au-dessus de sa tête comme pour rendre grâce à sa
libératrice, ses pieds battaient le sol avec impatience.

La foi de sa mère l'avait sauvé.

NOTRE-DAME DE LOURDES

Apparition. — Couronnement. — Une guérison.

Aux portes de la riante petite ville de Lourdes, au pied de la majestueuse chaîne des Pyrénées, dans la solitude des grottes de Massabielle, devant lesquelles le Gave roule ses eaux, une grande nouvelle retentissait il y a trente-quatre ans. Elle apportait la joie aux âmes de bonne volonté et jetait la terreur dans le camp des impies. La Mère de Dieu daignait descendre sur le roc abrupt et s'entretenir avec une jeune fille de quatorze ans, ignorante et maladive, l'aînée des quatre enfants d'un pauvre meunier.

Le 11 février 1858, à l'angélus de midi, Bernadette Soubirous était occupée avec deux de ses compagnes à ramasser du bois mort non loin de la grotte. Un souffle violent passe tout à coup sur la prairie. « C'est le vent qui annonce l'orage », se dit la petite paysanne.

Elle regarde les peupliers qui bordent le Gave, s'attendant à voir leurs légères feuilles s'agiter dans ce tremblement rapide et cadencé qui produit une si douce musique ; mais ils sont immobiles, et le roulement lointain se fait entendre de nouveau.

Bernadette lève les yeux pour interroger les nuages. En face d'elle, dans une niche de six pieds formée par l'excavation du roc, elle voit apparaître une dame d'une beauté incomparable. Son vêtement est de neige, sa ceinture est d'azur. Un voile blanc, léger comme une vapeur matinale, l'enveloppe ; un chapelet à chaîne d'or glisse entre ses mains croisées.

Bernadette est saisie d'un sentiment de respect et d'admiration. Elle se met à genoux, et, pour plaire à la belle Dame, elle sort de sa poche son petit chapelet, qui ne la quitte jamais. L'apparition fait le signe de la croix ; l'enfant cherche à l'imiter. Au dernier *Gloria* la Reine des anges disparaît.

Le dimanche suivant, dans l'après-midi, Bernadette et ses compagnes, munies d'eau bénite pour conjurer le mauvais esprit, arrivent à la grotte. Elles se mettent à genoux et récitent leur chapelet. Tout à coup le visage de Bernadette reçoit comme un reflet céleste, et l'apparition se montre debout, comme la première fois, les pieds posés sur le roc, où serpente une branche d'églantier. « Regardez, la voilà » ! dit l'enfant à ses compagnes, qui cherchent en vain à voir l'invisible Dame.

Bernadette se souvient qu'on l'a mise en garde contre les illusions de l'esprit malin. Elle se lève et jette de l'eau bénite aussi haut qu'elle peut, pour atteindre l'apparition.

« Si vous venez de la part de Dieu, approchez », dit-elle.

La douce vision s'incline plusieurs fois, sourit et s'avance sur le rebord du rocher.

En sa présence Bernadette récite encore son chapelet, le cœur inondé d'un bonheur qu'elle ne peut exprimer. A la fin de cette précieuse couronne de louange, l'apparition disparaît.

Le jeudi après les Cendres, l'heureuse voyante accourt à la grotte, accompagnée d'une dame de Lourdes et d'une jeune fille de la congrégation des Enfants de Marie.

Elle s'agenouille et récite son chapelet, les yeux levés vers la niche. L'apparition se montre et lui fait signe de s'approcher.

La Vierge Marie l'a préparée par la prière à ses divins entretiens. Elle a conquis le cœur de sa fille de prédilection par un charme tout céleste. Bernadette lui appartient. Pour la voir, elle braverait les plus grands dangers. L'enfant de la terre comprendra la Reine du ciel et lui obéira.

« Madame », dit-elle, « si vous avez quelque chose à me communiquer, voudriez-vous avoir la bonté d'écrire qui vous êtes et ce que vous désirez » ?

Et, dans sa naïveté, elle présente à l'apparition une plume et de l'encre.

La Vierge divine sourit. « Ce que j'ai à vous dire », répondit-elle, « je n'ai pas besoin de l'écrire. Promettez-moi seulement de venir ici pendant quinze jours de suite ».

— « Je vous le promets », dit l'enfant, transportée de joie par l'harmonie de cette voix céleste.

— « Et moi », ajouta la Mère de grâce, « je vous promets de vous rendre heureuse, non point dans ce monde, mais dans l'autre ».

L'apparition répondit au désir des compagnes de Bernadette en disant : « Elles peuvent revenir avec vous, elles, et d'autres encore. Je désire y voir du monde ».

La Mère incomparable disparut, laissant après elle un rayon lumineux.

Bernadette avait pris la pieuse habitude de tenir à la main un cierge allumé en présence de l'apparition. Ses tantes et une dame de la ville avaient été heureuses de lui prêter ceux qu'elles possédaient. Un jour, à la fin de l'extase, Bernadette obtint de sa jeune tante la permission de laisser son cierge brûler aux pieds de la Dame, qui le lui avait demandé.

Le premier dimanche de Carême, plusieurs milliers de personnes se portèrent devant la grotte. Bernadette priait dans cet état où l'extase immobilise le corps et immatérialise les traits. L'âme seule perçoit les sons qui viennent du ciel ; elle s'élève, grandit, s'épure en se rapprochant de Dieu.

C'est l'épanouissement des facultés divines, la vraie vie, celle qui nous attend après l'épreuve d'ici-bas.

Le regard de la très sainte Vierge semble parcourir la terre. Il est chargé de tristesse. Il a sondé, hélas ! un océan de misères et d'iniquités. Il se repose ensuite, avec une douce complaisance, sur la candide enfant qui prie à ses pieds.

« Qu'avez-vous ? que faut-il faire ? », dit faiblement Bernadette, frappée par la tristesse qui se lisait encore sur les traits de l'auguste Dame.

—« Vous prierez Dieu pour les pécheurs », répondit la Mère de toute bonté ; « vous baiserez la terre pour la conversion des pécheurs ».

Deux larmes roulèrent sur les joues de la voyante. L'apparition lui fit signe de s'avancer à genoux. A mesure que l'enfant baisait la terre, elle voyait reculer lentement la belle Dame, qui entra sous la voûte de la grotte, où Bernadette la suivit en multipliant ses baisers de pénitence.

Un jour la Vierge Marie l'appelle par son nom, et

l'harmonie de cette voix qui réjouit les cieux l'enlève de la terre.

— « Bernadette », disait-elle.

— « Me voici », répondit l'enfant.

— « J'ai à vous dire pour vous seule une chose secrète. Me promettez-vous de ne jamais la répéter à personne en ce monde? »

— « Je vous le promets ».

Après une confidence dont nul n'a pénétré le mystère, la sainte Vierge ajouta : « Allez, allez dire aux prêtres que l'on m'élève ici une chapelle ».

Monsieur le curé de Lourdes, à qui Bernadette rend compte de ses visions, lui ordonne de demander un signe à l'apparition, par exemple, de faire fleurir le rosier sauvage qui est sous ses pieds.

La sainte Vierge sourit et dit à sa voyante de prier pour les pécheurs, de monter à genoux jusqu'au fond de la grotte, et par trois fois elle crie :

« Pénitence ! pénitence ! pénitence ! »

Le jeudi 25 février, l'apparition confie un secret à Bernadette et lui enseigne une prière qu'elle ne pourra révéler à personne.

Après cette mystérieuse communication, elle lui dit : « Allez boire et vous laver à la fontaine, et manger de l'herbe qui a poussé à côté ».

Bernadette se dirigeait vers la rivière, ne voyant nulle autre part un filet d'eau.

« N'allez point là », reprit la vision : je n'ai point dit de boire au Gave ; allez à la fontaine, elle est ici ».

Et son doigt indiquait le côté droit de la grotte où déjà elle avait fait monter la jeune pénitente.

Bernadette se traîna sur ses genoux et ne vit point d'eau ; mais, toute confiante en la parole céleste, humble et obéissante, elle se baisse et gratte le sol de ses mains débiles.

La terre devint humide et l'eau se fit jour. Trois fois elle essaya de boire de cette eau mêlée de boue : elle n'eut pas le courage de l'avaler ; mais pour plaire à l'apparition, qui souriait de ses efforts, elle se lava et mangea quelques brins d'herbe du rocher.

Jour par jour, l'eau devint limpide, puis abondante et inépuisable.

Le jeudi 4 mars, plus de vingt mille personnes se trouvèrent rassemblées pour assister au quinzième et dernier pèlerinage de Bernadette.

L'apparition lui commanda, comme les jours précédents, d'aller boire et se laver à la fontaine et de manger de l'herbe du rocher. Elle lui ordonna de nouveau de dire aux prêtres qu'elle voulait une chapelle et des processions en ce lieu. Mais elle ne répondit pas à l'enfant qui la priait de lui dire son nom.

Le jour de l'Annonciation, la privilégiée de Marie fut pressée par une voix intérieure de se rendre à la grotte. Toute la ville l'y suivit. On remarquait dans la foule beaucoup de malades qui déjà avaient été guéris par l'eau de la source miraculeuse.

L'enfant tomba à genoux et l'élue de toute éternité apparut dans sa gloire.

« O Madame ! », supplia Bernadette, « veuillez avoir la bonté de me dire qui vous êtes et quel est votre nom ».

La céleste apparition sourit et ne répondit pas.

L'enfant reprit avec plus d'insistance :

« O Madame ! veuillez avoir la bonté de me dire qui vous êtes et quel est votre nom ».

A cette seconde prière, l'apparition devint toute brillante ; mais elle ne répondit pas.

Bernadette, sans se lasser, admirable modèle de confiance et de persévérance dans la prière, recommença pour la troisième fois son humble demande :

« O Madame ! veuillez avoir la bonté de me dire qui vous êtes et quel est votre nom ».

L'apparition était de plus en plus lumineuse ; ses pieds touchaient à peine le rocher. Elle ne répondit pas.

A une quatrième demande de son enfant bien-aimée, celle qui est la lampe radieuse de l'Église fit glisser sur son bras droit le chapelet à chaîne d'or et aux grains d'albâtre, ouvrit ses deux mains, les inclina vers la terre, comme pour inviter tous les hommes à participer aux grâces dont elle est la dépositaire ; puis, les élevant au ciel, elle les joignit avec ferveur, et jetant vers le royaume de Dieu un regard d'ineffable reconnaissance, elle dit :

« Je suis l'Immaculée Conception ».

La bienheureuse Vierge disparut. Elle ne devait plus se montrer à Bernadette que le lundi de Pâques et le 16 juillet de la même année.

L'œuvre de Dieu était accomplie. Une source de régénération et de guérison venait de jaillir, à la parole de la Reine du ciel, sous les doigts d'une pauvre fille du peuple. Bernadette obéira à la Vierge de Massabielle, malgré les persécutions qu'on lui fera subir, malgré les pièges qu'on tendra à son esprit simple et sincère. Elle dira aux prêtres qu'ils doivent lui bâtir une chapelle et qu'on y viendra en procession. Dix-huit ans après, ce n'est plus un modeste oratoire, mais une splendide basilique qui couronne la grotte de l'apparition.

Non, ce n'est plus la prière d'une enfant et de quelques pieuses femmes qui cherchent à recevoir un des rayons de la face de la Vierge immaculée, mais les pèlerins de tout l'univers catholique qui viennent célébrer les louanges de celle qui est au-dessus des louanges des anges et des saints ; ce sont tous les miraculés de Notre Dame qui réjouissent de leurs cris d'amour les vieux monts pyrénéens. Là se rencontrent dans un même sentiment de foi au surnaturel les rois et les peuples, les princes de l'Église et les princes de la terre.

Les 2 et 3 juillet 1876, une grande joie animait la ville de Lourdes et ses vallées. Deux cérémonies imposantes attiraient les multitudes de peuples : la consécration de la basilique et le couronnement de la statue de Notre-Dame de Lourdes.

Depuis minuit quarante-cinq prêtres célèbrent à la fois le saint sacrifice et distribuent la sainte communion à des milliers de fidèles.

Une voie triomphale est indiquée par des bannières et des oriflammes. On prie sans interruption. La nuit, les immenses processions aux flambeaux se déroulent à l'ombre du monumental édifice ; elles chantent les cantiques de la Vierge qui a réjoui les montagnes et les vallées.

Le Souverain Pontife, par ses délégués, va consacrer la basilique. La grande procession paraît dans toute sa magnificence pontificale.

Les chanoines étrangers, les chanoines de Tarbes, les prêtres, les archevêques et évêques consécrateurs, avec chape, crosse et mitre. Son Éminence le cardinal, avec ses ministres en dalmatiques blanches, suivi du candataire en surplis et de trois chapelains en habit noir et manteau.

Les prélats protonotaires apostoliques, camériers secrets et camériers d'honneur ; les camériers de cape et d'épée et les dignitaires des ordres pontificaux.

L'émotion fut grande quand les cinquante-six évêques formèrent dans le chœur un cercle majestueux et que les cinq pontifes consécrateurs de l'église firent les aspersions lustrales et l'onction sainte sur les murs de la basilique.

Après l'évangile, Mgr Mermillod, le prélat apôtre si justement regretté, apparaît dans la chaire. Il parle, et son discours va remuer le cœur de l'auditoire. Nous en extrayons une des pages les plus saisissantes :

« Cette basilique est la cité dont les portes s'ouvrent à la nation juste qui garde la vérité. Cette basilique affirme la Vierge immaculée ; et la Vierge immaculée est la mère, la gardienne et l'apôtre du Verbe fait chair, lumière des âmes et des nations.

« L'incrédulité a voulu chasser Dieu de l'ordre social, surtout en France. Dès ce moment, la France du Christ semble avoir perdu son âme, sa vie. Le berceau de la France est dans le surnaturel : c'est une apparition sur un champ de bataille ; et une bergère était là, proclamant que le Christ et sa mère se choisissaient un peuple prédestiné à de grandes choses.

« La France ne se conserve que par le surnaturel :

témoin Jeanne d'Arc. Le surnaturel apparaît encore, en nos jours, dans la résurrection de la France. Au moment où les contrées du Nord s'inclinent devant le pauvre pèlerin Labre et la modeste bergère de Nanterre, où les contrées du Midi saluent la bergère de Pibrac, les foules accourues de toutes les contrées de la France, conduites par une bergère au pied des Pyrénées, affirment, une fois de plus, que le surnaturel, que le Christ dans sa notion intégrale, est l'âme de la France. Dieu ne semble-t-il pas démontrer ainsi que vers ce peuple élu il s'incline par ses pauvres, pour baptiser les démocraties dans les saintes noblesses du christianisme ?

« La basilique de Lourdes est un monument dressé pour faire la preuve que le monde sera sauvé par le surnaturel de l'Évangile, pénétrant de ses doctrines les intelligences, et de son action toutes les forces vives de nos sociétés modernes ».

La parole sainte était entrecoupée par les harmonies de l'excellente musique de l'école d'artillerie de Tarbes. Notre armée, condamnée à être la grande muette, ne devait pas être « l'incroyante » : M. le général de Franchessin, accompagné de plusieurs officiers et suivi d'un grand nombre de soldats, venait rendre hommage à la Reine des armées chrétiennes.

Le soir, cinquante mille pèlerins allument leurs flambeaux; la procession se forme autour de la basilique, qui apparaît majestueuse au milieu d'un enroulement de flammes et des feux irisés de Bengale. Les couvents, les rues, les maisons de la ville, la vallée, étincellent, et, au milieu du recueillement profond, les voix humaines lancent au ciel le sublime *Ave Maria.*

Le lendemain, trois mille prêtres, trente évêques et archevêques et cent mille hommes étaient prêts pour la grande cérémonie du couronnement. Une foule immense couvrait la vallée du Gave, les montagnes, et jusqu'aux cimes des rochers.

La grand'messe pontificale est célébrée par le nonce apostolique, en présence du cardinal archevêque de Paris, d'évêques et de fidèles.

Après l'évangile, Mgr Pie, évêque de Poitiers, monte en chaire, et un solennel silence s'établit.

Pour exorde, l'évêque dit (1) « la grandeur de ce spetacle, la clameur immense, le dialogue sublime qui s'élevait en ces lieux, le Gave fuyant comme le Jourdain, les collines et les montagnes bondissant comme les agneaux et les béliers, la terre entière soulevée devant la face du Seigneur qui rayonnait à travers les traits de la Vierge immaculée, le rocher converti en fontaine ; la végétation des édifices sacrés et des maisons religieuses ; la germination des autels et des oratoires qui font de Lourdes une cité unique dans l'univers ».

Nos lecteurs ne se plaindront pas de la longueur de nos citations. Cette parole qui glorifiait Dieu si magnifiquement, ne retentira plus sur la terre.

L'orateur sacré « expose la théorie des révélations divines et l'applique à l'histoire de Notre-Dame de Lourdes.

« C'en est fait du surnaturel, ont dit les hommes du XIXe siècle. Eh bien ! voici que le surnaturel afflue ; voici qu'il déborde, voici qu'il suinte du sable et du

____

(1) Tiré des *Annales de N.-D. de Lourdes*.

rocher, voici qu'il jaillit de la source, voici qu'il dé-
roule en longs replis les vagues vivantes d'un fleuve
de prières, de chants et de lumières; voici qu'il s'a-
bat, qu'il se précipite sur les foules que personne ne
peut dénombrer et qui sont emportées par la force
supérieure d'un courant auquel rien ne résiste.

« O hommes de la libre pensée, vous n'avez voulu
en croire ni Moïse et les prophètes, ni le Christ et ses
apôtres, ni l'Église et ses jugements solennels. Eh
bien ! voici que, dans cette gorge de la montagne, dans
une anfractuosité longtemps inaccessible, Marie, la
Mère de Dieu apparaîtra et parlera à une humble fille
des champs ; la fille des champs racontera ce qu'elle
a vu, ce qu'elle a entendu. Ailleurs, ils étaient
deux ; elle sera seule à voir et à entendre. Elle n'aura
pour elle ni l'autorité de Moïse et des prophètes,
ni celle du Christ et de ses apôtres. L'Église même,
par son tribunal de première instance, par la sentence
du juge ordinaire, qui est l'évêque, se contentera de
délivrer un certificat de crédibilité, sans imposer à
personne une obligation doctrinale ou pratique :
pourvu qu'on demeure dans la limite du respect,
l'abstention est permise. Et dans ces conditions, la
croyance s'impose d'elle-même avec tant d'autorité
et d'efficacité, que le monde entier s'en émeut.

« C'est chose acquise que plus d'un philosophe
athée a retrouvé ici la croyance en Dieu. Pour ma
part, j'ai connu un homme du monde élevé à l'école
du matérialisme, un docteur médecin, qu'aucun ar-
gument n'avait pu ramener à Dieu durant les phases
de sa très longue maladie, et qui tout à coup, soumet-
tant à son diagnostic très exercé le cas pathologique
de Bernadette et tout l'ensemble des phénomènes de

Lourdes, s'était mis à réciter son *Credo*, son « Je crois en Dieu », qu'il avait désappris depuis cinquante ans, et n'a pas tardé à recevoir les sacrements de l'Église ».

La messe pontificale terminée, Son Excellence le nonce, délégué par le Saint-Père, bénit au nom de Sa Sainteté le diadème qui va orner le front de la Vierge immaculée. « Puis il gravit les degrés qui conduisent à la niche d'or où sourit, au-dessus de l'autel, une douce et pieuse image de Notre-Dame de Lourdes. Le pontife s'approche, ému, et dépose la couronne bénite sur le front de la Reine du ciel ».

Les applaudissements, les chants de triomphe et d'amour, les sons de la fanfare, se mêlent, pendant que les évêques viennent successivement offrir l'encens à la Vierge couronnée.

Le lendemain de la consécration de la basilique, une femme de Poitiers fut guérie pendant la messe célébrée à la grotte par Mgr le nonce. Madeleine Lancereau a 61 ans. Il y a 19 ans, étant en service à Poitiers, elle tomba dans une cave et se brisa l'os de la hanche gauche. Elle fut soignée dans deux établissements de charité par trois docteurs, qui reconnurent que leurs soins étaient impuissants à la guérir. Un quatrième docteur la traita à l'Hôtel-Dieu, et lui dit qu'elle ne serait jamais libre.

Madeleine n'avait rien à espérer des remèdes humains. L'os rompu n'était pas remis ; « il y avait un enfoncement à la place de l'avancement osseux de la

hanche. La jambe s'était raccourcie de dix centimètres, le pied était contourné en dedans », et la pauvre
infirme marchait très difficilement, car les genoux se
heurtaient l'un contre l'autre. Elle ne pouvait étendre
la jambe malade, et se traînait à l'aide d'un bâton et
d'une béquille.

Madeleine était pauvre. Elle avait grand'peine à
gagner le pain de chaque jour. Elle blanchissait les
·pauvres de la paroisse de Sainte-Radegonde. Tout le
quartier la voyait depuis dix-neuf ans infirme et ne
pouvant se tenir debout qu'appuyée sur sa béquille.

Madeleine fut prise d'un vif désir d'aller à Lourdes.
Elle se priva d'une partie du nécessaire, et enfin elle
put payer son billet de pèlerinage.

Elle partit le 2 juillet avec les pèlerins de Poitiers.
Arrivée à Lourdes, elle se traîna jusqu'au lieu du couronnement de la Vierge ; elle fit la sainte communion, et passa la nuit et la journée en prière dans la
grotte.

Elle désirait vivement prendre un bain dans la piscine. A sept heures du matin elle eut ce bonheur.
Elle resta dans l'eau sept à huit minutes et éprouva un
saisissement qu'elle crut provenir de la fraîcheur de
l'eau. Il lui sembla que son pied se redressait. Ayant
mis ses vêtements, elle se releva pour mettre ses souliers, et ressentit un frémissement extraordinaire depuis la hanche jusqu'à la jambe malade. Madeleine
comprit que la bonne Vierge Marie avait eu pitié
d'elle : Madeleine Lancereau était guérie, et criait cette
heureuse nouvelle à travers ses larmes.

L'évêque de Poitiers se préparait à dire la sainte
messe quand l'heureuse miraculée fut introduite dans

la grotte. « Monseigneur », dit un ecclésiastique, « voici une de vos diocésaines qui vient d'être guérie ».

Le prélat se tourna vers Madeleine, la reconnut et dit : « Il y a plus de quinze ans que je la vois marcher avec des béquilles. Ma fille, vous devez bien remercier la sainte Vierge ».

NOTRE-DAME DE BREBIÈRES

Combien de générations se sont agenouillées devant la statue de Notre-Dame de Brebières? L'histoire ne nous le dit pas. Nous laisserons donc parler la tradition. Elle rapporte une délicieuse légende, que l'on croirait empruntée aux récits du moyen âge.

Voici encore un enfant de la campagne et de douces brebis : le berger est appelé à entendre la voix de la Reine du ciel ; la brebis sera l'inconscient instrument de ses desseins.

O simplicité, aimable vertu que le monde ne connaît pas, tu es plus précieuse que tous les dons et toutes les richesses : tu attires sur la terre la femme entre toutes pure et bénie, Marie, la divine auxiliatrice des chrétiens !

Tout près d'Ancre, petite ville du diocèse d'Amiens, dans ce même endroit que l'on nomme encore aujourd'hui terre de Brebières, jadis un berger gardait son troupeau. Les moutons pâturaient partout où l'herbe tendre tentait leur appétit. Ils changeaient de place selon leurs besoins, et auraient tondu les champs voisins, si la houlette du berger et la voix menaçante des chiens ne les avaient tenus dans la stricte limite du respect des droits d'autrui et de l'obéissance.

Une seule brebis s'entêtait dans ses préférences : elle avait adopté une parcelle de terre, la traitait comme une place conquise et ne voulait point la quitter.

Le berger impatienté l'appelle ; les chiens la pressent, la poussent, aboient et grondent : elle reste paisiblement, la tête baissée sur la touffe d'herbe qui lui offrait sans doute une exquise pâture. Le berger, qui ne comprend rien à l'entêtement de sa brebis, l'éloigne avec colère et frappe de sa houlette l'herbe qui rend sa bête indocile.

Dans ce moment une voix sort de terre et lui dit : « Arrête, berger ! tu me blesses ». Il recule de frayeur et laisse tomber sa houlette. Quand il la ramasse, croyant avoir à combattre un ennemi caché, il s'aperçoit qu'elle est rouge de sang.

« D'où vient ce sang ? qu'y a-t-il là-dessous ? » se demande le berger en regardant la terre avec stupeur. Il se met à creuser doucement le sol que recouvrait l'herbe mystérieuse, et ne tarde pas à découvrir une statue de la Vierge mère, tenant son divin fils entre ses bras. C'est bien elle qui a parlé... Elle porte au front la blessure qu'il lui a faite.

Il court à la ville et raconte ce qu'il a vu et entendu. On l'entoure, on s'étonne, on rend grâce à Dieu.

Le clergé d'Ancre s'empresse d'aller contempler la miraculeuse image, et une foule enthousiaste le suit.

Les habitants d'un pays voisin se présentent en même temps avec leurs prêtres et lui disputent la possession du céleste trésor. Les pauvres sont timides. La paroisse d'Ancre, ruinée par de récentes calamités, abandonne ses droits à la paroisse sa rivale. Celle-ci se hâte d'atteler deux vigoureux chevaux à un char et d'y mettre la statue, pensant l'emmener en triomphe et en retirer beaucoup d'honneur.

Mais la Mère de Dieu est l'appui des faibles. Elle va prouver une fois de plus qu'elle se plaît au milieu des humbles et des souffrants. Les chevaux restent cloués au sol, et les efforts des hommes ne parviennent pas à mettre en mouvement le char qui porte son image.

Les bourgeois d'Ancre ne possèdent qu'un maigre cheval ; ils l'attellent au char, et aussitôt le véhicule roule sur la route qui conduit à la ville et ne s'arrête qu'à la porte de l'église. La statue fut placée sur un autel provisoire, au milieu des cris de joie de la paroisse privilégiée.

Les bourgeois d'Ancre et le clergé rivalisèrent de zèle et de dévouement pour la Vierge miraculeuse. Ils inspirèrent leur dévotion aux populations voisines, et l'heureuse nouvelle, passant de bouche en bouche, se répandit promptement dans les provinces du Nord.

On venait de très loin vénérer la sainte image, ce don céleste que Dieu avait fait aux pauvres gens. Notre Dame, sur un trône modeste, voyait à ses pieds une garde d'honneur empressée à lui rendre de fervents hommages. On ne la quittait que pour aller prier sur le sol béni par sa présence.

On peut croire que Marie guidait ses serviteurs vers la place qu'elle voulait occuper : car on apprit bientôt que des infirmes avaient été tout à coup guéris à Brebières.

La divine Bergère des âmes avait parlé : il n'y avait plus qu'à obéir. Les riches présents des pèlerins s'ajoutèrent aux humbles offrandes du peuple, et celle qu'on nommait Notre-Dame des Champs ne tarda pas à voir s'élever un sanctuaire à la place qu'elle s'était choisie.

Les bergers, tout fiers d'avoir été les premiers appelés à vénérer la sainte image, la prirent pour patronne, et chaque année, le 8 septembre, ils venaient à Brebières célébrer sa fête aux sons joyeux de leur musique champêtre.

Pour faciliter la dévotion des pèlerins, des religieux ou chanoines desservants de la paroisse d'Ancre construisirent à côté de la chapelle une maison qu'ils occupèrent pendant cinq siècles, en temps de paix.

On vit alors défiler aux pieds de la Vierge tout le cortège des misères humaines : les incurables, les infirmes, les épileptiques, les possédés, venaient implorer son secours, et souvent ils s'en retournaient guéris. La douce zélatrice des âmes consolait et fortifiait ceux à qui elle refusait, par un miséricordieux dessein, des grâces temporelles, et tout le monde se félicitait de posséder une si bonne Mère.

Quand la guerre de Cent ans entre la France et l'Angleterre livra le royaume aux factions rivales d'Armagnac et de Bourgogne, la Picardie se vit accablée par les plus terribles fléaux : l'incendie, le pillage, la dévastation. Le peuple, réduit à la misère, demeura fidèle à sa chère dévotion. Les populations, chrétiennes et fortes toujours, ne cessèrent de venir demander la paix à la compatissante Notre-Dame de Brebières. Quand les eaux ou les flammes menaçaient de détruire les cités, c'est vers elle que l'on tendait les bras, et souvent les cris de détresse se changèrent en actions de grâces.

A la fin du XVIe siècle et pendant une partie du XVIIe, la guerre civile et la guerre étrangère se disputèrent les lambeaux de la France. Les huguenots brûlaient les églises, pillaient les couvents, et menaçaient de détruire jusqu'aux derniers vestiges de la foi de nos pères.

Les catholiques ressentirent profondément cet outrage et se levèrent pour défendre leurs autels. La Picardie eut l'honneur d'être le bras armé de la Ligue, et le marquis d'Ancre, Jacques d'Humières, en fut le principal moteur.

Nobles et bourgeois, chevaliers et paysans marchèrent sous sa bannière contre leurs ennemis communs, et durent venir à Brebières afin de mettre leur entreprise sous la protection de la puissante Notre Dame. « C'était le temps où de grandes processions,
« dites processions blanches, s'en allaient par ban-
« des de deux mille, quatre mille et six mille pèle-
« rins, vénérer les principaux sanctuaires de Marie.
« Celui de Brebières fut pour les contrées voisines le
« centre d'un grand mouvement religieux. Les pèle-
« rins venaient rappeler à la sainte Vierge que la
« France l'avait toujours invoquée dans ses jours
« d'angoisse, et que le temps était venu de se montrer
« la vraie Reine de la France en lui conservant l'hé-
« ritage de la foi (1) ».

La paix de Vervins rendit à la Picardie le repos dont elle avait un pressant besoin, et pendant trente-cinq ans ses pieuses populations purent continuer leurs pèlerinages.

En 1653, la guerre éclata entre l'Espagne et la France, et vint de nouveau compromettre la sécurité et l'existence du peuple. La ville d'Albert, voisine

---

(1) Tiré de l'excellente *Notice sur Notre-Dame de Brebières.* Abbeville. C. Paillart, éditeur.

d'Ancre, fut incendiée, et les religieux de Notre-Dame, privés de ressources, se virent forcés d'abandonner le service de la chapelle au clergé paroissial.

Dans les mauvais jours, Marie se montrait attentive aux besoins de ses enfants. Si les populations, oublieuses dans les années de prospérité, négligeaient sa chapelle, la source des bienfaits semblait tarir ; mais dès que le malheur les ramenait à ses pieds, la bonne Notre-Dame de Brebières ravivait leur confiance et leur amour par d'éclatantes preuves de sa puissance et de sa bonté.

A la date de 1714, on lit dans les registres de la confrérie de Brebières le récit de la guérison miraculeuse du syndic de Bauzincourt, village distant d'une lieue d'Albert.

Jean Pélé était affligé d'un mal de jambe qui ne lui permettait plus de se mouvoir sans le secours de deux béquilles. Le 2 mars, il se fait conduire en voiture au sanctuaire de Brebières. Là il prie avec ferveur et confiance ; il entend la messe et reçoit la sainte communion. La grâce qu'il sollicite va lui être accordée : il le sent, il guérira. Il part ; mais, en arrivant à Bauzincourt, la force lui est subitement rendue, et il revient suspendre en ex-voto ses béquilles dans la célèbre chapelle.

Les religieux n'étaient plus là pour défendre le sanctuaire du zèle indiscret et même de la licence des jeunes pèlerins. Mgr Sabatier, évêque d'Amiens, décida que la statue miraculeuse serait transférée dans l'église d'Albert ; ce qui eut lieu, le 2 mai 1727, en présence d'un nombreux clergé et d'un grand concours de pèlerins.

La terrible révolution de 93 n'épargna pas le pays

de Notre Dame. Les agents du pouvoir sanguinaire s'abattirent sur la contrée, firent fondre les cloches des églises, enlevèrent les statues, et se promirent de délivrer le peuple de sa superstitieuse dévotion à la Vierge de Brebières. Un négociant, premier agent de la commune, connut les projets du parti jacobin ; aidé de deux ecclésiastiques, il enleva la nuit la vénérable image, qui fut mise dans un tonneau et cachée dans une fosse, au fond d'un magasin d'épicerie (1).

Quand la paix rendit la liberté du culte à la France, l'image de Marie fut replacée dans l'église. Les fidèles revirent avec bonheur la statue vénérée par leurs aïeux, et Marie répandit de nouvelles faveurs sur ce peuple qu'elle aimait.

Pour l'édification de nos lecteurs, nous citerons quelques-uns des nombreux prodiges opérés par Notre-Dame de Brebières.

Il y avait à Corbie un homme très éprouvé, qui se nommait Robert Boellet. Il était pauvre, déjà vieux, et seul il avait la charge de pourvoir aux besoins de sa famille. Sa femme était infirme et incapable de donner ses soins au ménage. Sa fille, âgée de quatorze ans, était d'une taille si menue, si petite, qu'elle ne pouvait en quoi que ce soit venir en aide à ses parents.

Pauvre Colette ! quand les larmes montaient à ses yeux, c'était sur leurs souffrances qu'elle pleurait. C'est pour eux qu'elle aurait voulu grandir : car, dans sa parfaite humilité, elle trouvait une joie profonde à se sentir un objet de pitié.

____

(1) *Notice sur N.-D. de Brebières.*

Les paysans plaignaient tout haut ses parents, et demandaient à Dieu de les préserver du malheur de mettre au monde une aussi chétive enfant.

Colette était un trésor de vertu depuis son enfance, une petite sainte. Si sa taille et sa faiblessse lui attiraient le mépris des hommes, ses prières faisaient descendre les bénédictions du Ciel sur sa maison et son pays. Elle avait reçu de Dieu des grâces de choix, un appel à la perfection, et son âme généreuse y avait admirablement correspondu.

Un jour, Robert Boellet, se sentant plus accablé par le fardeau de la souffrance et du travail, se prit à dire en s'adressant à sa fille : « Que je suis malheureux ! Que ferai-je de toi ? Tu ne pourras jamais nous être d'aucun secours ».

Ces reproches frappèrent au cœur Colette. Elle supplia Dieu de lui venir en aide dans sa grande affliction, et demanda à ses parents la permission de faire un pèlerinage dans un sanctuaire consacré à la sainte Vierge. C'est vers la chapelle de Notre-Dame de Brebières que, selon la tradition, elle porta ses pas.

Avec quelle tendre ferveur elle pria, la petite sainte, devant l'image de sa mère céleste ! Ses yeux pleins de larmes se fixèrent sur l'Enfant Jésus que la Vierge portait entre ses bras, et dans son chagrin elle lui dit : « Sire, vous plaît-il que je demeure ainsi petite ! Et incontinent, l'oraison terminée, elle trouva qu'elle était accrue, et qu'elle était plus grande au retourner qu'elle n'avait été au venir ».

Dès ce moment le corps suivit les progrès de l'âme et du génie qui firent de sainte Colette la grande réformatrice des trois ordres de Saint-François.

Les registres de la confrérie de Brebières relatent un certain nombre de guérisons. Nous en choisissons deux qui nous ont paru particulièrement intéressantes (1).

Une femme nommée Madeleine Roussel souffrait depuis trente-cinq ans d'un mal affreux qui avait flétri sa jeunesse. Elle était un objet de répulsion pour tout le monde. Son curé lui suggéra un jour de recourir à la sainte Vierge, et lui conseilla avant tout de recevoir les sacrements.

La pauvre affligée entra dans les sentiments qui attirent les grâces de Dieu et partit pour Albert, accompagnée d'une femme qui devait la secourir en cas d'accident.

Arrivée à l'église, elle entend la messe, reçoit la sainte communion avec amour, et, toute purifiée par la divine présence de Jésus dans son cœur, elle va se présenter à la Trésorière des grâces.

Au milieu de sa prière, elle est saisie d'une langueur mortelle ; une sueur froide mouille ses membres ; elle sent la vie lui échapper, et essaye un acte de contrition. Tout à coup un bien-être inexprimable succède à ces symptômes douloureux ; elle respire facilement, et dit à sa compagne : « Dieu m'a fait grâce : je suis guérie ».

La guérison était complète. Madeleine Roussel n'avait plus qu'à bénir sa bonne Mère et à publier son insigne bienfait.

Dans le même moment et le même pays, une jeune malade venait de recevoir les derniers sacrements.

____

(1) Tiré de la *Notice sur N.-D. de Brébières.*

Madeleine Roussel, rentrée dans son village, s'empresse d'aller raconter sa guérison à la mourante, qui se nommait aussi Roussel. Madeleine excita si bien sa confiance, qu'elle fit vœu de se faire conduire à Albert dès qu'elle le pourrait. « Tu veux donc, ma pauvre Marguerite, lui disait ses parents, que nous ne ramenions ici que ton cadavre ? »

Devant la résolution inébranlable de leur enfant, ils cédèrent. On porta la malade devant l'autel de Notre-Dame. Elle pria longtemps sans se lasser, sans ressentir la moindre fatigue. Au bout de trois heures, elle s'agenouille aux pieds de la Vierge Marie, elle verse des larmes ; elle implore, elle veut un miracle.

Notre-Dame va récompenser sa foi et son amour : la vie circule dans ce corps épuisé ; la jeunesse, la force vont lui être rendues.

« Je suis mieux, dit la malade à sa sœur: conduis-moi au tronc de Notre-Dame de Brebières ». Elle dépose son offrande, et, n'ayant plus besoin d'autre appui que d'un bâton, elle sort de l'église... A l'instant elle est guérie.

La statue miraculeuse est sculptée dans une pierre jaune et très dure. Elle est peinte. Une brebis taillée dans le bloc rappelle la poétique légende. La Vierge porte sur son bras gauche son enfant. Sa main droite tient un sceptre, qui fut brisé on ne sait à quelle époque, et qu'on a remplacé par une tige de bois doré. Son vêtement, qui ne laisse voir que sa tête et celle de son divin enfant, est couvert d'ex-voto en or et en vermeil.

Il est doux de s'agenouiller devant cette vénérable image qui a reçu les hommages de sainte Colette, de saint Vincent de Paul et de l'admirable pauvre de Jésus Christ, saint Benoît Joseph Labre. Bientôt elle habitera sa magnifique basilique, chef-d'œuvre d'art, monument de l'amour filial d'un peuple envers qui elle a été prodigue de bienfaits. Ainsi se perpétuera la gloire de Notre-Dame de Brebières.

NOTRE-DAME DES ARDENTS

La manne. — Le saint Cierge.

Selon les historiographes sérieux, la Mère de Dieu fut connue et honorée dans la ville d'Arras dès les premiers âges chrétiens.

Saint Syagrius, disciple de Saint Denys l'Aréopagite, aurait été envoyé par le Saint-Siège dans la Gaule Belgique, et se serait arrêté à Arras pour faire connaître aux Atrébates la religion de Jésus Christ. Son maître, saint Denys, serait venu lui-même dans l'antique cité et aurait initié ce bon peuple au culte de l'admirable Mère, Vierge des vierges, qu'il avait été voir à Jérusalem et dont il parle avec tant de ferveur dans sa lettre à saint Paul.

Nous n'avons pour garant de cette opinion qu'une révélation : elle est de sainte Brigitte. L'illustre servante de Dieu séjourna à Arras auprès de son époux malade et eut une vision. Le grand apôtre de Paris lui apparut et lui dit: « Je suis Denys, qui suis venu de Rome dans ce pays-ci, prêchant le Verbe de Dieu ».

Un prodige éclatant, obtenu par l'intervention de Marie, va nous reporter aux temps les plus reculés.

En 371, la main de Dieu s'appesantit sur l'Atrébatie en punition de ses infidélités. Les peuples, qui avaient reçu la connaissance du vrai Dieu, entraînés par les promesses ou effrayés par les menaces du gouvernement de Julien l'Apostat, retournèrent aux pratiques et aux orgies du paganisme. Alors le Seigneur ferma les cieux et défendit aux nuages de laisser tomber une goutte de pluie, à la rosée de rafraîchir la terre et de fertiliser les campagnes.

La nature obéit à son Créateur. Les champs refusèrent à l'homme sa nourriture, et la famine s'étendit sur les peuples. Dans cette grande détresse, ils se souvinrent de la Vierge immaculée, et ils implorèrent son secours avec des larmes d'un sincère repentir. La Mère compatissante prit pitié d'eux et obtint du Ciel un remède à leurs maux.

D'après le rapport de saint Jérôme et de Paul Orose, Dieu fit tomber sur la contrée « une rosée grasse, une espèce de laine ou de ouate blanche, mêlée de pluie, qui resta sur la surface du sol et lui communiqua, avec une douce fraîcheur, une fertilité si grande que les campagnes, dès cette année-là, produisirent avec une abondance extraordinaire. Cette bénédiction est sans doute la source de la fertilité des plaines de l'Artois (1) ».

On donna le nom de manne à cet engrais miraculeux. Sur l'ordre de l'évêque de ce temps, les prêtres en ramassèrent une certaine quantité, que l'on renferma dans une riche châsse ou vaisseau artistement ciselé, pour l'exposer aux regards des chrétiens et leur rappeler sans cesse le souvenir du pardon de Dieu. On l'appelait « la Fierte de Marie » et « la Fierte des anges », parce que les fidèles croyaient que les an-

---

(1) Le P. Lhermite, *le Culte de la sainte Vierge à Arras.*

ges gardiens du pays avaient reçu la mission de préparer cette manne et de la répandre sur les champs desséchés de l'Artois.

On exposait jadis plusieurs fois dans l'année cette précieuse relique. Le peuple d'Arras et des pays voisins venait à la cathédrale à jeun pour honorer la sainte manne et gagner les indulgences accordées par le pape Clément VI, Pierre Roger, qui avait été évêque d'Arras. On l'exposait encore dans les temps d'affliction publique, de maladie et de sécheresse. Nous croyons que cet usage existe encore.

On sait que cette riche contrée fut ravagée par les Barbares, les Huns, les Vandales et les Normands. On fuyait d'épouvante à leur approche ; les fidèles se cachaient dans des retraites souterraines, emportant les objets de leur vénération. C'est ainsi que fut conservé le don céleste, la manne, au milieu des bouleversements du pays.

« Saint-Nicolas-en-Cité possède encore une châsse dite de la manne, dans laquelle se trouve un bon nombre de petits sachets de reliques extraits de l'ancienne châsse et contenant vraisemblablement quelque parcelle du gage précieux de la protection divine (1) ».

En 390, saint Diogène, Grec d'origine et envoyé par le pape saint Sirice dans la Gaule, reçut à Reims la consécration épiscopale de la main de saint Nicaise, et vint à Arras rétablir le culte de Jésus et de Marie. Il fit bâtir une église et la dédia à la très sainte Vierge. Quand les barbares se répandirent sur l'Artois comme un flot dévastateur, saint Diogène se réfugia dans le sanctuaire de Marie, et il fut tué au pied de

______

(1) *Le Culte de la Sainte-Vierge à Arras.*

l'autel, comme saint Nicaise l'avait été à Reims, en célébrant les saints mystères.

A la fin du Ve siècle, saint Vaast vint, par les ordres de saint Remi, à Arras, pour relever de ses ruines la religion chrétienne. L'église du martyr Diogène n'était qu'un monceau de décombres et de cendre, que les ronces couvraient déjà. Le prélat apôtre supplia Marie de l'aider dans son œuvre de relèvement spirituel, et la sainte Mère de Dieu vint à son aide. Comme il cherchait s'il ne trouverait pas quelques débris du culte chrétien, il vit un autel parfaitement conservé, et reconnut que c'était celui de Marie. Il comprit que le sanctuaire béni du siècle précédent s'élevait à cette place ; il excita la confiance des peuples en leur parlant de leur divine Mère, et bientôt, aidé par eux, il replaça sur l'autel l'image de Marie et lui éleva un temple magnifique. Cette précieuse image fut honorée depuis cette époque des titres les plus charmants : Notre-Dame de Primes, Notre-Dame de l'Aurore, Notre-Dame des Fleurs.

Saint Vaast dut sans doute à la très sainte Vierge le succès immense de sa mission dans cette partie de la Gaule Belgique. Il fut inhumé dans l'église qu'il lui avait fait élever, et « son corps y demeura jusqu'au jour où, sur les ordres du Ciel, il fut transféré dans une église que l'un de ses successeurs, saint Aubert, fit construire hors des murs, sur les bords de la petite rivière appelée le *Crinchon.*

D'anciens auteurs affirment que saint Vaast avait fait bâtir dans ce lieu une chapelle sous le vocable de Notre-Dame-en-Castel. Cette chapelle était déjà fort ancienne en 1280, d'après le récit de Féry de Locre (1) ;

____

(1) *Chronique de Belgique.*

on y vénérait une image de la sainte Vierge célèbre par ses miracles. En son nom seul les malades étaient guéris, les possédés étaient délivrés du démon, les muets parlaient, les aveugles ouvraient les yeux à la lumière.

En 1105, au commencement du XIIe siècle, la très sainte Vierge daigna faire un prodige ravissant en faveur de la cité d'Arras.

La fin du XIe siècle avait été marquée par des châtiments extraordinaires. Après un hiver d'une extrême rigueur, après des orages terribles, un fléau de Dieu, mille fois plus redoutable que tous ceux qui s'étaient abattus sur le monde, vint ravager successivement l'Italie, l'Allemagne, l'Angleterre et la France. Le peuple le nomma le *mal des Ardents* ; l'histoire l'appelle *feu infernal*. C'était en effet un feu mystérieux allumé par la justice divine. Une seule étincelle tombant sur un membre le brûlait jusqu'aux os ; il devenait noir et se détachait du corps (1).

L'apparition de Notre-Dame se place entre les deux dates que nous citons, au moment le plus critique pour nos plus belles provinces, en plein moyen âge.

A cette époque si calomniée par les ignorants et les auteurs de mauvaise foi, la langue romane s'était merveilleusement développée, grâce aux travaux des poètes que le Midi nommait *troubadours*, et les pays du Nord *trouvères*.

Les trouvères étaient des chercheurs infatigables,

______

(1) L'ordre de chevalerie de Saint-Antoine fut fondé en 1095, dans le Viennois, pour attirer le pardon de Dieu. A Paris, on bâtit l'église de Sainte-Geneviève des Ardents en souvenir de la délivrance de ses habitants.

des chroniqueurs et des poètes. Ce sont eux qui eurent l'honneur de fixer les origines de la langue d'oïl (1). Ils nous ont conservé le souvenir du vieux langage, des mœurs, des coutumes et des proverbes du moyen âge. Nous leur devons de ravissants poèmes, qui porteront à la postérité les noms des antiques et nobles familles qui les ont inspirés.

Quand ils allaient dans les tournois littéraires ou de châteaux en châteaux faire entendre leurs poésies, ils s'appelaient ménestrels ou jongleurs (2). Les trouvères étaient la tradition et l'histoire chantées de leur pays.

Au XII⁰ siècle, il existait dans les contrées septentrionales deux ménestrels qui jouissaient d'une certaine célébrité : l'un s'appelait Itier, et habitait Tirlemont en Brabant ; l'autre, Pierre Norman, et demeurait à Saint-Pol en Artois. Ces deux hommes, qui étaient animés d'un fervent amour pour la reine divine de la poésie, se haïssaient profondément. Dans les fêtes et les luttes poétiques, leur rivalité alimentait leur jalousie. Un jour, Norman, dans un accès de colère, tua le frère d'Itier. A partir de ce jour, les deux ménestrels ne cherchèrent qu'une occasion de satisfaire leur vengeance.

Les choses en étaient là, quand la Vierge Marie étendit sur eux sa main réconciliatrice. Dans la nuit du 24 au 25 mai de l'année 1105, Itier eut une merveilleuse vision. Une femme vêtue d'une blanche lumière lui apparut en songe et lui tint ce discours, dit la chronique : « Tu dors, tu dors ? Écoute ce que j'ai à te dire : lève-toi et pars pour la sainte Sion d'Ar-

____

(1) *Histoire du saint Cierge d'Arras*, par Louis Cavrois.
(2) Une rue d'Arras porte le nom de rue des Jongleurs.

ras, lieu sacré où tant de malades, au nombre de cent quarante, endurent de mortelles souffrances. Je te ferai savoir, en y arrivant, le lieu et le temps convenables pour que tu puisses parler au prêtre Lambert, qui gouverne cette Église, et lui raconter cette vision. Tu lui recommanderas de veiller, lui troisième, pendant la nuit de samedi à dimanche, et de visiter les malades qui se trouvent dans l'église. Au premier chant du coq, une femme vêtue comme je le suis maintenant descendra du haut du chœur de l'église, tenant en main un cierge qu'elle vous remettra. Après l'avoir reçu et allumé, vous en ferez dégoutter la cire dans des vases pleins d'eau, que vous donnerez à boire aux malades et que vous répandrez sur leurs plaies ; et ne doutez point que ceux qui recevront ce remède avec foi, seront rendus à la santé ; ceux au contraire qui n'y croiront pas, mourront de leur maladie. Vous vous associerez Norman, celui-là même à qui tu portes une haine mortelle, et qui se trouvera en ta présence samedi prochain ; et lorsque vous vous serez réconciliés ensemble, vous l'admettrez comme troisième compagnon » (1).

Pierre Norman eut dans la même nuit la même vision. De plus qu'à son rival il lui fut dit qu'il rencontrerait à Arras Itier, dont il avait tué le frère, et qu'il devait se réconcilier avec lui.

Le ménestrel fut aussi surpris que ravi de ce qu'il venait de voir et d'entendre. Il ne douta pas que cette incomparable dame ne fût la douce Mère de Dieu.

(1) Louis Cavrois, Voir le texte de la charte de 1133, dans le *Cartulaire de N.-D. des Ardents*.

Son cœur débordait de joie et d'amour ; sa charité s'enflammait du désir d'apporter la guérison à tant de pauvres malades et le repentir, l'horreur du crime qu'il avait commis lui faisait souhaiter une prompte réconciliation avec son ennemi. Malgré tous ces bons sentiments, la crainte d'être mal accueilli de l'évêque lui fit remettre son départ au lendemain.

Itier se tut aussi, dans la crainte d'une illusion. La nuit suivante, les deux ménestrels virent vers minuit la bienheureuse Vierge, qui les menaça du feu des ardents, s'ils ne se hâtaient d'exécuter ses ordres.

Ils n'avaient plus à douter et à résister à la voix qui les pressait : ils se mirent en route. Norman, qui habitait à quelques lieues d'Arras, y arriva le soir même, tandis qu'Itier dut passer la nuit à quelque milles de la ville.

Le samedi matin, Norman se rendit à la basilique de Notre-Dame, et, traversant la foule des malades en prière, il arriva auprès de l'évêque prosterné au pied de l'autel de Saint-Séverin.

« Que désirez-vous, mon frère ? » lui demanda l'évêque ?

Norman lui fit le récit sincère de sa vision.

« Mon frère, vous voulez me tromper », répondit le saint prélat en le regardant avec défiance.

Le ménestrel n'insista point, et se retira tout confus.

L'évêque quitte la cathédrale et va célébrer la messe dans la chapelle de l'évêché.

Itier, arrivé à Arras, se rend aussitôt au palais épiscopal, et, admis en présence du vénérable évêque, il lui expose le motif de son voyage.

« C'est un piège que vous me tendez ; vous vous

entendez avec un autre pour me tromper (1) », s'é-
crie-t-il.

Mais l'Esprit de Dieu se fit entendre au prélat. Il
envoya chercher Norman, qu'on trouva à genoux
dans un endroit retiré de la cathédrale. Quand les
deux ennemis sont en présence, il les adjure de dé-
poser toute inimitié, afin d'être préparés à l'œuvre divine dont ils sont chargés.

Les deux ménestrels se donnent le baiser de paix
et de réconciliation, et, sur le conseil de l'évêque, ils
se condamnent à ne prendre que du pain et de l'eau,
pour se préparer à recevoir la visite de la Mère de
Dieu.

Quand le soir fut arrivé, ils se rendirent à l'église
avec l'évêque Lambert, s'y renfermèrent, et se mirent
à prier avec un charitable désir de la vision promise.

Vers minuit, une douce et blanche lumière se répand dans le lieu saint, et du sommet de la voûte descend la Vierge bénie, vêtue d'une robe éblouissante.
Elle tient dans ses mains un cierge allumé, brillant
comme un soleil.

A cette vue, l'évêque, dans un pieux enthousiasme,
entonne le *Salve Regina,* et les trouvères achèvent
ce délicieux chant en s'accompagnant de leurs instruments de musique (2).

La Reine du ciel s'approche de l'évêque et de ses
deux compagnons, les ravissant de bonheur sans les
éblouir. *Approchez,* dit-elle aux ménestrels, *voici
un cierge qui sera désormais le gage spécial de ma
miséricorde et que je vous confie. Toute personne atteinte du mal qui s'appelle feu infernal, n'aura qu'à*

____

(1) Ce dialogue est rapporté en entier dans la charte d'Alvise.
(2) *Le Culte de la sainte Vierge à Arras.*

faire distiller des gouttes de ce cierge dans l'eau ; elle en arrosera ses plaies, qui seront immédiatement guéries. Celui qui croira, sera sauvé ; mais celui qui ne croira pas, sera frappé de mort (1).

La Vierge disparaît, et les ménestrels contemplent avec une profonde vénération le cierge céleste que la Mère de Dieu a déposé entre leurs mains. L'évêque se hâte d'appeler des prêtres, qui font apporter dans l'église trois vases remplis d'eau ; et les ménestrels, avec une respectueuse reconnaissance, y font tomber quelques gouttes de la cire merveilleuse. Ils distribuent cette eau aux malades qui se trouvaient au nombre de cent quarante-quatre dans la cathédrale et les cloîtres. Ils burent avec foi et furent guéris. Un seul de ces malheureux parla avec mépris du saint remède, le prit avec répugnance, et il mourut dans d'effrayantes convulsions.

Le clergé et la foule transportés de joie se pressèrent dant la cathédrale pour admirer le don de la Vierge et en rendre grâce à Dieu.

Les ménestrels placèrent le saint cierge sur l'autel de Saint-Séverin, où Marie leur avait annoncé la bonne nouvelle, et l'on nomma cette chapelle Notre-Dame de l'Aurore.

Ce prodige arriva le matin du dimanche de la Pentecôte, le 28 mai 1105.

Un trouvère artésien l'a célébré dans son poétique langage :

> La douce Mère Dieu ama son de viele,
> A Arras la cité fist cortoisie bele :

---

(1) Charte d'Alvise. Rapporté par Louis Cavrois.

> Aux jougleors dona sainte digne chandele,
> Que n'oseroit porter le prieur de la cele (1).

« Le peuple nomma le saint cierge le *Joyel* ou joyau (*jocale*, bijou) en, souvenir des jongleurs (*joculatores*) qui l'avaient reçu ».

Les ménestrels emportèrent la relique céleste auprès de l'hôpital de Saint Jacques, où ils demeuraient, et la placèrent dans l'église Saint-Aubert. Mais les visiteurs devinrent très nombreux, et l'on transporta le *Joyel* dans la chapelle Saint-Nicolas, qui dépendait de l'hôpital placé sous son vocable, et qui fut établie par les ménestrels pour recevoir les malades atteints du feu infernal (2).

Il y avait assez loin d'Arras des centaines de misérables privés du remède divin. Les évêques, touchés de leurs maux et se pénétrant de l'esprit de la protectrice de leur ville, formèrent de nouveaux cierges avec les gouttes qui tombaient du *Joyel* quand on s'en était servi, et les offrirent à différentes églises.

L'évêque Lambert mourut en 1115 et fut remplacé par Robert, qui avait été témoin de l'événement du saint Cierge et qui fit placer sur la tombe de son prédécesseur une épitaphe dont on possède le texte, et qui témoigne de l'apparition de Notre-Dame des Ardents à Arras (3).

Avant de placer le saint Cierge dans un monu-

---

(1) Cela veut dire « couvent ». Extrait des dits des Trouvères, cité par L. Cavrois.

(2) *Histoire de Notre-Dame du Joyel,* par M. le chanoine Van Drival.

(3) *Histoire générale de la province d'Artois.* Cité par Louis Cavrois.

ment élevé pour lui, il fut revêtu d'une enveloppe ou custode d'argent niellé et vermeil, don de la comtesse Mahaut de Portugal, veuve de Philippe d'Alsace. Cet admirable étui, chargé d'arabesques en filigranes d'or, de feuilles ciselées en vermeil, de fleurs de lis en perles, et qui représentait la légende du *Joyel,* existe encore et date du commencement du XIIIe siècle. On le fit recouvrir d'un étui de cuivre, qui fut détruit pendant la Révolution.

La comtesse Mahaut fit ériger une chapelle surmontée d'une merveilleuse pyramide ou flèche pour le saint Cierge. Il y fut déposé en 1215 et y resta 576 ans. C'est là que les rois et les plus hauts personnages se firent un devoir de le visiter. Nous citerons Louis XI, en 1463 ; Louis XIV, en 1667. Les papes Gélase II, Clément VI, Sixte IV, Innocent VIII, Clément VIII, Paul V et Innocent X approuvèrent le culte de Notre-Dame des Ardents ou du *Joyel.*

Tous les évêques d'Arras ont donné à la sainte relique des marques de vénération.

Saint Bernard fut un des plus illustres visiteurs du saint Cierge, vers l'année 1130. L'illustre abbé de Clairvaux avait fondé deux monastères, l'un près de Cambrai, l'autre près de Saint-Omer. Il séjourna à Arras, et l'on croit qu'il demanda l'hospitalité à l'abbaye de Saint-Waast. Il témoigna à l'abbé le désir de contempler le *Joyel,* dont les prodiges étaient connus de la France entière (1). Celui-ci l'envoya chercher sans l'en prévenir, afin de lui causer une douce surprise. Dès que saint Bernard fut averti de l'approche du saint Cierge, il se leva et courut au devant du

_____

(1) Léry de Locre.

cortège qui apportait le joyau de Marie, et le rencontra sur le terrain du cimetière. A sa vue il fut ravi comme en extase et chanta admirablement les louanges de la Reine du ciel.

Pour perpétuer le souvenir de ce bonheur, il demanda qu'on élevât dans ce même lieu une croix de grès. Elle subsista jusqu'à l'année 1857. Comme elle tombait en ruine, un abbé de Saint-Waast la remplaça par une croix de bronze.

La conservation du saint Cierge est aussi miraculeuse que son origine. Une pyramide de pierre avait été construite, ainsi que nous l'avons dit plut haut, pour recevoir la sainte relique renfermée dans ses deux étuis. Dans les années 1562, 1600, 1623, 1660 et 1665, le Joyel augmenta de volume. Voici, d'après Bennebert (1), un rapport qui ne laisse subsister aucun doute à ce sujet :

« Le P. Constantin, qui l'a mesuré le 11 juin 1735, a compté, depuis la base de l'étui jusqu'à l'extrémité du cierge, 17 pouces de cire d'une couleur tirant sur le brun. Il n'a point de mèche ; avant d'y mettre le feu, on le nettoie un peu de sa fumée, on l'incline horizontalement, et on lui présente une bougie torse de trois petites, dont chacune, ayant cinq fils de coton, est couverte de cire, environ l'épaisseur d'une feuille de papier, c'est-à-dire autant qu'il en est besoin pour allumer le coton, de manière que l'on ne saurait distiller de la cire de cette bougie. Ce procédé est incapable d'augmenter le volume du cierge. Trois clefs différentes, confiées à des personnes de probité, ferment l'entrée de la pyramide où le cierge repose ; il

____

(1) *Histoire générale de la province d'Artois.*

serait impossible à l'une de l'ouvrir sans les deux autres. On éteint ce cierge en le fermant avec la partie supérieure de l'étui. La fumée qui en sort est d'une odeur si extraordinaire, qu'on ne peut la comparer à aucune autre. »

Une confrérie gardienne du Joyel avait été fondée par Itier et Norman dès l'année 1106, sous le patronage du roi de France Philippe Ier. Sa constitution primitive fut approuvée le 18 janvier 1119 par le pape Gélase II, qui se trouvait alors dans l'abbaye de Cluny. Par sa bulle adressée à Robert, évêque d'Arras, le souverain Pontife accorde deux ans d'indulgences à tous ceux qui entreront dans la carité ou confrérie de Notre-Dame des Ardents.

En 1226, la fille du noble et pieux gouverneur d'Arras, Mlle de Ghistelle, tomba dangereusement malade et eut l'inspiration de demander sa guérison à Notre-Dame du Joyel. On lui donna une fiole d'eau dans laquelle une goutte du saint Cierge avait été mêlée, et elle revint à la vie. Mais, peu de jours après, la maladie reparut, et la noble demoiselle se trouva dans un état plus douloureux que le précédent. Sa confiance n'en fut pas ébranlée. Elle voulait recourir à son premier moyen de guérison ; mais son étonnement fit place à l'admiration : sa fiole d'eau était remplie de cire.

Le prodige fut examiné soigneusement, et la tradition rapporte que, la réalité de ce fait merveilleux ayant été reconnue, on forma avec cette cire un cierge auquel on ajouta une demi-livre de la cire tombée de la sainte Chandelle qui était exposée sous la pyramide.

Les villes voisines briguèrent l'honneur de posséder ce trésor. Il fut donné aux drapiers de la ville d'Arras, qui étaient en ce temps considérables par leurs richesses, leur nombre et leur piété (1). Ce cierge fut déposé dans la chapelle de Notre-Dame-au-Jardin et disparut en 1793, lors de la démolition de la chapelle.

La confrérie subsista sept siècles. Chaque année on célébrait à Arras l'anniversaire de l'avènement du Joyel. Cette fête, qui durait quatre jours, était annoncée par la cloche *joyeuse* et le carillon du beffroi. On ne peut se faire une idée de la magnificence des processions qui se faisaient en l'honneur du saint Cierge.

Notre-Dame des Ardents se montra secourable aux jours du danger de sa bonne ville. Nous citerons seulement deux faits prodigieux accomplis en présence d'un très grand nombre de témoins.

En 1233, le tonnerre tomba sur l'église de Saint-Géry, et le feu éclata avec une telle violence, que l'eau en augmentait l'activité et que l'église et les maisons du voisinage étaient menacées d'une complète destruction. On recourut à Notre Dame. Quelques gouttes du saint Cierge furent mêlées à une certaine quantité d'eau que l'on jeta ensuite sur le temple en feu. Aussitôt l'incendie s'éteignit et l'église fut sauvée.

Trois siècles plus tard, le même prodige se renouvela en faveur de l'abbaye de Saint-Waast.

C'était en 1513, le jour de la fête de saint Benoit. Au moment du service divin, la foudre tomba avec un effroyable bruit sur le toit du monastère, qui à l'instant parut tout en feu. L'abbé fit apporter de l'eau où l'on avait fait couler quelques gouttes de la précieuse

---

(1) Ferry de Locre et Guillaume Gazet ont raconté ces faits .

cire; il la jeta sur le brasier, et de cette grande flamme il ne resta qu'un peu de fumée.

En 1791, le clocher d'une église placé au centre de la ville s'écroula. Un mauvais esprit précurseur de la Révolution s'efforçait de déconsidérer la dévotion qui avait fait jusque-là l'honneur et la bénédiction de la ville d'Arras. Dans ce but on répandit parmi le peuple la crainte de voir s'écrouler en plein marché la flèche construite pour la sainte Chandelle au commencement du XIIIᵉ siècle et élevée de quatre-vingt-six pieds au-dessus du sol. « Les mayeurs (1) de la confrérie, apprenant les inquiétudes de leurs concitoyens, proposèrent au conseil municipal de la commune la visite de la pyramide ». Celui-ci en exagéra les dégradations, et ce chef-d'œuvre d'architecture fut renversé.

Pendant la Terreur, le Joyel fut activement recherché. Des soupçons se portèrent sur une pieuse famille de la ville, nommée Watelet, qui avait reçu ce précieux dépôt. Se voyant sur le point d'être comprise dans les sanglantes exécutions dirigées par Joseph Lebon, elle fit jeter dans le puits du cloître le saint Cierge avec sa custode d'argent.

Le lendemain de ce jour, 15 avril 1794, une personne, voulant tirer de l'eau à ce puits, y laissa tomber son seau, et, dans ses recherches pour l'en sortir elle ramena à la surface la sainte relique, qu'elle porta chez le greffier du tribunal révolutionnaire.

Joseph Lebon « ordonna le dépôt de la sainte Chandelle au bureau de sûreté du district » (2). Elle y resta pendant trois ans. Quand elle fut mise en vente avec

(1) Mayeur signifie directeur de la confrérie.
(2) Notes communiquées à M. Louis Cadrois.

sa custode, un ancien mayeur de la confrérie acheta cette relique pour la conserver à la piété des fidèles ; quand le culte fut rétabli, il remit le saint trésor sous la garde du maire et de l'administrateur de la fabrique de Notre-Dame.

Son Éminence le cardinal de la Tour d'Auvergne, évêque d'Arras, retira le saint Cierge de l'église, le conserva dans le trésor de l'évêché, et les fidèles eurent rarement l'occasion de le vénérer jusqu'au moment où Mgr Lequette fit ériger une église digne du don de Marie. Elle fut solennellement consacrée au mois de mai 1876.

Le saint Cierge reprit alors sa place au milieu du peuple pour lequel il avait été l'instrument de tant de bienfaits !

Le vénérable évêque compléta son œuvre en rétablissant à Notre-Dame des Ardents l'antique confrérie. Elle a pour but la conversion des pécheurs et la guérison des malades. Pie IX enrichît d'indulgences la neuvaine qui se fait chaque année du 20 au 28 mai, pour remercier la très sainte Vierge d'avoir donné à la ville d'Arras un gage si précieux de sa maternelle protection.

NOTRE-DAME DE RUMENGOL

Le roi Grallon. — La ville d'Is. — Le dolmen. —
Le couronnement de la Vierge.

Ce sanctuaire, si intéressant pour les touristes et les
âmes éprises des grands souvenirs du passé, nous attire dans un des sites les plus merveilleux de la Cor-
nouailles. « C'est la partie de la vieille Armorique où
les vieux costumes sont plus élégants, plus étranges
et plus fidèlement conservés ».

Rumengol s'élève à côté de la petite ville de Faou,
au fond de la rade de Brest et à la lisière de la forêt
de Crannou. D'après Albert de Morlaix, dominicain
du XVIIe siècle, Rumengol vient des mots bretons :
Rumen-ar-goulon, qui signifient *Pierre-rouge-feu* (1).
L'étymologie est incertaine. Plusieurs auteurs s'arrêtent à cette interprétation : *Ru men gol, rouge-
pierre-lumière*, pierre de la lumière rouge.

La légende qui détermine les circonstances de la
fondation du sanctuaire, semble la justifier.

L'histoire du grand roi Grallon, prince et souverain de la Bretagne, formera le premier plan de notre
travail. Les scènes de sa vie ont été reproduites et
popularisées par les légendes bretonnes. La Cor-

(1) Ce renseignement nous a été fourni par M. l'abbé Le Pape,
recteur de Rumengol.

nouaille a élevé une statue au roi pieux et vaillant qui restera pour son peuple la personnification du pays (1).

Le premier évêque de Cornouaille, saint Corentin, fut un apôtre infatigable. Il allait prêchant partout la religion du Christ Sauveur, renversant les autels des druides et des Romains, chassant leurs prêtres et plantant la croix sur les lieux profanés par la superstition.

Le saint évêque était récompensé des fatigues de son apostolat par la conversion de villes entières. Une seule lui faisait verser des larmes: Is, l'heureuse et splendide cité qui élevait ses murailles au bord de la mer, était sourde aux exhortations comme aux menaces. Le bruit des folles orgies et les chants de l'ivresse venaient frapper son oreille et troubler ses nuits pénitentes.

Le roi Grallon vint habiter cette ville insensée, espérant que sa présence ferait cesser les funestes plaisirs auxquels ses sujets se livraient. Le prince, d'un caractère impérieux au commencement de son règne, avait acquis, par l'exercice de la vertu, une douceur et une patience qui allaient dégénérer en faiblesse.

Il avait une fille nommée Ahès (2). La tradition nous apprend qu'elle était merveilleusement belle et portée à tou sles vices. Dans cette ville corrompue, la jeune princesse devint cruelle, perfide et criminelle. - Son exemple augmenta le mal qui dévorait les âmes, et qui s'étendit bientôt aux pays des montagnes.

Saint Guennolé, abbé de Land-Tévennec, ami

(1) Le bel ouvrage de M. l'abbé Alex. Thomas : *Saint Corentin*, nous a permis d'écrire cette notice.

(2) Les légendaires l'appellent aussi Dahut.

vénéré du roi, vint à Is, tenter, après saint Corentin,
d'arracher ses malheureux habitants à la vengeance
divine, et prêcha la pénitence à cette nouvelle Ninive.

Les hommes avaient conquis sur les flots cette
belle plage « très basse » où ils avaient bâti leur ville.
Mais la mer menaçait l'œuvre de l'industrie humaine.
« Is avait pour remparts des digues et des écluses,
dont les clefs étaient déposées dans une cassette de
fer ; le roi seul ouvrait cette cassette au moyen d'une
clef d'or, jour et nuit suspendue à son cou » (1).

Moins heureux que le prophète Jonas, saint Guennolé faisait entendre, un soir, dans les rues de la ville
un dernier appel au repentir. Mais comment ce peuple aurait-il compris ces charitables avertissements ?
« Tout absorbez, dit Albert le Grand, en luxes, dé-
« bauches et vanitez, mais demeurant obstinez en
« leurs peschez ».

Le chant populaire nous dit qu'il y avait eu au palais une fête magnifique, terminée par un festin qui
devait se prolonger jusqu'au jour. L'un des convives,
un jeune homme à l'esprit déréglé, s'était emparé de
la volonté de la fille du roi. Dans ses nuits d'orgie, le
misérable avait fait le rêve monstrueux d'assister au
spectacle de la destruction de la ville royale. Voir les
flots briser leurs digues ; les habitants d'Is, surpris
dans le sommeil ou l'ivresse, disparaître dans l'abîme,
et la vaste mer promener ses vagues amollies sur la
ville submergée, lui paraissait un plaisir d'empereur
romain, qu'il voulait se procurer à tout prix.

Le roi Grallon avait quitté la salle du festin, pour
aller demander au sommeil l'oubli de sa faiblesse qui
commençait à tourmenter sa conscience.

(1) Pitre-Chevalier, *la Bretagne ancienne*, page **88.**

Après son départ, la folle joie ne connut plus de bornes, et le favori crut le moment venu d'accomplir son forfait. La clef de l'écluse renfermée dans la cassette lui est nécessaire : il l'aura.

Il murmurait de douces paroles à l'oreille de la blanche Ahès, « Et la clef ? » suppliait-il. C'était le funèbre refrain de sa chanson de malheur.

Ahès frémit, mais elle cède. « La clef sera enlevée ; le puits sera ouvert : qu'il soit fait selon vos désirs ! »

Le vieux roi dormait. Ses cheveux blancs tombaient sur ses épaules et laissaient voir la chaîne d'or qui entourait son cou. La jeune fille s'avance pieds nus, et enlève légèrement la chaîne et la précieuse clef. Cette nuit, dit Albert le Grand, saint Guennolé était en prière. Dieu lui montra que l'heure de la perte d'Is avait sonné et qu'un seul juste devait s'échapper de cette ville maudite.

Il accourt au palais et fait lever le vieux roi toujours endormi : « Seigneur roi, lève-toi ! et loin d'ici ! »

Il en est temps. La porte du puits est ouverte : la mer rompt ses digues ; l'immense vague se courbe pour envelopper les murailles croulantes. Guennolé monte sur un cheval, emportant les vases sacrés. Le roi Grallon monte sur un autre coursier, pressé par la vague, entraîné par son saint ami. Il a perdu son enfant et sa capitale, et va habiter l'abbaye de Saint-Guennolé à Land-Tévennec.

Après qu'il eut prié, pleuré et fait pénitence de sa coupable faiblesse, il quitta la solitude des moines pour rentrer parmi ses sujets à Quimper.

En fuyant vers Land-Tévennec, après la ruine de la ville d'Is, le roi et le moine virent apparaître pendant la nuit le feu sacré des druides, et résolurent de le faire s'éteindre pour toujours.

Le *dolmen* de *Rumengol* était regardé avec une religieuse terreur. Le sang des victimes humaines rougissait sa pierre chaque jour. La nuit, les druides y allumaient des feux en l'honneur du redoutable *Teutatès*.

Ce pays demeurait l'un des derniers attaché au culte proscrit (1).

Le roi, l'évêque saint Corentin et le moine Guennolé vinrent à *Rumengol*, et chassèrent de leur dernier asile les druides, les prêtresses et les bardes de ce culte païen.

« L'évêque versa l'huile sainte sur la pierre et en fit un autel ; les chênes sacrés furent abattus, et dans leurs flancs on tailla une image, celle de la Vierge mère tenant entre ses bras l'Enfant divin. Une fois encore, Grallon fit ses largesses accoutumées : une église s'éleva pour abriter l'autel. Corentin et Guennolé immolèrent la sainte victime »... (2).

Ce fut le premier sanctuaire élevé à Notre-Dame dans la Grande Bretagne.

Saint Corentin disait aux fils des druides :

« On vous annonçait la Vierge qui devait enfanter ; je vous prêche un Dieu qui s'est fait petit enfant, un Dieu qui est né de la Vierge attendue par vos pères » (3).

Saint Guennolé dédia le sanctuaire de Rumengol à la sainte Trinité et à la Mère de Dieu. C'est ce qui

---

(1) C'était en 440.

(2) *Saint Corentin, histoire de sa vie et de son culte*, par M. l'abbé Alex. Thomas, p. 100.

(3) M. l'abbé Alex. Thomas, p. 102.

explique le grand pèlerinage annuel qui a lieu le jour de cette fête.

La Vierge bretonne voit accourir chaque année des milliers de pèlerins : il en est qui viennent pieds nus, de distances considérables ; il en est d'autres qui font plusieurs fois le tour de l'église en se traînant sur leurs genoux nus et toujours ensanglantés avant la fin de leur rude procession (!).

D'après quelques auteurs, le sanctuaire changea de nom et s'appela *Remengol* ou *Remed-ol*, c'est-à-dire *tout remède*. Les fonts baptismaux portent cette inscription en français : « A Notre-Dame de *Tout Remède*, 1660 ».

On n'évalue pas à moins de trente mille le nombre des pèlerins qui, tous les ans, arrivent au Pardon de la Trinité.

La statue vénérée a été couronnée au nom de Pie IX, par Mgr Sergent, évêque de Quimper, le 30 mai 1858.

Le trône est tout récent. Sous les pieds de la statue on lit cette inscription bretonne :

> *Introun varia Rumengoll mirit onzimp,*
> *na zeimp da goll.*

Ce qui signifie en français :

> « *Sainte Vierge de Rumengoll, empêchez-nous*
> *de périr* ».

Une belle verrière moderne a consacré la légende.

NOTRE-DAME DE FOLGOET

NOTRE-DAME DE FOLGOET

L'avenir des peuples était sombre vers le milieu
du XIVe siècle. Le schisme d'Occident allait naître ;
il allait détruire l'œuvre de saint Louis et d'Innocent III, et désagréger l'édifice de la société chrétienne.
La France et l'Angleterre épuisaient leur sang et
stérilisaient leurs forces dans une guerre de cent ans.
Les promontoires de granit de la terre armoricaine
devaient être pendant vingt-deux ans les témoins
géants des prouesses de quinze cents combats et de
huit cents sièges.

Mais ces luttes formidables, qui ont immortalisé
les Duguesclin, les Clisson, les Beaumanoir, pesaient
sur le peuple breton. Le pays des grands cœurs, que
l'hérésie ne pouvait entacher, fléchissait sous le poids
de ses ruines.

C'est alors qu'apparut, dans l'abjection et le mépris, l'instrument choisi par la Providence pour la
consolation de ce peuple fidèle.

Le village de Kervriant, à un kilomètre de Lesneven, vit naître un garçon idiot, nommé Salaün ou

Salomon. Ses parents, espérant développer son intelligence, l'envoyèrent de bonne heure à l'école. Mais l'esprit du pauvre enfant se refusa à toute connaissance humaine ; il ne put apprendre que deux mots : *Ave, Maria.*

Son père et sa mère vinrent à mourir. Salaün qui n'avait aucun moyen de gagner sa vie, fut contraint de manger le pain de la charité. N'ayant pas un toit pour reposer sa tête, sans amis, sans protecteur, l'abandonné quitta son village et s'en alla, conduit par une main divine, vers le bois de Lesneven, à l'extrémité de la paroisse de Guicquelleau.

Il y a cinq siècles et demi, les environs de Lesneven étaient recouverts d'une forêt, et ses magnifiques ramures de chêne offraient des retraites profondes aux amants de la solitude.

L'orphelin de Kervriant, heureux de fuir les regards des hommes et d'être tout à son admirable Dame, s'établit près d'une fontaine ombragée par un arbre maigre, tortu et séparé de ses superbes voisins. L'apparence mesquine de ce chêne rabougri détermina sans doute sa préférence : il en fit son ermitage pour le reste de ses jours.

Vêtu misérablement, pieds nus, Salaün passait sa vie dans une souffrance joyeuse, dont les anges seuls connaissent les secrets. Tous les matins il se rendait à Lesneven pour y entendre la messe, répétant sans cesse sa prière : *O Maria !* en son langage breton : *O Introun Gwerc' hez Vari !* ô Dame Vierge Marie !

Après la messe, il allait demander discrètement un morceau de pain aux âmes charitables, se bornant à dire : *Ave, Maria ! Salaün a zrepé bara.* Salaün mangerait un peu de pain.

Ce pain dur, accompagné souvent de rebuts et d'humiliantes paroles, il le recevait avec une humble reconnaissance. De retour à la forêt, il le trempait dans l'eau de la fontaine et le mangeait en chantant le nom de Marie.

Quand l'orage tordait les branches des chênes et que sous la rafale la forêt faisait entendre ses gémissements semblables à des voix d'âmes en peine, celle de Salaün s'élevait plus forte que la tempête, et tant qu'il avait de souffle il chantait : *Ave, Maria!*

Quand la neige couvrait le sol durci, que les branches des arbres pliaient sous le poids de cette mousse blanche tombée du ciel, le fou du bois, voyant sa fontaine « fumer et s'écouler en vapeur, se plongeoit dans l'eau comme un beau cygne dans un étang et y demeurait longtemps, tellement que ses pauvres membres étoient crevassés par l'extrème froidure qu'il pâtissoit » (1).

Quand il était tout transi par la bise, qui bleuissait sa chair à travers les déchirures de ses vêtements, il embrassait le tronc de son arbre, et, se suspendant à une branche, il se balançait en jetant mille fois au vent du nord son céleste refrain : *Ave, Maria !*

Quand le soleil éblouissait la terre dans le luxe de sa fraîche parure, Salaün sentait son cœur déborder d'une action de grâces qui se traduisait par sa douce salutation : *Ave, Maria !*

Quand les souffles tièdes des nuits fécondes de l'été fleurissaient la couche du déshérité du monde, il s'arrachait au sommeil, montait à la cime d'un chêne, et, fixant les yeux sur le ciel doré d'étoiles, qui, sans

____

(1) Ancien auteur.

doute, lui semblait être le vestibule du palais de sa Reine, il psalmodiait son chant angélique, alternant avec le rossignol sa douce louange à l'Étoile du paradis.

Ces mots : *Ave, Maria!* étaient le *Credo* de ce fou sublime. Je crois à la visite de l'ange Gabriel à Marie ; je crois à l'incarnation du Verbe dans son sein virginal ; je crois à la naissance d'un Enfant-Dieu ; je crois à la rédemption des hommes ; je crois à la parole du divin mourant qui nous légua sa Mère ; je crois à la royauté de Marie, reine du ciel par toutes les merveilles que Dieu accomplit pour sa gloire ; reine des anges par ses perfections suréminentes ; reine des saints dont elle est la racine fécondée par l'Esprit-Saint ; reine de toute la création dont elle est le chef-d'œuvre et le couronnement, après l'humanité sainte de Jésus.

Les gens du village, témoins de l'extraordinaire existence du solitaire de la forêt, attribuaient à la folie les mortifications qu'il recherchait amoureusement. Ils lui faisaient sentir durement sa misère, et ne l'appelaient que *Salaün ar Foll*, Salaün le Fou. Mais lui, avec sa douceur habituelle, répétait son *Ave Maria,* qui était un baume pour tous ses maux.

La guerre civile agitait la Bretagne. Jean de Montfort et Charles de Blois armaient leurs partisans et se disputaient le trône ducal.

Une fois Salaün fut arrêté par une bande de soldats, qui lui demandèrent : Qui vive ? Mais il ne connaissait rien des ambitions qui passionnent les hommes, et il répondit : *Vive la Vierge Marie !* Les soldats riant de l'innocent, le laissèrent aller.

Le P. Cyrille Le Pennec écrivait d'après les pièces authentiques qui lui étaient fournies par l'un des premiers chanoines de l'église de Folgoët, et, tout ému au souvenir du misérable gîte du pauvre Salaün, il exprimait en ces termes sa compassion : « Pensez comme il devait être transi de froid en une telle demeure battue des quatre vents ; couvert d'une méchante roupille rapetassée, il passait la nuit sans feu ni flamme ».

En songeant à la sérénité du pauvre aimé de Marie, il ajoutait : « Son visage était si doux, que souvent, lorsqu'il mendiait son pain, de porte en porte, il semblait par son abord gracieux ouvrir le ciel aux plus tristes et aux plus désolés.

« Si l'on eût cru qu'il devait devenir un grand saint et un grand serviteur de la Vierge très admirable, on eût été plus curieux de remarquer tous les beaux traits de sa vie exemplaire ».

Salaün vécut quarante ans dans sa forêt. Quand ses voisins s'aperçurent que ses forces déclinaient, ils en prirent pitié et l'invitèrent à rester dans leur maison. Mais Salaün ne voulut pas abandonner son désert, qu'il avait rempli du concert de ses invocations angéliques. On le trouva mort non loin de sa fontaine et près du tronc d'arbre qui l'avait abrité pendant sa vie. C'était le 1ᵉʳ novembre. « Sans doute », écrit le P. Cyrille, « la sainte Vierge, qui ne manque jamais à ceux qui lui sont fidèles, le consola et le récréa merveilleusement par ses caresses et aimables visites. Environnée d'une grande clarté et accompagnée d'une troupe d'anges, elle apparut à ce pauvre Salaün qui en resta extrêmement réjoui. Que de fois le serviteur de Marie ne fut-il pas entendu chantant son refrain ordinaire : *O Maria !* Sentant bien que le cours de sa vie se terminait, il fit résonner l'écho de sa voix, pour marquer que le froid hiver était passé, et, mourant, le pauvre innocent répétait dévotement ces divins mots : *O Maria !* Son visage, qui pendant sa vie était tout terreux et défait par la pauvreté et les austérités, parut si beau et si lumineux, qu'il le disputait à la blancheur du lis et au vermeil de la rose ».

Les villageois apportèrent peu d'attention à la transfiguration du visage de Salaün. Ils creusèrent une fosse à la place où il était mort et l'y déposèrent. Les prières et les bénédictions de l'Église ne consacrèrent point son corps, comme si le mépris devait être son partage jusque dans la tombe.

Mais Marie allait retirer de l'abjection son serviteur. Ne voulant pas en être séparée dans la mémoire des hommes, elle rendra un merveilleux témoignage de la pureté de ce trésor caché sous la terre.

Quelque temps après la mort de Salaün, en plein hiver, un beau lis blanc s'éleva sur sa tombe. Sa blancheur était éclatante et ses parfums extraordinairement doux. Chacune des feuilles de ce lis céleste portait, écrits en lettres d'or, ces mots : *Ave, Maria.*

La tombe du pauvre Salaün était fleurdelisée comme celle d'un roi, et le nom de la Reine du ciel rayonnait sur ce tertre oublié comme un phare divin dans la nuit.

De tous les côtés de la Bretagne on accourut pour contempler ce lis miraculeux. La fleur de Marie conserva malgré les frimas sa fraîcheur et son éclat pendant six semaines.

On voulut savoir d'où provenait cette plante étrangère au sol de la forêt. La fosse fut ouverte ; le corps du fou découvert, on reconnut que cette royale fleur sortait par sa bouche du creux de son estomac.

« Ce qui fut cause que le bruit courut incontinent par tous les pays circonvoisins ; de sorte qu'un tel miracle fit assembler là une foule infinie de monde, tant de gens d'église que de gentilshommes et d'autres personnes de tous états, et tant hommes que femmes, pour admirer telle merveille, dont tous ensemble avisèrent et conclurent par délibération et résolution prises sur la place qu'on ferait bâtir une église en l'honneur de la Vierge Marie, laquelle depuis, en perpétuelle mémoire et commémoration de ce miracle et du lieu où il fut vu publiquement de tous, fut appelée l'*église de Notre-Dame de Folgoët*, c'est-à-dire *du bois* ou *ermitage du Fou* » (1).

Le miracle du lis a été attesté par des auteurs dignes de confiance. Le souvenir en est pieusement conservé dans toutes les familles bretonnes, et le monument de Notre-Dame en retrace l'histoire.

Un savant et pieux personnage, contemporain des événements, Jean de Langoueznon, abbé du monastère de Landevennec de 1344 à 1362, écrivit en latin une *Histoire du bienheureux Salaün*.

Il commence en ces termes : « A l'honneur de la « glorieuse Vierge Marie, Mère de Dieu, moi, dom « Jean de Langueznon, abbé de Landevennec, écris « ceci. » Il fait le récit du miracle du lis.

« J'ai été présent au miracle ci-dessus ; j'ai vu, « ouï ; je l'ai mis par écrit en l'honneur de Dieu et de « la Bienheureuse Vierge Marie, et, afin que je puisse « mériter d'avoir place au repos éternel avec le sim-

(1) Auteur du XVI⁰ au XVII⁰ siècle, cité par Mgr l'évêque de Quimper dans sa lettre pastorale.

« ple et pauvre innocent, j'ai composé un cantique en
« latin pour les trépassés dans lequel il y a six fois :
« *O Maria!* et est tel qu'il s'ensuit :
  « *Languentibus in purgatorio,*
  « *Qui purgantur ardore nimio,...* » etc.

Ce manuscrit précieux était conservé dans le trésor
de l'église de Notre-Dame de Folgoët. Il a malheureusement disparu ; mais il existait encore en l'an
1562.

A cette époque, un des grands évêques de Léon,
Rolland de Neufville, communiqua ce document historique à messires René Benoît et Pascal Robin, qui
le traduisirent en français.

« Messire Yves le Grand, chanoine de Saint-Paul,
dans ses *Recherches sur les antiquités* ; Albert le Grand,
dans sa *Vie des saints* ; Jean Guillerm, grand vicaire
de Léon, dans sa *Légende de Salaün* ; le P. Cyrille
Le Pennec, ont eu entre leurs mains les pièces du
procès ».

Il reste encore de précieux documents. « J'ai lu
moi-même, nous dit l'auteur d'une excellente notice
déjà citée, la charte de Jean V, duc de Bretagne en
1422, pour l'érection de Notre-Dame de Folgoët en
collégiale ». C'était soixante-douze ans après l'événement.

Dès le commencement du XV⁰ siècle parut l'église
de Notre-Dame. Son dôme magnifique renfermait
« sous ses dentelles de granit » la tombe et la fontaine du bienheureux pauvre (1). Elle fut consacrée
solennellement par l'évêque de Léon, Alain, en 1422.

______

(1) Lettre pastorale et mandement de Monseigneur l'évêque de
Quimper et notice : *un Sanctuaire de la sainte Vierge*.

Jean V, fils et successeur de Montfort, mérita d'avoir sa statue au-dessus du portique des apôtres (1).

Les ouvriers et les artistes ont multiplié les chefs-d'œuvre dans ce royal monument. Sur les vitraux un peintre breton avait reproduit de ravissantes figures de saints. De belles statues peuplaient le sanctuaire. Deux grosses tours et de nombreux clochetons donnaient un aspect imposant à l'édifice. Les artistes du moyen âge l'avait entouré de légères guirlandes de pierre.

Michel Le Nobletz, un des saints missionnaires de la Bretagne, l'appelait le temple de Salomon.

Le Folgoët devint dès sa fondation le centre de la dévotion de la Bretagne et fut appelé la ville de Marie, *urbs Mariana.*

Anne de Bretagne, que le peuple a nommée *la Bonne Duchesse,* veuve de Charles VIII, vint prier la Vierge de Folgoët en 1499, de bénir son mariage avec Louis XII. Elle y revint six ans plus tard ; le roi ayant été fort malade, elle avait demandé sa guérison par l'intercession de la Vierge bretonne et l'avait obtenue. Elle fit de somptueux présents à son église et y fonda des messes.

Sa fille Claude de France conduisit au Folgoët son époux François Ier. Henri II y établit une confrérie dont il voulut être le patron. Henri IV fit des dons magnifiques au célèbre sanctuaire. Anne d'Autriche s'était vouée à Notre-Dame du Folgoët, et lui attribua la naissance de Louis XIV. Les évêques et leur clergé, les familles les plus illustres témoignèrent de leur

---

(1) Le portique des Apôtres, le jubé et les autels en Kersanton sont regardés comme des merveilles de l'art.

vénération pour la Vierge du Fou du bois et s'inclinèrent sur le tombeau de l'humble Salaün.

Le pape Jules III attribua à l'église de Notre-Dame le privilège des grandes indulgences qui sont attachées à la visite des sept basiliques de Rome et encouragea le culte des morts : « Privilège, dit-il dans sa bulle, de délivrer une âme du purgatoire à chaque messe des morts célébrée le lundi (1) ».

Dans ses besoins et dans les calamités publiques, la Bretagne a toujours recouru à la Vierge du Folgoët.

En 1597, la peste ravagea le pays de Léon. L'évêque Rolland de Neufville fit vœu de venir en pèlerinage au Folgoët, si le fléau disparaissait. Il fut exaucé le jour même de sa promesse. En reconnaissance de cette miséricordieuse intercession, il ordonna qu'une procession solennelle se ferait tous les ans, le 15 août, dans toutes les paroisses de son diocèse.

En 1627, la peste reparut à Plouescat. Les habitants, cruellement éprouvés, invoquèrent la Vierge miraculeuse et furent aussitôt délivrés.

La décadence est la loi des choses humaines. En 1708, un incendie faillit dévorer l'église tout entière. La Révolution passa comme un ouragan sur la Bretagne, et, ne pouvant abaisser les consciences, elle s'acharna sur les monuments religieux.

La sainte chapelle fut fermée ; son trésor envoyé à Nantes pour être fondu, ses cloches brisées, ses statues mutilées. On martela les décorations de pierre, les écussons des murs. La chapelle fut vendue, ainsi que les bâtiments qu'avait occupés l'ancienne collégiale ; elle servit de caserne, de grange, d'écurie,

____

(1) *Un Sanctuaire de la sainte Vierge.*

et vit un jour se dresser sur ses autels l'ignoble déesse Raison. Le trésor le plus précieux échappa aux sacrilèges : la statue miraculeuse de Notre-Dame avait été cachée par un bon paysan, au péril de sa vie.

Le 8 septembre 1808, elle fut replacée en triomphe dans son sanctuaire, et des troupes d'hommes et de femmes accoururent dès l'aube à Notre-Dame du Folgoët.

L'âme énergique des bretons, où s'enracinent les croyances religieuses, se prête à tous les sacrifices de la foi.

Les pèlerins arrivent souvent pieds nus ; ils s'agenouillent à l'entrée de l'église, devant les huit autels et le portique des Apôtres. Ils renouvellent cet acte de piété pendant cinq dimanches consécutifs. On l'appelle « la dévotion des Cinq Dimanches ». Pendant la Révolution, les fidèles, ne pouvant pénétrer dans l'église, venaient prier devant la porte fermée et baisaient ses murs.

On ne peut s'étonner d'apprendre qu'à certaines époques on a vu au Folgoët trente mille pèlerins.

En 1870, pendant la guerre qui a fait verser tant de larmes, les familles des soldats et des marins du pays de Léon arrivaient à la sainte chapelle par milliers, suivant des chemins difficiles et couverts de neige, en égrenant leur chapelet.

Nous puisons à une source authentique deux guérisons extraordinaires (1).

Un jeune ouvrier du port de Brest était atteint du terrible mal de l'épilepsie. Ses attaques se renouve-

____

(1) *Un Sanctuaire. Notre-Dame du Folgoët.*

laient tous les jours. Sa mère, sur les conseils d'une voisine dont la fille affligée du même mal avait obtenu de Notre-Dame sa guérison, fit vœu de venir à l'église de la *Bonne Mère*, si son fils guérissait. Le jour même où elle prit cet engagement, le mal disparut pour toujours. Neuf témoins attestèrent la maladie de l'ouvrier et sa guérison instantanée.

Une femme de Plouider ne marchait depuis quatre ans qu'à l'aide de béquilles. Elle fut portée dans une charrette au Folgoët, où elle faisait tous les ans un pèlerinage. Après avoir beaucoup prié devant la statue de Notre-Dame, elle se leva seule, déposa ses béquilles et retourna à pied dans son village, distant de deux lieues, au milieu d'une troupe de pèlerins qui rendaient grâce à Dieu par Marie.

Nous sommes au 8 septembre 1888. Les cloches de Folgoët et celles de Lesneven s'agitent dans un branle solennel et joyeux. Depuis minuit les messes se célèbrent sans interruption aux huit autels de l'église de Notre-Dame. Le peuple léonais tout entier s'est mis en route pour assister au couronnement de la Vierge du *Fou du bois*.

Les plus modestes bourgades, les campagnes lointaines, les villes, la grande cité de Paris, envoient leurs pèlerins au Folgoët. Le pays de Cornouaille est largement représenté. Les pèlerines d'Ouessant, avec leurs gracieuses coiffures, arrivent au chant des cantiques, au village béni. Les matelots au visage bruni par les souffles de la mer, les vieillards, les adolescents, tiennent un chapelet entre leurs mains.

N'est-ce pas la fête de l'*Ave, Maria?* la fête du peuple, la fête des humbles et des pauvres aimés de Jésus et de Marie ?

Les costumes aux couleurs chatoyantes tracent des lignes d'or sur les routes blanches de poussière. « Ceux du Léon et de la Cornouaille se mêlent aux grands velours noir de Fouesnant, aux broderies aux vives couleurs de Plobannalec et de Pont-l'Abbé, à l'habit bleu et à la grande ceinture de Plomodiern. Les femmes de Concarneau et de Douarnenez portent leur modeste coiffure; celles de Châteaulin et de Pleyben la coiffure à grandes ailes relevées. Mais, de tous les costumes de Cornouaille, celui qu'on remarque le plus et qu'on aperçoit le plus souvent au milieu des sombres vêtements léonards, c'est l'habit multicolore des pèlerins et des pèlerines de Plougastel-Daoulas » (1).

Sous l'or des croix et la soie des bannières, qui portent des dates anciennes, se déroulent quatre-vingts processions. Au grand portail de la vieille église sont rangés six cents prêtres et des princes de l'Église, parmi lesquels on aime à reconnaître un évêque breton, Mgr Trégaro.

Son Éminence le cardinal Place représente le souverain pontife. Mgr Freppel va donner à la Vierge du Fou l'un de ses chefs-d'œuvre.

L'église est admirablement parée de ses hermines de Bretagne et de ses fleurs de lis d'or en champ d'azur, souvenir de Jeanne de France, fille de Charles VI et épouse de Jean V; souvenir aussi de la *Bonne Duchesse*, dont la mémoire est impérissable.

La petite statue de Kersanton, consacrée par cinq cents ans de vénération, est portée par huit prêtres,

______

(1) *Le Couronnement de Notre-Dame de Folgoët* (*Semaine religieuse de Quimper*).

qui la déposent sur un trône élevé, au front duquel on lit le doux salut du mendiant : *Ave, Maria*.

Plus de quatre-vingt mille personnes sont assemblées sous les bannières des saints de Bretagne. On chante le beau cantique populaire, et des milliers de voix répètent le refrain : *Catholiques et Bretons toujours*.

Les prélats sont rangés aux pieds de l'image vénérée et lui offrent l'encens ; et trois fois, dans la vieille langue bretonne, l'invocation du Fou du bois retentit dans l'air.

Mgr Freppel monte en chaire et célèbre magnifiquement la foi des Bretons, le triomphe du surnaturel, la sainteté de l'ermite de Lesneven et la royauté de Marie.

La cendre du mendiant dut tressaillir de joie sous ses sculptures de pierre à ces superbes louanges données à sa Reine.

« O triomphe de l'humilité ! ô bonté toute puissante de la Vierge Marie ! » s'écrie la noble voix regrettée, trop tôt éteinte. « A quelque temps de là qu'est-ce que je vois ? et qu'est-ce que j'entends ? Non, l'*Ave Maria* ne s'est pas éteint sur les lèvres de l'ermite expirant : le voilà qui sort de sa bouche et de son cœur comme un refrain d'outre-tombe, gravé en lettres d'or dans le calice d'une fleur, emblème miraculeux de tant de candeur et de simplicité. Cet *Ave Maria* de Salaün, la Bretagne tout entière viendra le redire sur son tombeau. Là, viendront les rois et les princes de la terre ; ils tiendront à honneur d'incliner leur sceptre devant l'image de ce mendiant. Là viendront, sur les pas d'Anne de Bretagne, toutes ces familles illustrées par le conseil et par l'épée, et de

leurs armoiries rassemblées autour de celui qui avait
été le rebut et la balayure du monde, ils lui forme-
ront un blason incomparable de gloire et de noblesse.
Là, viendront les évêques de Léon, à la suite de Guillaume de Rochefort, et ils chargeront un clergé d'élite
de continuer à travers les siècles l'œuvre de louange
et de bénédiction inaugurée par ce *pauvre innocent*. Je vous salue, Marie ! Tel est le cri qui sortira
de toutes les poitrines, dans ces lieux désormais consacrés par le miracle ; et l'église du Folgoët elle-
même ne sera qu'un gigantesque *Ave Maria* en dentelles de pierre, que le peuple du Léon fera monter
vers le ciel comme le magnifique témoignage de sa
dévotion envers la Mère de Dieu..... Le surnaturel,
qui domine toute cette histoire, en apparence si étrange, en fait l'incomparable grandeur. Qu'est-ce qui
reste aujourd'hui du drame de vingt-deux ans dont
la Bretagne était le théâtre du vivant de Salaün ?
Tout ce bruit est allé se perdre dans l'indifférence des
peuples. Mais les traditions du Folgoët sont restées
debout, toujours vivantes ; mais, à cinq siècles de distance, l'*Ave Maria* de Salaün retentit encore au fond
de nos cœurs ; et, tout à l'heure, évêques, prêtres,
peuple chrétien, tous ensemble, nous cueillerons cet
Ave Maria sur les lèvres de celui qu'on appelait par
dérision « le Fou du bois », pour l'attacher comme
un diadème au front de Marie. Voilà le surnaturel !... »

Au nom du souverain pontife Léon XIII, la statue
de Notre-Dame du Folgoët est couronnée par l'éminent métropolitain.

Son Éminence étend ses mains sur la multitude et donne solennellement la bénédiction papale.

Le clergé se retire et la masse des pèlerins se porte vers le trône de Marie. Hommes et femmes de tout rang, pauvres et riches, vont poser dévotement leurs lèvres sur les pieds de la vénérable statue.

———

NOTRE-DAME DU RONCIER

NOTRE-DAME DU RONCIER

Le pays breton qui va nous occuper, offrait, au commencement du IXe siècle, un aspect austère et paisible : une colline où croissaient des arbres sauvages ;
des sentiers rapides qui aboutissaientà la rivière nommée l'Oust et que les Romains appelaient Ulda ; quelques pauvres cabanes de laboureurs au fond des clairières, et de maigres sillons creusés péniblement par
leurs mains dans ce sol avare. La rivière s'enfonçait
dans les hautes herbes et bordait coquettement une
masse de rochers schisteux, dont l'ombre raide et
noire faisait ressortir ses gracieuses sinuosités et la
blancheur transparente de ses eaux.

Tel était le coin de terre où s'élève aujourd'hui la
ville de Josselin.

L'oubli semblait devoir envelopper toujours cette
colline solitaire ; mais la Rose mystique aime à em-
baumer de ses parfums, au fond des solitudes, ses
humbles serviteurs.

Dans une petite chaumière cachée dans les broussailles, un laboureur vivait avec sa famille. Il était
très pauvre. Le foyer de l'indigent lui-même a ses
rayons de joie, quand la santé seconde l'amour du
travail. Ici, la douleur attristait les cœurs bien plus

que les privations : la fille du laboureur était aveugle.

Le fait qui changea leur deuil en joie est simple et admirable comme toutes les œuvres de Marie. Nous laisserons parler le vieil historien du pèlerinage (1).

« Auparavant que la ville de Josselin fût bastie, comme la supérieure du comté de Porhouët,..... il arriva qu'un laboureur, cultivant la terre où est maintenant l'église de Nostre-Dame, et coupant des ronces avec un faucillon que l'on voit aujourd'huy suspendu dans la voûte de l'autel, il fit l'heureuse rencontre d'une image de Nostre-Dame dans un lieu rempli de ronces, d'où vient qu'elle est nommée Nostre-Dame du Roncier ».

Ravi de ce présent divin, le laboureur l'emporta pieusement dans sa chaumière, espérant que la bonne Vierge répandrait ses bénédictions sur son triste foyer.

Le lendemain, à son réveil, il chercha des yeux la belle image, et, ne la trouvant plus dans l'endroit où il l'avait placée, il courut la demander aux champs incultes où il l'avait découverte. Il la revit en effet sous le buisson de ronces, comme le lis au milieu des épines.

Le laboureur, qui ne voulait pas se dessaisir du trésor sur lequel il croyait avoir des droits, l'emporta chez lui, et cette fois prit naïvement de sévères mesures pour qu'il ne fût plus possible à la sainte image de reprendre la clef des champs.

La statue affirma encore ses prédilections pour le roncier, et renouvela ce prodige plusieurs jours de suite. Enfin, tout honteux de sa déconvenue, ne sa-

(1) Le P. Isaac de Jésus-Maria, carme. *Le Lys fleurissant au milieu des épines, ou Nostre-Dame du Roncier triomphante dans la ville de Josselin*, 1666.

chant que faire d'une image qui refusait l'abri de son toit, le laboureur alla soumettre ce cas embarrassant à un prêtre du voisinage, qui, devinant le secret de Dieu, l'emporta dévotement au presbytère. Puis il alla consulter son évêque, qui lui permit de faire construire une chapelle à l'endroit choisi par la très sainte Vierge.

La tradition nous apprend qu'à cette place où la statue fut trouvée « s'élevait dans les premiers siècles de notre histoire une chapelle dédiée à saint Léger, ou Léodegar, évêque d'Autun ». On peut croire que ce pays fut évangélisé par quelque missionnaire venu de la métropole de Tours, où l'on vénérait les reliques du grand apôtre des Éduens.

Les laboureurs, reconnaissants du grand honneur que la Mère de Dieu leur avait fait, se mirent à l'œuvre et lui donnèrent un abri rustique formé de branches entrelacées. L'image miraculeuse se nommera désormais Notre-Dame du Roncier.

La Vierge Marie parut satisfaite de ce pauvre oratoire et des hommages des habitants des campagnes au milieu desquels elle s'était choisi une demeure, et le prouva par ses bienfaits.

Son présent de bienvenue fut pour la fille du laboureur. Elle tressait avec les autres des branches d'osier et de saule, et son cœur était plein de tristesse à la pensée qu'elle ne verrait pas la douce image de Marie ; mais, au moment où Notre-Dame était placée dans la cabane de feuillage, ses yeux s'ouvrirent à la lumière... Elle était guérie.

Bien d'autres faveurs s'ajoutèrent à celle-ci et vinrent réjouir ce pauvre peuple oublié. Nous devons citer ici le prodige indiqué par le P. Isaac. La bonne

Vierge, par une de ces délicatesses divines dont elle use surtout envers les pauvres, va montrer qu'elle veut rester auprès de ses enfants de prédilection sous la figure qui leur rappellera toujours leur mère bien-aimée telle qu'elle a voulu s'offrir à eux pour la première fois.

« Image vrayment ancienne », s'écrie le P. Isaac, puisqu'il y a plus de huit cens cinquante ans qu'elle a esté trouvée ; Image très dévote, Image qui a toujours conservé sa première couleur : car, encore que les peintres ayant essayé de luy donner une couleur plus brillante et plus volumineuse, elle a toujours repris la première, non sans un grand étonnement des uns et des autres ! »

Le pays abandonné s'anima, grâce à la Vierge puissante. Les pèlerins remplacèrent la cabane rustique par une chapelle de bois. Le moine illustre du diocèse de Vannes, le B. Convayon, envoya plusieurs religieux pour en diriger les travaux.

Dans la forte race bretonne, les idées religieuses prennent des racines qui pénètrent au cœur du peuple et deviennent les sources mêmes de sa vie. Le paysan et le seigneur se rencontraient dans cette foi simple et grande dont l'histoire de la Bretagne nous offre de si nombreux exemples.

Le fils cadet du comte de Rennes, Guéthenoc, seigneur du manoir de Château-Tro, dans la paroisse de Guilliers, devait achever l'œuvre du laboureur. Il était heureusement doué, le vicomte Guéthenoc : il avait haute noblesse, vaste intelligence, et l'humilité du chrétien sous la fierté du gentilhomme.

On ne sait pourquoi il songea un jour à quitter Château-Tro et à se construire une demeure où il

établirait le siège de sa seigneurie. Ne s'en rapportant
pas à ses propres lumières, il alla consulter les moines du monastère de Saint-Sauveur de Redon.

— « Sur quel fondement, leur dit-il, dois-je construire mon château ? »

— « Le Christ, lui répondirent les religieux, est le
fondement de tous les biens, et ce qui est fondé sur
lui ne peut choir » (1).

Le pieux seigneur offrit aux moines une tablette
d'argent doré, et leur demanda de donner place à son
corps et à ceux de ses héritiers dans leur église (2), et
fit une promesse solennelle en présence de Dieu :

« Il choisit le Christ Seigneur et son église de Redon pour suzerains du château qu'il devait bâtir, et
établit sur les revenus de sa future résidence une
rente de cinq sols, qui chaque année devait être payée
aux moines. Il fit vœu en outre de ne donner qu'à l'é-
glise du Sauveur le monastère qui pourrait être construit dans l'enceinte du château, si quelque jour elle
s'étendait suffisamment ». Et le brave seigneur fit
un serment solennel et « maudit ses descendants qui
oseraient enfreindre sa volonté ».

Quelque temps auparavant, un homme puissant
avait gravi la colline de l'Oust pour aller prier la
Vierge du Roncier : c'était Guéthenoc de Porhoët. La
vue de ce beau pays lui avait inspiré le désir de vaincre les difficultés qu'offrait la nature et de bâtir son
nid d'aigle sur les rochers.

Après sa visite aux moines de Redon, le vicomte
Guéthenoc se rendit au bord de l'Oust ; il y réunit
ses vassaux, leur annonça la résolution qu'il avait

(1) *Notre-Dame du Roncier*, par **M.** le chanoine Max Nicol.
(2) *Coutume des nobles de Bretagne.*

prise, et planta un pieu à l'endroit où il voulait bâtir son château. Il fonda une chapelle en l'honneur de saint Sauveur, et renouvela devant tous ceux qui étaient présents la promesse qu'il avait faite aux religieux.

Le comte de Porhoët était trop bon chrétien pour se construire un donjon tandis que la Reine du ciel n'était abritée que par des branches disjointes que le vent d'hiver ébranlait. Pour honorer sa suzeraine, il fit venir des ouvriers et l'on construisit une solide chapelle en pierre à Notre-Dame du Roncier.

Le fils de Guéthenoc acheva le château commencé par son père. Il éleva une redoutable forteresse qui avait les rochers pour base. Les vassaux groupèrent leurs maisons autour du château de leur seigneur et de l'église. Les nobles construisirent des monastères, et ce désert fut peuplé de fervents serviteurs de Marie.

En 1030, Josselin Ier fonda sur l'autre rive de l'Oust le prieuré de Sainte-Croix, qui devint le centre d'un faubourg populeux.

Tous les descendants de Guéthenoc remplirent généreusement les intentions de leur ancêtre.

La chapelle construite par le vicomte Guéthenoc devait être témoin d'un spectacle digne des chevaliers chrétiens.

Pendant le XVe siècle, la Bretagne fut ensanglantée par les luttes entre Blois et Montfort, Français et Anglais. La mort de Charles de Blois, à la bataille d'Auray, rendit la paix à cette terre bouleversée.

On connaît ce récit du combat des Trente empreint d'une sauvage grandeur. Géants de l'histoire, ces fiers Bretons resteront dans l'imagination des peuples du

Midi revêtus de la cuirasse impénétrable des héros
légendaires.

Nous donnons un résumé de ces belles pages, parce
que la figure de Notre-Dame du Roncier apparaît à
peu de distance du lieu du combat pour protéger les
défenseurs de son peuple opprimé.

En 1351, le capitaine Daggeworth avait promis que
les marchands de la ville et les laboureurs seraient
respectés par les Anglais. Après sa mort, son successeur Bembrough, chevalier du parti de Jean de Montfort, méprisant la trève jurée, s'empara de Ploërmel
et remplit le pays sans défense d'épouvante et de
deuil.

« Beaumanoir commandait à Josselin pour Charles
de Blois. C'était un preux à l'âme loyale et grande,
que l'injustice faisait bondir. Il prit avec lui un de ses
vaillants compagnons et alla vers les Anglais demander sûreté contre ces désordres. Ils virent maltrai-
ter de pauvres habitants, dont ils eurent grand'pitié :
les uns avec des fers aux pieds et aux mains, les autres
attachés par les pouces ; tous liés deux à deux, trois
par trois, comme bœufs et vaches que l'on mène au
marché.

« Beaumanoir les vit et son cœur soupira ; et, s'a-
dressant à Bembrough avec fierté :

« Chevaliers d'Angleterre, vous vous rendez bien
« coupables de tourmenter les pauvres habitants,
« ceux qui sèment le blé... Qu'ils aient la paix doré-
« navant, car ils ont trop souffert »...

« Bembrough lui répond avec la même fierté :

« Beaumanoir, taisez-vous... Les Anglais éten-
« dront partout leur pouvoir »...

« A quoi Beaumanoir répond :

« Songez un autre songe ; celui-là est mal songé...
« Agissons, s'il vous plaît, sagement. Prenons jour
« pour combattre ; on verra bien alors, sans aller
« plus avant, qui de nous a tort ou raison.

« Sire, dit Bembrough, j'y consens, je vous en
« donne ma foi.

« Ainsi fut jurée la bataille (1) ».

Beaumanoir choisit trente compagnons, la fleur de
la chevalerie bretonne, et ils se préparèrent à combattre les Anglais pour le salut du pauvre peuple.

Saint Cado est le patron des guerriers bretons : ils
l'invoquèrent pour le succès de leur noble cause.
Mais, avec « le seigneur saint Cado béni », ils demandèrent secours au « Roy de gloire, Jésus, né de Marie », et à la Dame divine des chevaliers.

Les trente braves se réunirent dans l'église de Notre-Dame du Roncier, et sous son regard ils firent la
sainte communion. C'était le matin de la bataille.

Le combat fut terrible. Trente Bretons contre trente
Anglais se battirent jusqu'au soir.

De sueur et de sang la terre rosoya.

« Pendant le combat, un écuyer « moult noble »,
Geoffroy de la Roche, demanda au maréchal Beaumanoir de l'armer chevalier ».

Et Beaumanoir lui donne en nom Sainte-Marie, en
souvenir de Notre-Dame.

C'est à l'intrépide seigneur qui se plaignait de la
soif que Geoffroy du Bois, son ami, jettera ce mot que
l'histoire a retenu :

Bois ton sang, Beaumanoir : la soif te passera.

____

(1) *Le Combat de trente Bretons*, etc.

Et le chevalier de Notre-Dame répond vaillamment
à cette invitation :

« *Tel deuil eust et telle ire que la soif luy passa.*

Est-il rien de plus simple, de plus noble et de plus
saisissant ? Que les maîtres en impiété ne viennent
plus nous dire que la foi amoindrit les hommes et
que pour être grand il faut s'en délivrer. Nous évo-
quons contre eux les intrépides guerriers de la catholique Bretagne.

Le soir, quand Beaumanoir et ses compagnons rentrèrent vainqueurs à Josselin avec « des branches de
genêt à leurs casques » (1), avant de recevoir les fé-
licitations de leurs familles et les hommages de leurs
vassaux, ils allèrent s'agenouiller devant l'antique
image de Notre-Dame du Roncier, lui attribuant leur
victoire.

A la fin du siècle dont l'esprit revit dans ce combat
mémorable, le château de Josselin appartenait à Olivier de Clisson, qui épousa la veuve de Beaumanoir,
Marguerite de Rohan.

« Messire Olivier de Clisson, dit un ancien historien, fut un vaillant chevalier, vertueux, et de sa
personne hardy soldat et homme de guerre, grand
capitaine autant que nul de son siècle. Il eut le cœur
démesurément grand et fier pour ne le céder à
homme vivant » (2).

Le vieux guerrier, dégoûté de la vie des camps et
sentant la vanité de la gloire humaine, se donna tout
à Dieu et se retira dans son castel de Josselin. Le

(1) Barzas-Breiz, p. 199.

(2) P. Le Band, *Histoire de Bretagne*, cité par le chanoine Max
Nicol, p. 38.

grand connétable ne songea plus qu'à faire du bien en vue de l'éternité. Ces sentiments chrétiens reviennent à chaque page de son testament avec une admirable simplicité :

« Considérant la fragilité de l'humaine nature, qui chacun jour laboure en tirant homme et femme à sa fin, et qu'il n'est chose plus certaine que la mort, ne moins certaine que l'heure d'ycelle, et que toute humaine créature est si subgecte à la mort que de nécessité luy convient une fois luy payer son devoir, dont le terme est en la disposition de Dieu le Tout-Puissant, nostre Créateur, désirant la grâce d'iceluy pourvoir au salut de son âme » (1).

L'église bâtie par Guéthenoc n'était plus assez vaste pour la nouvelle cité de Josselin. Notre-Dame du Roncier était le pèlerinage aimé des foules : il fallait ouvrir aux pèlerins un sanctuaire proportionné à leur nombre.

En 1400, le connétable fit restaurer et agrandir l'église, d'architecture gothique. Tout était simple et magnifique : les ornements, les peintures, les sculptures de pierre, légères comme des dentelles. La chapelle d'Olivier de Clisson et de Marguerite de Rohan existe encore.

Le connétable exprima le désir d'avoir sa sépulture dans l'église de Notre-Dame ainsi que son épouse. Après avoir recommandé son âme « à Dieu nostre père et créateur, à la benoiste et glorieuse Vierge Marie, à Monsieur saint Michel et à toute la dévote compagnie : « Je vueil », dit-il, « commande et « ordonne que mon corps, après mon décès de ce

______

(1) *Dom Morice*, cité par le chanoine M. Nicol.

« siècle, soit baillé et livré à la sépulture de nostre
« Mère sainte Église, laquelle sépulture je eslis en
« l'église de Notre-Dame de Josselin, joignant de la
« sépulture de ma très chère et très aimée compa-
« gne, Marguerite de Rohan, que Dieu absolle ».

Le brave connétable de Clisson mourut en 1407.
Son monument satisfait l'admiration que l'on doit
ressentir pour ce héros. Il fut inhumé dans le chœur
de l'église de Notre-Dame du Roncier.

Après lui, la famille de Rohan, les habitants de
la cité et les pèlerins continuèrent son œuvre. La
nef et les bas côtés de l'église furent reconstruits dans
la seconde moitié du XVe siècle. La chapelle de sainte
Catherine fut bâtie en 1491. Elle était décorée de
fort belles peintures murales. Les riches détails de
l'architecture étaient ceux du style ogival.

Le connétable avait laissé à l'église de Notre-Dame
des dons généreux d'argent, fondations et magnifiques ornements. Le seigneur Rohan comte de Porhoët offrit une cloche si harmonieuse, qu'elle se faisait
entendre de quatre lieues. Un roi, que l'on suppose
être Louis XIII, fit hommage au sanctuaire de Josselin d'un calice, le plus beau, le plus grand, le plus
pesant qu'on ait jamais vu. « Il est massif » dit le
P. Isaac, « d'argent doré ; il pèse 18 marcs et il a
14 poulces de hauteur... On voit sous la patte de ce
précieux calice les armes de France, qui sont d'azur
à trois fleurs de lys d'or ».

Le pèlerinage à Notre-Dame du Roncier était dans
tout son éclat au XVIIe siècle. Les processions se faisaient avec splendeur. Le pape Alexandre VII avait
accordé une indulgence plénière à tous ceux qui visiteraient « par chacun an l'église parochiale de Nostre-

Dame, le dimanche de la Pentecôte et les deux jours suivans ».

Mais les temps difficiles allaient arriver. La Réforme menaça la foi catholique en Bretagne. Deux synodes calvinistes prirent leur siège à Ploërmel. Plusieurs gentilshommes accueillirent les idées nouvelles. Le peuple, soutenu par le clergé, résista à toute pression. Il protesta contre le calvinisme ennemi des saints en se hâtant d'élever des croix, des chapelles, sur les routes et dans les villages. Honneur à la cité de Josselin, dont tous les fils demeurèrent fidèles à Notre-Dame !

Pendant la période d'agitation de la Ligue, le sanctuaire du Roncier fut pillé. Deux cents ans s'écoulèrent, et la Révolution sacrilège exerça sa haine sur les monuments élevés par la piété des catholiques. Le vénérable recteur de Josselin dut fuir pour échapper à l'échafaud. Les religieux furent chassés des monastères, et l'on entassa les trésors volés dans l'église de Notre-Dame. On enleva l'argenterie de l'église pour être envoyée à la monnaie de Nantes, et le temple béni « fut transformé en écurie ».

Les patriotes impies et lâches mutilèrent le tombeau de Clisson et ses délicates statues. « De ce chef-d'œuvre du XVe siècle il ne resta que des débris ». Plus tard ils furent relevés et l'on restaura le tombeau.

Après les jours sanglants, la France reprit ses habitudes chrétiennes, et Notre-Dame du Roncier se montra de nouveau la consolatrice de ses serviteurs.

Depuis bientôt mille ans elle répand ses grâces sur le peuple breton. Nous empruntons quelques récits miraculeux aux anciens historiens du pèlerinage.

Au XVIIe siècle, le **P. Isaac** écrivait : « L'aurois icy un beau champ pour rapporter un grand nombre de miracles qui ont esté faits de siècle en siècle ; mais comme la nouveauté plaist davantage que l'antiquité, ie ne parle point de trois petits enfants qui ressuscitèrent aussitôt que leur mère affligée eut fait vœu à Nostre Dame du Roncier. Leur châsse, qui est attachée aux paroys de l'église, vis-à-vis l'autel, est une marque convaincante de cet illustre miracle... Enfin ie ne fais point le détail de plus de cinq cens vœux en cire d'hommes, de femmes, d'enfants, de pieds, de mains, sans compter les suaires, les chemises, les annilles et cent autres choses qui sont autant d'évidentes marques de plusieurs guérisons miraculeuses » (1).

Le vieux carme raconte avec un cachet de véracité, en fournissant les témoignages authentiques, plusieurs guérisons miraculeuses, entre autres celle de trois aveugles :

Le premier est nommé Guillemin, de la Ville-Ancerne, évêché de Saint-Brieuc.

« Depuis trois mois, après avoir receu plusieurs incommoditez de la perte de ses yeux, il eut recours à l'intercession de Nostre Dame du Roncier de Josselin, où après que ses parents l'eurent amené, fait célébrer la sainte messe et rendu leurs vœux, il commença tout à l'instant à voir et reconnoistre l'image de la sainte Vierge.

« Elle a un beau bonneau », disait-il en son patois. Pour reconnaissance de ce bienfait, ses parens et lui sont venus ce jour, vingt-cinquième de may,

____

(1) *Le Lys parmi les épines.*

accomplir leur vœu dans ladite église, et en action de grâces ils ont présenté deux yeux de cire et deux cierges. Et, pour plus grande approbation de ce miracle, ledit Grégoire Guillemin a été conduit par ses parens à la procession générale et solennelle faite le mardy de la Pentecoste dernier, à laquelle fut portée l'image miraculeuse de Nostre Dame du Roncier, et où il assista, un cierge blanc en main, marchant publiquement devant ladite image, à la connaissance de tout le peuple et du corps de la justice, qui marchait en ordre ».

Mathurin Le Bret, âgé de douze ans, habitait avec ses parents le village de Belguy, en la paroisse d'Angan, diocèse de Saint-Malo. Il avait « pour cas fortuit un œil crevé, et l'autre par la vérette (petite vérole) avoit esté couvert d'une taye grosse et épaisse, de façon qu'il ne voyoit pas du tout ». Ses parents le vouèrent à Notre-Dame et le conduisirent à l'église le 18 octobre 1665 ; et, après l'accomplissement de leur vœu et la messe célébrée, la taye se dissipa et il « reconnut au mesme instant les objets à luy presentez. Ce qui s'est fait à la veüe et connaissance du public ».

Un autre enfant à l'article de la mort fut remis par ses parents entre les mains de la bonne Notre-Dame. « Immédiatement après, ledit enfant vint en convalescence et se porte parfaitement bien ». Une épidémie de variole charbonneuse décimait la commune de Ménéac. En six mois près de trois cents personnes avaient été emportées. Le respectable curé de la paroisse fit faire un vœu solennel à Notre Dame du Roncier : aussitôt après, le fléau diminua, et en très peu de jours disparut entièrement. Les habitants de cette paroisse vinrent au nombre de quinze cents remercier leur protectrice.

En 1880, une guérison éclatante excita la reconnaissance de la ville de Josselin. La nièce de la supérieure de l'hôpital avait une horrible plaie qui lui rongeait la joue. Deux opérations n'avaient pas arrêté les progrès du mal. Une troisième allait être tentée, quand la personne qui la soignait l'engagea à recourir à la sainte Vierge et lui appliqua sur la joue un linge trempé dans la fontaine de Notre-Dame : quand les médecins découvrirent la plaie, elle était parfaitement guérie.

En 1883, une pauvre fille de la paroisse de Guégon, âgée de trente ans, Marie Billion, souffrait extrêmement d'une paralysie.

« Son bras gauche était raide et immobile ; sa main était fermée, et restait tellement serrée qu'on ne pouvait l'ouvrir, et que les ongles entraient dans la chair. Sa jambe gauche était, comme le bras, raide et immobile. Pour se mouvoir, la pauvre personne se servait d'une béquille, mais on était encore obligé de lui venir en aide ; et aussitôt qu'on la touchait, elle souffrait de cruelles douleurs (1) ».

Elle vint le 8 septembre à Josselin. Elle se confessa et communia dans le sanctuaire de Notre-Dame. La femme qui l'avait accompagnée, alla puiser de l'eau à la fontaine de Marie, et à son retour la malade lui montra sa main guérie ; sa jambe avait repris la force et la souplesse. Elle put marcher sans béquille et faire une demie-lieue à pied.

Vers 1728 une maladie caractérisée par des aboie-

____

(1) Relation de M. l'abbé Blanc, curé de Josselin, adressée à Monseigneur l'évêque de Vannes.

ments s'était déclarée dans le rayon de Josselin.
Quelques hommes en furent atteints. Les enfants n'é-
chappèrent pas à ce mal extraordinaire ; mais les
femmes en souffrirent en plus grand nombre : ce qui
fait sans doute que l'on nomma les malades les
aboyeuses.

Au début de la maladie, « elles tomboient par
terre comme évanouies, la bouche ouverte et criant
en forme d'aboy comme des chiens ; ce qui leur du-
roit près de deux heures, et tomboient plus de huit à
dix fois chaque jour et nuit » (1). Ces scènes effrayantes se renouvelaient pendant des mois entiers.

Le 25 mai, trois enfants de Camors arrivèrent conduits par leurs parents à l'église de Josselin pour l'accomplissement du vœu qu'ils avaient fait. « A la fin
de la messe célébrée pour eux, le petit garçon et les
deux petites filles éprouvèrent un mieux sensible.
Leurs parents les portèrent en procession autour de
l'église et de la fontaine, où la plus jeune commença
à marcher. En entrant dans l'église, l'aînée cessa de
crier, et ils furent tous les trois guéris comme s'ils n'a-
vaient jamais eu aucun mal » (2).

La nouvelle de cette miraculeuse faveur se répandit dans tout le pays, et les malades eurent recours
à la Vierge, salut de ceux qui espèrent en elle. Ils
trouvaient à ses pieds le soulagement, et, avec la persévérance dans la prière, la guérison.

Le 8 septembre 1868, l'antique cité de Josselin célébrait le triomphe de sa consolatrice. L'auguste
Pie IX allait couronner Notre-Dame du Roncier par
les mains de Mgr l'évêque de Vannes. 25000 étran-

(1) Le P. Isaac.
(2) Cité par le chanoine Nicol.

gers étaient accourus, bravant joyeusement les difficultés de la route. Plus de 200 prêtres précédaient
les prélats, parmi lesquels on remarquait un illustre
fils de Josselin : c'est nommer Mgr Nogret, évêque
de Saint-Claude.

L'immense procession se déroulait avec un ordre
imposant dans les rues de la ville, le long de l'Oust,
sous les murailles du château. « La statue était revêtue, selon l'usage antique, d'un ample manteau d'argent. Des broderies d'or relevées en bosse figuraient
des lis entrelacés de ronces, en souvenir de la découverte de la statue miraculeuse, cette fleur de la ville
de Josselin trouvée jadis entre les ronces » (1).

Le souvenir de ces pieuses cérémonies embaume
l'âme chrétienne et ne s'efface jamais.

---

(1) M. l'abbé Caro, professeur au grand séminaire, enfant de Josselin. Cité par M. le Chanoine Max Nicol.

NOTRE-DAME DE GRACE

Légende et histoire. — La chapelle des miracles.

L'église de Notre-Dame de Grâce, à Gignac, du diocèse de Montpellier, attire deux fois par an, le 15 août et le 8 septembre, une affluence de pèlerins.

Rien de plus édifiant que ces longues processions de malades et de gens de tout âge qui viennent, jusque des pays éloignés du bas Languedoc et du côté des Cévennes, offrir les plus touchants témoignages d'amour à Marie.

La ville de Gignac se nommait autrefois *Tourette*, à cause de la tour principale qui domine la ville (1). De tous les pays voisins on s'y rendait pour fêter la déesse Vesta, dont le temple était situé dans un bois, sur un plateau, à la place sans doute où est bâti le sanctuaire de Notre-Dame de Grâce.

Saint Flour, premier évêque de Lodève, évangélisa avec succès ces contrées. Leurs populations embrassèrent les premières la religion de Jésus-Christ. Le saint prélat renversa le temple païen, et bâtit sur ses ruines un autel, qu'il consacra à la Reine des anges.

Il paraît que cet oratoire, desservi par des ermites,

(1) *Notice historique sur la dévotion de Notre-Dame de Grâce*, 1878.

était très fréquenté. De toutes parts on y venait honorer la Mère de Dieu. Cet empressement du peuple ne se démentit point jusqu'au jour où ce lieu de bénédiction fut envahi par les hérétiques.

L'image de Notre-Dame disparut. Mais les populations conservèrent le souvenir de ses bienfaits, et ce sentiment de pieuse reconnaissance leur obtint sans doute une insigne faveur.

Un jour, rapporte la tradition, un homme aveugle et muet de naissance, conduit par un chien, se dirigea vers les ruines de la chapelle. C'était le 8 septembre 1360. Poussé par un désir qu'il ne s'explique pas, il se baisse et ses mains s'enfoncent dans les décombres. Après un instant de recherche, il sent un corps dur et retire une statue de la sainte Vierge. L'aveugle baise la précieuse image ; il l'invoque : sa prière est exaucée il voit, il parle, et dans sa joie il emporte chez lui son trésor. Le lendemain, la statue revient à l'endroit où elle a été trouvée.

Le bruit de ce fait merveilleux se répand au loin. Les fidèles accourent en grand nombre sur le lieu du miracle, et une nouvelle merveille ravit de joie les assistants privilégiés : on voit de petites croix étincelantes suspendues dans les airs pendant la nuit. A plusieurs reprises ce céleste phénomène se renouvelle.

L'évêque de Béziers vint constater cette apparition, et planta de ses propres mains une croix de bois sur les débris qui cachèrent l'image de Marie.

Les dons arrivèrent de toutes les parties du diocèse, affirmant la foi des populations à ce prodige nouveau. Une chapelle fut d'abord construite, et l'on y plaça la statue retrouvée. Elle reçut le nom, qu'elle porte encore, de chapelle des Miracles.

Peu de temps après, on érigea une église attenante à cette chapelle, sous le vocable de Notre-Dame de Grâce.

Dieu bénit ce sanctuaire. De grandes faveurs y furent obtenues par l'intercession de l'auguste Mère. Un fait suffit à faire comprendre avec quelle confiance ou recourait à Notre-Dame : au milieu d'une sécheresse désolante, les prières publiques obtinrent une pluie abondante, qui vint féconder la terre et sauver les récoltes compromises.

L'évêque de Béziers, heureux de servir les desseins de Dieu et d'encourager la dévotion de son peuple, « fit expédier aux consuls une patente en date du 1ᵉʳ octobre 1373, par laquelle il était permis d'y faire célébrer, à l'avenir, la sainte messe par tels prêtres approuvés qu'ils voudraient » (1).

On croit que cette église subsista pendant plus de deux cents ans et fut détruite par les calvinistes en 1573.

Quand la France ensanglantée par les guerres de religion commença à recouvrer la paix et à panser ses blessures, les consuls s'employèrent à relever Notre-Dame de Grâce et la rendirent au peuple beaucoup plus belle qu'elle n'était avant sa ruine.

Jusqu'en 1612, cette église fut desservie par des prêtres payés par les consuls. Mais on trouvait difficilement des sujets pour en prendre la direction, et l'on songea à les remplacer par des religieux.

Les PP. récollets jouissaient d'une réputation mé-

____

(1) Notice historique sur la dévotion à N.-D. de Grâce, à Gignac, 1878.

ritée de zèle et de sainteté. Ils combattaient l'hérésie de Calvin, et faisaient de nombreuses et éclatantes conversions.

Le conseil général de la ville délibéra qu'à l'avenir et à perpétuité Notre-Dame de Grâce serait mise sous la direction des enfants de Saint-François.

« Cette concession fut agréée par le cardinal évêque de Béziers et confirmée par des lettres patentes de Louis XIII » (1).

La dévotion, un instant affaiblie, reprit une nouvelle vigueur. Les pèlerins arrivaient en foule à l'église de Notre-Dame. Des personnes délicates et de haute condition venaient à pied demander des faveurs à la Mère bénie et lui rendre des actions de grâces. En certaine circonstance solennelle on compta cent vingt processions à la fois. Trois cents prêtres assistaient au service divin. C'était une éclatante manifestation d'amour envers Marie.

Le connétable de Montmorency, étant fort âgé, ne pouvait participer à ces fêtes, dont il entendait parler avec enthousiasme. Il fit prier les PP. récollets de réunir ce peuple pieux près de Pézenas, où il faisait sa résidence ordinaire. On le porta au sommet d'une tour de son château ; et, apercevant cette multitude de dévots pèlerins rangés sous diverses bannières, il s'écria : « Avec toute mon autorité et toute ma puissance, je ne serais jamais parvenu à rassembler dans ma province un si grand nombre de troupes ! » Humble aveu de l'homme qui comprend le néant de sa grandeur.

En l'année 1620, Monsieur Clément de Bonzy, prieur d'Aniane, puis évêque de Béziers, fit un vœu

____
(1) *Idem.*

pour obtenir la cessation de la peste qui ravageait Montpellier, Pézenas, Clermont et d'autres pays voisins. Il vint à la tête de sa paroisse remercier la sainte Vierge de sa protection, et, après avoir célébré la messe à la chapelle des Miracles, il offrit un cierge de vingt livres.

Après quelques années de paix, les mauvais jours revinrent. Les religionnaires, toujours opposés aux édits de Louis XIII, troublèrent de nouveau le royaume. Le duc de Rohan, chef des rebelles, à la tête de trois mille hommes, s'empara de la ville, la saccagea, et fit le siège du couvent et de l'église de Notre-Dame de Grâce, le 25 avril 1622. Les ornements, les livres, tous les objets sacrés, devinrent la proie des flammes. L'église et le couvent furent détruits.

Après cette tempête sacrilège, les PP. récollets songèrent à relever leur chère église de ses ruines et demandèrent des secours à Louis XIII. « Le roi leur accorda des lettres patentes portant cinquante mille livres de représailles à prendre sur les biens des rebelles de Gignac, Montpellier, Nîmes, Lunel et Montagnac » (1). Ces taxes ne pouvaient suffire à de si grands besoins. Les dons généreux des fidèles aidèrent les religieux, et l'église se releva de ses ruines, dans ses belles et vastes proportions, telle qu'elle existe aujourd'hui.

« Bâtie solidement, sa façade est ornée de fenêtres dominant sur des balcons, qui produisent un très bel effet ; son frontispice est décoré des ordres toscan, dorique et ionien. Son entrée a deux portiques surmontés de la statue de la Vierge. Sa nef enfin, spa-

____

(1) Notice déjà citée.

cieuse et bien éclairée, offre sur ses côtés de belles tribunes au-dessus des chapelles » (1).

Une promenade faite par la nature s'étend sur la cime d'un rocher en face de l'église. A cette hauteur, la vue embrasse les vallées fécondes de l'Hérault, les montagnes des Alpes et les Pyrénées sous leur couronne de neige.

Dans ce site charmant, on a érigé quatorze oratoires laissant voir, à travers leur grille, la représentation des mystères de la passion de Notre Seigneur.

La chapelle des Miracles attire tout particulièrement les pèlerins. A ses pieds on découvre une cavité qui reçoit un eau très pure et abondante, qui communique au dehors. Les pèlerins aiment à s'y désaltérer.

On voit, enchâssée dans le mur, la pierre qui supportait la croix de bois posée par l'évêque de Béziers.

La chapelle possède un très grand nombre d'ex-voto très touchants : planches de navires, robes, cordons, béquilles ; preuves incontestables de la bonté de Notre-Dame et de la reconnaissance de son peuple.

Les PP. récollets conservent dans leurs archives une longue liste de miracles authentiques obtenus par l'intercession de Notre-Dame de Grâce. Nous en résumerons quelques-uns des plus intéressants.

Angéline Sobrière, de Gignac, pleura pendant trois jours sur le corps de son fils qui ne donnait presque plus de signes de vie. Le malheureux s'était percé d'un coup de pertuisane, qui avait traversé son corps.

____

(1) Notice déjà citée.

Sa pauvre mère ne désespéra point. Elle voua ce fils chéri à Notre-Dame de Grâce, et eut la joie de le voir aussitôt parler et revenir à la santé.

Sa guérison fut reconnue par les médecins comme miraculeuse. La déposition de cet heureux événement fut reçue par Guillaume Camery, notaire de Gignac, et datée du 4 octobre 1460.

L'an 1454, le 3 avril, une femme nommée Compeyre, de Gignac, mit au monde un enfant mort. La famille était pieuse sans doute et fort affligée de n'avoir pu donner la grâce du baptême à cet enfant. Le beau-père de la femme Compeyre porta ce pauvre petit être dans l'église et le déposa sur les dalles. Nous ne savons quelle prière il fit, mais elle dut être bien admirable de foi et de confiance. Le nouveauné resta deux jours sous la garde de Dieu et sous les yeux de Marie. Après ce temps il se réveilla comme d'un long sommeil, et fut remis, plein de vie, entre les bras de sa mère.

Une pieuse religieuse de Clermont-Lodève, sœur Germaine, se rendit à Notre-Dame de Grâce par les ordres exprès de Louis XIII et de la reine Anne d'Autriche, son épouse, afin d'obtenir de la bonté de la Mère de Dieu un Dauphin pour la France. Sœur Germaine eut un ravissement dans l'église de Notre-Dame. Elle vit la bonne Vierge qui l'assura qu'il naîtrait un prince qui ferait la joie des catholiques et la terreur des hérétiques. Moins d'un ans après, le 5 septembre 1638, la reine, après vingt-trois ans d'attente, donna à la France Louis XIV.

Le 25 août 1775, un bateau de Mèze partit pour aller à Cette assister aux régates de Saint-Louis. Arrivé au milieu de l'étang de Thau, un orage épouvantable se déchaîne et le tonnerre gronde sur la tête des passagers. La frêle embarcation, pressée par les vagues grossies et menaçantes, ne peut plus les protéger. Après une lutte désespérée elle disparaît dans les flots.

Une jeune fille de Paulhau, Mlle Massé, âgée de quinze ans, saisit une planche du bateau brisé, et, se vouant à Notre-Dame, elle passe une nuit et un jour en prière, soutenue au-dessus de l'abîme par ce léger débris.

Ses prières confiantes furent exaucées. Celle que l'on nomme l'étoile des mers la fit aborder saine et sauve sur le rivage, sans autre gouvernail que son voile, que le vent enflait. Elle n'oublia pas qu'elle devait la vie à Notre-Dame. Plus tard, sous le nom de Mme Merle, elle aimait à venir prier Marie dans sa chapelle. Arrivée au bas du Rivanel, elle enlevait sa chaussure, et, pieds nus, en robe blanche, un cierge à la main, elle allait rendre grâce à sa bienfaitrice.

L'auteur de la notice que nous consultons, tient ces détails du petit-fils de Mme Merle, ex-juge de paix à Gignac.

En 1825, mademoiselle de la Forêt, en religion sœur Hyacinthe, religieuse ursuline de Sommières (Gard), fut atteinte d'une fièvre maligne à la dernière période. Les médecins, après beaucoup d'essais pour la combattre, déclarèrent que la malade était inguérissable et que sa mort était prochaine.

Sœur Hyacinthe connut son arrêt. Elle reçut les derniers sacrements avec une grande ferveur et se prépara à la mort. Un de ses parents, de Gignac, M. Combaud, médecin (qui lui-même a fourni ces détails), vint voir la malade. Il se convainquit de l'état désespéré de sa cousine, et, voyant qu'elle avait peu d'heures à vivre, l'engagea à recourir à Notre-Dame de Grâce.

On sortit pour laisser quelques instants l'excellente religieuse avec ses saintes pensées. La supérieure revint, suivie de M. le docteur Combaud, à la cellule de sœur Hyacinthe ; et quelle ne fut pas leur surprise ! le lit était vide ; la mourante, qui s'est habillée seule, est prosternée devant une image de la sainte Vierge. Le docteur la gronde affectueusement. « Mon cher cousin, lui dit-elle, je suis guérie, et je remercie Notre-Dame de Grâce de m'avoir rendu les forces et la santé ». Le lendemain elle descendit à la chapelle et fit la sainte communion pour remercier Dieu et sa divine Mère.

Voici des faits non moins admirables et d'un intérêt général :

En 1766, dans la nuit, une trombe d'eau accompagnée de tonnerre éclata sur Gignac, et pendant quarante heures les éclairs jetèrent leurs lueurs sinistres sur des scènes de désolation. Les eaux débordaient des fossés de la ville et faisaient écrouler avec un bruit lugubre les remparts et les maisons.

La piété du peuple se montra à la hauteur de ce suprême danger. Le clergé, les consuls et tous les habitants de Gignac se réunirent, et deux fois montèrent en procession à Notre-Dame de Grâce, calmes et recueillis sous la pluie et la violence des vents. Dieu exauça des prières si ferventes : le calme succéda à la tempête, et tout danger fut aussitôt conjuré.

En 1854, le choléra exerça de grands ravages dans les environs de Gignac. On vit arriver aux pieds de Notre-Dame de Grâce les confréries des paroisses voisines, ayant à leur tête leurs dignes curés, afin de supplier Marie d'être l'intermédiaire de la miséricorde de Dieu.

La Vierge secours des chrétiens ouvre plus largement ses bras à ses enfants malheureux. Puisse sa douce image attirer de plus en plus sur les contrées où elle est vénérée les bénédictions du Ciel !

NOTRE-DAME DES MIRACLES

Apparition miraculeuse. — La royale fondatrice. — Histoire.
— Couronnement. — Protection.

Mauriac, dans le diocèse de Saint-Flour, est situé sur le penchant des montagnes de la haute Auvergne. Cette ville et son pèlerinage prirent naissance à la même époque que la monarchie française, cinq cents ans après J.-C.

Clovis, voulant agrandir le royaume de son père, se mit à la tête des Francs et battit les Romains, les Allemands, les Bourguignons et les Wisigoths. Son fils Thierry lui soumit l'Auvergne.

Un chef ennemi très puissant, Basolus, résistait à son armée. Après une lutte désespérée, il tomba au pouvoir du vainqueur.

Par les ordres du roi des Francs, il fut conduit à Sens, et là, au lieu de la mort qu'il attendait, il reçut la foi et la vie.

La fille de Clovis, l'angélique Théodechilde, digne de sa sainte mère, va le visiter. Son cœur charitable s'émeut à la vue de l'illustre captif ; elle implore sa grâce. Clovis consent à rendre la liberté à Basolus, à condition qu'il se retirera dans le monastère de Saint-Pierre-le-Vif, que Théodechilde vient de fonder à Sens.

Le captif entra dans les pieux sentiments de sa libératrice : il se retira au couvent qui lui était assigné, et y mourut saintement.

Il possédait de grands biens en Limousin et en Auvergne. Clovis les donna à sa fille.

La princesse Théodechilde venait de temps en temps visiter ses domaines. Tout le pays de Mauriac lui appartenait. Un jour qu'elle traversait les forêts qui entouraient son château de Montsélis, sur le territoire où s'élève la ville de Notre-Dame, elle vit une grande lumière qui descendait du ciel, et en fut éblouie, elle et ses gens. Pendant toute la nuit elle aperçut de son château ce feu divin qui éclairait les collines sauvages. Elle se mit en prière, et Dieu lui donna le secret de ce mystérieux événement.

Le lendemain matin, elle s'empressa de retourner au lieu où elle avait joui de cette belle vision. La lumière inondait de sa clarté une pierre polie et brillante comme le marbre.

Tout à coup la princesse vit venir à elle une lionne et ses lionceaux. Le chroniqueur Mourguios raconte qu' « ils vinrent à baisser à l'instant la teste et s'incliner en présence de cette très dévote et très vertueuse princesse, semblant vouloir la caresser, lui applaudir ; ce que voyant, ceste saincte princesse eut recours à Dieu, étant toute extasiée du procédé de ces animaux épouvantables, qui sembloient avoir changé de nature ».

La pieuse Théodechilde eut la nuit suivante une vision pendant son sommeil : elle vit la Vierge Marie portant l'Enfant Jésus dans ses bras et allant vers l'endroit éclairé par la céleste lumière ; elle était précédée de saint Pierre et suivie d'une multitude d'esprits angéliques qui chantaient.

« Lorsqu'elle fut éveillée, continue Mourguios, elle
resta merveilleusement consolée et satisfaite. Le lendemain, dès aussitost qu'elle fut habillée, estant toute
ravie de cette vision, elle se porta derechef au lieu
où elle avait vu, les deux jours précédens, la susdite
lumière et clarté au milieu des bois, et la voit encore
pour la troisième fois paroistre et reluire à l'instar
d'un rayonnant flambeau au mesme lieu, comme
aussy la susdite lionne avec ses faons, qui vinrent à
lui faire les mêmes inclinations et signes de soumission que devant. Là dessus, la saincte princesse, inspirée d'en haut, leur fait commandement au nom de
Dieu, de la glorieuse Vierge Marie sa mère, et de l'a-
postre sainct Pierre, de quitter et abandonner ce lieu :
ce que ces bestes farouches firent, venant à obéir tout
aussitost à la volonté d'icelle et à se retirer, mais
avec tels marques et signes qu'on eust dit que les arbres et buissons de ceste forêt étoient agités de vents
bruyans ; ce qui causa sur-le-champ une liesse et consolation indicible, tant à la religieuse princesse Théodechilde, qu'à tous les spectateurs et assistants. Ces
bestes effroyables s'étant retirées, elle se résolut de se
porter sur le lieu, et parce qu'il y avait de la difficulté d'y aborder à cause de la foison des épines et
ronces et de la multitude des arbres, qui étoient bien
épais dans ceste forest, elle commanda à l'instant
d'oster tous ces empeschemens et embarras et de faire
un chemin commode et facile pour y aller. Ce qui ayant
été fait, elle vint à se rendre dès aussitost sur le lieu,
portée d'un extrême désir et affection de voir, et y
trouva une pierre de marbre, sur laquelle la susdite
lumière et clarté paraissait encore. Elle admire la
bonté de Dieu, sa providence et son procédé, le loue

et remercie, et, croyant par ces indices que c'étoit son bon plaisir qu'elle fist bastir en ce lieu une chapelle en l'honneur de sa très saincte et très glorieuse Mère, lui recommande ceste affaire, puis fait bastir au plus tôt ceste chapelle et faire l'autel d'icelle sur le marbre sur lequel la susdite lumière et clarté avoit été vue et trouvée, et fut prescrit et ordonné par ceste très dévote princesse, qui ne respiroit rien tant que l'augmentation du culte et service de Dieu et de sa très digne Mère, qu'on tiendroit dès lors, jour et nuit, une chandelle allumée en ceste saincte chapelle, en témoignage de ceste merveille et vérité, c'est-à-dire en mémoire et souvenance à la postérité et aux siècles futurs de l'apparition et ostension de la susdite clarté céleste à elle faite et arrivée par trois diverses fois » (1).

La ville de Mauriac et son pèlerinage naquirent de ce fait miraculeux, dont l'authenticité nous est garantie par des auteurs consciencieux (2).

La chapelle fut construite avec les débris d'un temple dédié à Mercure, au lieu de la vision. On y trouva une statue du faux dieu, que l'on cacha dans un château voisin.

Théodechilde fit placer une statue de la sainte Vierge et de nombreuses reliques dans la chapelle, et avertit saint Remy, évêque de Reims, de sa nouvelle fondation. Un prêtre fut envoyé par les ordres du pontife pour bénir l'église.

____

(1) *Histoire de Notre Dame des Miracles de Mauriac,* par M. l'abbé J. B. Serres, 1876.

(2) Montfort, prêtre de Mauriac ; Mourguios, dans leurs chroniques ; dom Laurent, moine bénédictin. M. l'abbé J. B. Serres a ces documents en sa possession.

On peut supposer que cet événement si important pour le christianisme se passait vers l'an 507.

Le sanctuaire de la forêt fut promptement connu et bientôt renommé. « Après les sainctes consécrations de la chapelle et image Nostre-Dame, les ministres de l'Église se mirent à y faire si dévotieusement offices, cantiques et célébrations, que n'y avoit cœur si dur qui ne psallit, ravy à Dieu et à la Vierge Marie. Et affluoit tant de peuples (1) de toutes nations à ladite chapelle, pour les évidens miracles que faisoit la glorieuse Vierge Marie, que nuict et jour on ne voyoit que nombre infini de gens entrant et sortant testes nues, déchaux et en chemise (2) en grande pénitence à ladite chapelle ». — « Et fut appelée cette saincte chapelle Notre-Dame des Miracles (3), tant à cause que le lieu où elle avoit été faite et bastie avait été miraculeusement trouvé par la très glorieuse princesse Théodechilde, qu'à cause des fréquens miracles et prodiges qui s'y faisoient ordinairement ».

Des pèlerins bâtirent des maisonnettes dans les clairières de la forêt, formant ainsi une ceinture au sanctuaire, et la ville de Mauriac fut ainsi fondée.

La sainte princesse donna tous ses biens aux moines de Saint-Pierre-le-Vif de Sens, et fit construire un monastère à côté de la chapelle dans le but de faciliter les pèlerinages. Ce monastère fut élevé sous le vocable de Saint-Pierre. Les moines de Saint-Benoît virent leur piété porter de merveilleux fruits. Le monument de la royale générosité de Théodechilde tra-

(1) Peuplades qui se partageaient la France.
(2) Un sac. — Montfort.
(3) Mourguios.

versa les âges, paré de l'auréole du prodige et de la sainteté (1).

Au VI⁰ et au VII⁰ siècle, les fondations devinrent très nombreuses. Un doyen du couvent fit élever une chapelle à saint Michel. On donna un hôpital aux pèlerins. Plus tard, à un quart d'heure du couvent, un homme du nom de Thomas, qui avait été guéri d'une humeur cancéreuse par l'intervention de Notre-Dame, bâtit une chapelle sur une hauteur. Des paysans s'établirent autour de cette nouvelle fondation, et formèrent un village qui porte encore le nom de Saint-Thomas.

Deux ermites vinrent se fixer dans les solitudes qui entouraient la cité naissante : « saint Calupan, dans les rochers de Méallot, et saint Thil, sur la rive ombragée de l'Auze, à Brageac, où il fonda un monastère de bénédictins (2) ».

Au VIII⁰ siècle, la gloire du sanctuaire de Notre-Dame des Miracles s'obscurcit : les Maures ou Sarrasins d'Espagne pénètrent en France ; ils envahissent l'Auvergne, saccagent les monastères, entre autres celui de Mauriac, brûlent Clermont, et emmènent en Espagne un grand nombre de prisonniers.

Voici la légende de deux captifs des Maures :

Un matin, les habitants de Mauriac trouvèrent deux hommes couchés et endormis, les fers aux pieds et aux mains, devant la porte de la chapelle de Notre-Dame. Ils les réveillent, et les inconnus, surpris de se trouver dans ce lieu, racontent leur merveilleuse histoire :

(1) Sainte Théodechilde fut ensevelie dans son monastère de Sens. Le diocèse de Saint-Flour célèbre sa fête le 7 du mois de juin.
(2) J. B. Serres.

Ils ont été faits prisonniers par les Maures et jetés au fond d'un cachot, en Espagne. Ils ne devaient en sortir que pour aller à la mort. Mettant toute leur espérance en Notre-Dame des Miracles, ils la prient avec une ardeur que l'approche du terme fatal ne peut diminuer. Un soir ils s'étaient endormis en Espagne, et le lendemain ils se réveillaient en Auvergne, aux pieds de celle qui les avait sauvés.

Les habitants de Mauriac, enthousiasmés au récit de ce prodige, délivrent les prisonniers et entrent avec eux dans la sainte chapelle pour rendre des actions de grâces solennelles à Marie. Les captifs suspendirent eux-mêmes leurs fers aux murs de la chapelle, où ils sont encore comme un souvenir de la puissance de Notre-Dame.

Après le départ des Sarrasins, le monastère de Mauriac fut relevé par les moines. « L'achevêque de Sens, Jérémie, réédifia dans l'Acquitaine un monastère en l'honneur de saint Pierre, au lieu appelé Mauriac et sur le propre fond que Théodechilde, fille de Clovis, et Basolus, comte d'Auvergne, avoient délaissé à Saint Pierre-le-Vif, de Sens: Il édifia ce monastère à la prière de Frodebert, abbé de Sens, pour mettre un terme aux usurpations que les hommes du pays commettoient sur les terres et les domaines de Saint-Pierre, dont ils faisoient leurs propriétés » (1).

En 827, Louis le Débonnaire confirma cette fondation. Le pèlerinage fut rétabli avec le monastère.

« Au commencement du XII⁰ siècle, Louis le Gros, roi de France, dans un acte, parlant de la chapelle de Mauriac, l'appelle la chapelle des rois francs, ca-

____

(1) L'historien Clarius, notice citée p. 10.

pella regum francorum, faisant allusion à sa fondation royale » (1).

Au Xe et au XIe siècle, Mauriac fut érigé en archiprê-
tré du diocèse de Clermont, et les moines nommèrent
un chapelain à Notre-Dame, afin d'avoir plus de
temps à donner aux pèlerins et au défrichement de
la forêt. Le sceau du chapelain mentionné en 1104
porte « une sainte Vierge tenant l'Enfant Jésus entre
ses bras, devant un homme à genoux ; il y a de l'é-
criture illisible autour du sceau » (2).

Au XVe siècle, le chapelain eut le titre de vicaire
perpétuel, enfin celui de curé.

La chapelle de Sainte-Théodechilde ne pouvait
contenir tous les pèlerins malades qui se pressaient
à ses portes. Les religieuses populations de l'Auvergne songèrent à bâtir une vaste église à Notre-Dame.
Paysans, moines et bourgeois s'engagèrent à y con-
tribuer selon leurs ressources.

L'église fut érigée providentiellement. On en fit la
dédicace avec solennité. Les chroniqueurs affirment
que Notre-Dame témoigna sa satisfaction à son peuple en faisant descendre du ciel une lumière ardente
et réjouissante qui illumina le temple pendant trois
jours et trois nuits (3).

Des prêtres s'établirent alors en communauté, afin
de suffire aux besoins des pèlerinages de plus en plus
nombreux. En 1170 et en 1266, des fondations furent
faites en leur faveur. Cette communauté fut approuvée par le pape Clément V.

L'église de Mauriac est un vaste et magnifique mo-

(1) M. l'abbé J. B. Serres, p. 10.
(2) Verdier Latour.
(3) Notice citée p. 14.

nument d'architecture romano-byzantine. Les plus grands personnages vinrent s'agenouiller aux pieds de Notre-Dame des Miracles. Nous citerons les deux plus illustres visiteurs : le pape Calixte II, qui séjourna à Mauriac en 1120, ainsi que le rapporte la bulle datée de Mauriac, le 9 des calendes de juin 1120 (1), et saint Dominique, fondateur des FF. Prêcheurs qui parla deux fois aux peuples accourus à sa voix, en l'honneur de la Vierge vénérée.

Dans les temps les plus anciens, un cierge brûlait nuit et jour devant l'antique madone. A la fin du XIIIe, on ne sait pourquoi, il n'était plus allumé que la nuit. Le doyen du monastère ordonna, par acte du 10 mars 1310, que « le cierge, qui devait être d'une grosseur considérable, brûlerait nuit et jour à perpétuité » ; et il chargea le cellerier du monastère de l'entretenir, lui cédant à cet effet des rentes, etc.

Aux époques les plus reculées, il existait un office de Notre-Dame des Miracles, rédigé selon le rite romain. Les prêtres de la paroisse étaient obligés de le chanter le jour de sa fête et pendant l'octave.

Le corps de saint Quinide, évêque, était honoré dans le monastère de Saint-Pierre depuis le VIIIe siècle; celui de saint Mary, confesseur, au XIe siècle. La translation du corps de saint Paulin à Mauriac eut lieu au XVIIe siècle. L'office de sainte Théodechilde est récité le 28 juin.

Les Pères Jésuites fondèrent en 1563 un collège à Mauriac, et leur dévouement pour l'accroissement du culte de Marie et la beauté de ses fêtes donna un nouvel élan au pèlerinage. Ils établirent un pieux usage

____

(1) *Recueil des historiens*, tome X, p. 218.

qui subsiste encore : les deux premiers élèves de chaque classe sont habillés en chevaliers, et vont, l'épée à la main, faire cortège dans les processions et cérémonies des antiphones à la statue de Notre-Dame. C'est la garde d'honneur de la Reine du monde.

On célébrait au moyen âge les fêtes religieuses avec une splendeur dont rien ne peut nous donner une idée. En voici un aperçu d'après le chroniqueur Mourguios :

« Les communalistes en chape, les jésuites avec leurs trois cents élèves, les bénédictins avec leur costume monastique, les fréries de Notre-Dame, de Sainte-Théodechilde, de Saint-Mary, de Saint-Éloi, de Sainte-Anne, etc., très nombreuses et très pieuses; les tiers ordres avec leurs enseignes, les congrégations de bourgeois avec leurs bannières, les pénitents avec leur cagoule, leur grande croix et leurs emblèmes, donnaient à la fête un air de majesté, de grandeur austère qu'on ne voit plus de nos temps ». Ajoutons qu'à la procession solennelle marchaient les barons, les marquis, les écuyers, les chevaliers des châteaux voisins, avec leurs costumes seigneuriaux ; les consuls en robe noire et livrée rouge, les échevins, les baillis, les syndics, le prévôt, le juge royal, le juge du seigneur doyen et les autres officiers des deux justices, les sergents royaux, les hérauts à cheval, les hommes de la maréchaussée, etc., tous en costumes particuliers, « tous en fort bon et honorable ordre, tenant à honneur d'être les serfs de Notre-Dame ».

Il y avait là, dit Montfort, des violons, des fifres, des guitares, des luths, des arquebuses, des bombardes, des fusées, des tambours et des tambourins. 67 chapes portées par des prêtres et des clercs rangés en deux lignes offraient dans l'immense procession un coup d'œil magnifique.

A cette célébration de la fête de Notre-Dame des Miracles, ajoute l'auteur cité plus haut, « étoient gens de diverses régions affligés de variables maladies. Par les prières, mérites et oraisons de la Vierge Marie en cette église, les aveugles y étoient illuminés, les sourds recouvroient leurs ouïes, les muets avoient leur bonne parole ; ceux qui avoient le feu que l'on nomme infernal ou Saint-Antoine, étoient guéris, et tous apportoient grâces et louanges à la benoîte Vierge, qui, comme mère de miséricorde, bailloit et distribuoit aide et guérison, et faisoit grands et évidents miracles à ceux qui se réclamoient à elle de bon cœur et de bonne volonté ».

Les nouveaux venus de tous les pays étaient vêtus du costume des pèlerins : habit long, mantelet, sorte de pèlerine, chapeau aux larges bords, et portaient le bourdon, la gourde, l'escarcelle et la pannetière. Les autres étaient des pénitents, couverts d'un sac de toile qu'on nommait chemise. Le pèlerin emportait le souvenir de son pèlerinage, et, l'esprit rempli de naïfs récits, de douces légendes, il allait les conter dans les châteaux du Limousin et de l'Auvergne, payant ainsi l'hospitalité qu'il y recevait.

Ce qu'il y a de plus poétique dans les fêtes de Notre-Dame des Miracles, ce sont les grandes antiphones. Les premières commencent vers les sept heures du soir, veille de la fête, devant le saint Sacrement exposé.

Dans l'enceinte de l'église éclatante de lumière, se presse la foule des pèlerins. Les femmes venues de loin montent à genoux les degrés du grand portail et vont baiser les pieds de Marie. On chante avec enthousiasme les chants traditionnels. La musique éclate joyeusement. Les chevaliers de Notre-Dame sont à la droite de l'autel, l'épée à la main ; puis vient le maître des cérémonies, suivi de légions d'anges couronnés de fleurs, qui portent des palmes et des crosses.

Leur vêtement étincelle d'or et d'argent. A leur suite vient la cohorte des séraphins, les enfants de chœur en robe rouge ou bleue et surplis de dentelle ; les thuriféraires, le porte-navette, les acolytes, etc. ; les prêtres en surplis, les prêtres assistants, le célébrant précédé de son ange, une crosse à la main, vêtu de velours et d'hermine. On entonne les chants sacrés. Après le *Regina cœli* vient la cantate. Le peuple tombe à genoux, et dans un élan d'amour il chante: *Regina Miraculorum, ora pro nobis.* Reine des Miracles, priez pour nous !

Le prêtre officiant entonne le *Magnificat* : toutes les cloches vont porter aux échos des montagnes la grande nouvelle de la fête de Marie, L'encens est offert au saint Sacrement et ensuite à Notre-Dame. On chante le *Memorare*, le *Tantum ergo ;* l'officiant prend l'ostensoir dans ses mains, se place à l'entrée du chœur; il reste debout au milieu des nuages d'encens qui passent sur les têtes profondément inclinées ; les fleurs tombent à profusion dans le sanctuaire ; la musique fait entendre ses plus beaux morceaux, et dans un silence d'adoration la bénédiction est donnée.

Les heureux assistants de ces fêtes ont pu se demander si elles n'étaient pas un reflet de celles du paradis.

Le sanctuaire de Mauriac connut les mauvais jours. En 1574, les protestants s'emparèrent de la ville et l'occupèrent pendant trois mois. Ils y commirent des cruautés épouvantables : le chapelain eut la main droite coupée; le chambrier du monastère des moines de Saint-Benoît et un père franciscain furent massacrés.

« Les huguenots, outre beaucoup de meurtres qu'ils commirent tant de prestres que d'autres habitants, brûlèrent les maisons des religieux, le chœur du monastère, celui de l'église Notre-Dame et les faubourgs de la ville, mirent le feu à l'éguille du clocher du monastère, qui fut une chose lugubre à voir brûler... emportèrent les cloches de l'église Notre-Dame, celles du petit et du grand clocher des religieux qui servoient à carillonner lors des processions, le son et tintement desquelles étoit si fort, que les personnes qui parloient ne pouvoient s'entendre quand elles sonnoient ».

Les habitants de Mauriac ne cessèrent d'implorer la Reine des Miracles, et ils furent exaucés. Les protestants se retirèrent le 29 juillet 1574. La ville voulut perpétuer le souvenir de cet heureux jour, et fit le vœu d'en célébrer chaque année l'anniversaire par une procession d'actions de grâces.

En 1629, la fièvre rouge ravagea un tiers de la population de l'Auvergne. Les habitants de Mauriac, effrayés firent un second vœu: ils promirent, si la ville était préservée de cette épidémie, de faire, à perpétuité, une procession en l'honneur de Notre-Dame des Miracles, le 8 décembre, fête de l'Immaculée Conception. Leurs prières furent exaucées, et ils accomplissent fidèlement leur vœu.

On voit encore dans l'église un tableau représentant les miracles de Notre-Dame. Il fut donné en 1643 par les sieurs du Tillet, gens pieux, dit Mourguios, et grandement dévots à la Reine des cieux.

Un grand nombre d'ex-voto appendus aux murs du sanctuaire et aux pieds de la Vierge vénérable nous offriraient de beaux récits à sa gloire ; nous devons nous borner à relater quelques faits miraculeux.

Vers la fin du XVIIIe siècle, un habitant du village de Serre, paroisse de Mauriac, se rendait à Soursac en Limousin. La Dordogne était enflée par les pluies. Le voyageur monte dans une barque, qui est aussitôt emportée au milieu des flots. Ils l'agitent avec furie et à chaque instant menacent de l'engloutir. Le frêle esquif ne peut ni avancer ni revenir au rivage qu'il a quitté. Le passager sent que nul secours humain ne pourrait l'arracher à une mort imminente, et se recommande de toute son âme à celle qui a comblé de bienfaits ses aïeux. Soudain le bateau est porté sur la rive où il devait descendre. Le voyageur offrit à sa libératrice une petite barque en argent sur laquelle on voyait un homme penché sur un abîme ; ce témoignage de reconnaissance fut enlevé par une main inconnue pendant la Révolution.

Des signes de corruption se montraient et faisaient présager de prochaines catastrophes. En 1762, les Jésuites furent chassés du collège de Mauriac. En 1789, la Révolution éclata sur la France, et, avec son habileté infernale, elle accumula les ruines sous les yeux d'un peuple épouvanté.

L'antique monastère et l'église des religieux bénédictins furent détruits et leurs biens confisqués. On vendit le couvent des dominicaines, et les religieuses sans abri se dispersèrent. Un des prêtres de Notre-Dame fut guillotiné sur une des places de la ville. Les autres se réfugièrent en Espagne pour échapper à la mort.

Les bandes sacrilèges volèrent les richesses du sanctuaire, renversèrent son clocher et brisèrent ses statues. Le chœur de l'église allait être démoli ; mais l'arrêté du conseil municipal ne fut pas mis à exécution. L'antique statue faillit aussi disparaître. Dans un jour de démence, les patriotes impies montèrent sur le grand autel, saisirent la sainte image et la lancèrent sur le pavé, espérant la briser. Des mains pieuses la recueillirent mutilée, et la dérobèrent à la haine sauvage qui l'avait détrônée (1). Les reliques des saints, le tableau de Notre-Dame furent ainsi conservés. L'église devint un temple profané, où la déesse Raison remplaça la Reine des anges.

Les religieux Bénédictins, ces hommes de science qui ont jeté tant de lumière sur l'histoire du christianisme, furent chassés. Leur monastère, qui depuis douze siècles célébrait les gloires de Marie, appelait les pèlerins à ses pieds et civilisait les peuples des montagnes, tomba sous le marteau des destructeurs.

Le couvent des Dominicaines fut aussi vendu et les religieuses dispersées.

Pendant dix ans, le culte de Notre-Dame, vieux de treize cents ans à Mauriac, fut proscrit. On n'entendait que les plaintes des victimes de la Révolution et les blasphèmes des ennemis de Dieu.

______

(1) La Révolution passée, la statue de Notre-Dame fut restaurée par François Isaac, sculpteur et doreur à Mauriac. Il mourut en 1808, âgé de 54 ans.

On ne peut assigner une date à la statue de Notre-Dame des Miracles, ni indiquer positivement sa provenance.

Montfort, chroniqueur du XVI⁰ siècle, croit que cette statue venait de Rome. Il dit : « La reinè manda « à Rome, à Clovis, de demander pour elle au saint « pape Anastase qu'il lui plaise donner permission « de consacrer ladite chapelle (celle de Mauriac) et « de lui envoyer, pour y être placée, une image de « Notre-Dame. Le pape Anastase envoya ladite per- « mission au saint archevêque Remy de consacrer « la chapelle, avec la faculté de déléguer tel autre « qu'il voudroit... et envoya aussi le roy Clovis une « image de Notre-Dame à l'entour d'argent avec les « armoiries de fleurs de lys, semblables à celles de « Notre-Dame de Lorette et du Puy. Et furent les- « dites église et image ainsi consacrées, l'an 507, aux « fêtes de Noël » (1).

L'antiquité de la statue n'est pas douteuse : la Chronique de saint Pierre-le-Vif nous signale une chapelle dédiée à sainte Marie, à Mauriac, au commencement du XII⁰ siècle.

« Plusieurs actes de la deuxième moitié du XV⁰ siè- cle font mention d'une rue allant de Mauriac au Puy- Saint-Mary, par laquelle rue ou charreyre on portait, le jour de S. Barthélemy, en grande pompe et proces- sion solennelle, l'image de la glorieuse Vierge Ma- rie ».

Le 25 avril 1559, à l'occasion de la paix qui venait d'être conclue, « une procession eut lieu où furent vé- « nérablement apportées les sacrées et vertueuses

____

(1) *Histoire de Notre-Dame des Miracles de Mauriac*, p. 39.

« images de Notre Dame, de Monseigneur saint Mary
« et la croix de saint Pierre... Et après tout cela fait,
« la sainte procession, image de Notre Dame, reli-
« ques de Monseigneur saint Mary et croix de Monsei-
« gneur saint Pierrre, ensemble tous les assistants, al-
« lèrent rendre grâce à Dieu à l'église » (1).

Le 15 juillet 1652, Mgr Louis d'Estaing, après sa
visite pastorale dans l'église de Mauriac, faisait écrire
ces mots dans son procès-verbal : « Sur le maître-
« autel est placé un grand tableau de Notre-Dame
« des Miracles, embelli d'un cadre et rétabli bien
« propre, sur lequel est posée une image ancienne en
« relief de la sainte Vierge ».

« La statue de Notre-Dame représente la Vierge
mère debout. Elle porte sur le bras gauche l'Enfant
Jésus, dont elle soutient les pieds de la main droite.
Elle mesure 1 m. 14 de hauteur. Le corps de la statue
est en cœur de noyer d'une seule pièce depuis le so-
cle jusqu'au sommet de la tête. L'Enfant Jésus est en
chêne. La main droite est levée et bénit avec trois
doigts ouverts, ce qui est la bénédiction latine. Le
visage de la Vierge est plein de grâce et de majesté. »
La tête est un peu renversée en arrière. Les lèvres
paraissent sourire. L'enfant regarde sa mère. La statue a la couleur sombre du bois. Elle est vêtue d'une
robe très longue serrée à la ceinture. Sa tête est couverte d'un voile. Les traces de la restauration de l'i-
mage précieuse sont faciles à constater.

Il paraît probable que la statue vénérée à Mauriac
date du XIIᵉ siècle, « qu'elle devait être assise sur
un siège massif, puisqu'on a pu y tailler le pied de la
statue actuelle ; qu'elle tenait l'Enfant Jésus assis de-

(1) Montfort, histoire citée, p. 40.

vant elle sur ses genoux ; que la mère et l'enfant avaient
le visage de couleur noire, tandis que les habits étaient
peints en rouge, bleu et blanc ; et si Montfort décrit
la statue qui existait au XVI⁰ siècle, on y avait ajouté
postérieurement des ornements d'argent, et en particulier un semis de fleurs de lis sur les habits, comme
c'était l'habitude, surtout au XIV⁰ siècle » (1).

Après le concordat (1801), l'arrondissement de Mauriac fut désigné pour faire partie du diocèse de Saint-
Flour. Les prêtres revinrent à leur poste de dévouement et reconstituèrent les anciennes confréries,
entre autres celle des Pénitents. Le couvent des Dominicaines rassembla ses membres dispersés, et les fidèles s'empressèrent d'apporter de nouveaux ornements
à leur chère église.

Au milieu de l'allégresse générale, on vit reparaî-
tre la fête de Notre-Dame des Miracles avec ses antiphones et ses incomparables processions. Marie se
montra, comme par le passé, la mère secourable de
ses pèlerins des montagnes.

L'année 1816 fut dure pour le peuple déjà si éprouvé
par les guerres. Des pluies continuelles détruisirent
les récoltes, et il s'ensuivit une terrible disette. On
porta la statue de Notre-Dame en procession ; les Pénitents la suivirent pieds nus, et la pluie cessa le jour
même.

En 1832, on signale tout à coup l'approche du choléra. Le vénérable pasteur de Mauriac invita les curés
des paroisses voisines à venir avec lui prier Notre-
Dame, dont on porterait la statue en procession. Tous
répondirent à son appel et accoururent avec leurs pa-

____

(1) *Histoire de Notre-Dame*, p. 47.

roissiens aux pieds de la miraculeuse image de la Vierge. Mauriac et tous les pays avoisinants furent préservés du fléau.

Une ère nouvelle s'était levée sur la cité de sainte Théodechilde. Le sanctuaire avait été embelli. Les sœurs de Nevers étaient venues s'établir à l'hospice, et les frères des Écoles chrétiennes instruisaient les enfants du peuple avec le zèle modeste qu'ils apportent dans l'exercice de leurs utiles fonctions.

En 1843, le gouvernement ayant accordé quatorze mille francs pour les réparations de l'église, la première pierre du clocher détruit pendant la Terreur fut posée avec de grandes démonstrations de piété, en 1845.

L'année précédente, deux éminents prélats : Mgr de Marguerye, évêque de Saint-Flour, et Mgr Berteaud, évêque de Tulle avaient présidé les fêtes de Notre-Dame. Les montagnes de l'Auvergne et du Limousin envoyèrent à cette occasion à Mauriac leurs populations, aussi nombreuses et aussi ferventes que dans les siècles du moyen âge.

En 1852, des pluies torrentielles vinrent encore éprouver la confiance des habitants de ces contrées. La statue fut descendue de son trône et portée en procession au milieu des acclamations d'amour et d'espérance. La foi du peuple ne fut pas trompée : le beau temps reparut, et les dégâts causés par les pluies furent promptement réparés.

Une pauvre femme était depuis longtemps atteinte d'une maladie à l'épine dorsale. On la porta à l'hospice de Mauriac. Elle marchait avec des béquilles ; mais, à la suite d'une chute, son mal s'aggrava. En

1851, le lendemain de la fête, elle se traîna à l'église, offrit un cierge à Notre-Dame, entendit la messe, fit la sainte communion et obtint une subite guérison. Elle laissa ses béquilles le jour même dans l'église.

Un enfant de Saint-Julien (Corrèze) avait une jambe inerte. Les médecins ne donnaient aucun espoir de guérison. Son père le porta aux pieds de Notre-Dame des Miracles et à l'instant l'enfant fut guéri. L'année suivante, il revint avec son père et sa mère remercier Marie de cette miraculeuse guérison.

Le plus beau triomphe de Notre-Dame des Miracles fut son couronnement. Cet honneur n'avait encore été accordé en France qu'à trois madones renommées.

Mgr Lyonnet avait succédé à Mgr de Marguerye sur le siège épiscopal de Saint-Flour. Il assistait, le 8 décembre 1854, à Rome, à la proclamation du dogme de l'Immaculée Conception. Il sollicita du grand pape Pie IX la faveur du couronnement de la Vierge de Mauriac, et l'obtint. Le 13 mai 1855, cette imposante cérémonie s'accomplit magnifiquement.

La couronne, enrichie de pierreries, était un don de Mgr Lyonnet, délégué par le souverain Pontife.

La Vierge antique était revêtue d'un manteau tissu d'or et de soie. Quatre évêques, un nombreux clergé, les notables de la province, tous les hauts fonctionnaires du département, les autorités et les corps constitués, le tribunal en costume et une foule immense de pèlerins remplissaient le temple de la madone miraculeuse. On célébra les grandes antiphones selon l'ancien cérémonial, qui donne une couleur locale au pèlerinage. La ville tout entière fit éclater sa joie et son attachement séculaire à Celle à qui elle doit son existence et sa prospérité. Des soins vigilants ne cessaient de veiller sur le bien spirituel des âmes. Les admirables filles de Saint-Vincent de Paul vinrent à Mauriac, en 1860, pour y diriger un orphelinat fondé par une main généreuse, et un nouvel institut donna aux malades des religieuses pour les soigner à domicile.

Chaque année on se préparait à la fête de Notre-Dame par une retraite solennelle. Parmi les prédicateurs de ces saints jours, nous sommes heureux de trouver, à la date de 1869, le nom de M. l'abbé Juillet, grand vicaire d'Autun, dont le cœur était dévoré du zèle apostolique.

Les fêtes de Notre-Dame étaient toujours l'occasion d'un concours de prélats dont la présence et la parole étaient accueillies avec un pieux enthousiasme par la ville de Marie et ses pèlerins.

En 1861, Mgr de Pompignac et Mgr Charbonnel, ancien évêque de Toronto, en Amérique ; en 1865, l'évêque de Saint-Flour et Mgr Peschou, évêque de Cahors, présidaient les fêtes et accompagnaient à travers les rues de la cité la Vierge bien-aimée.

Au mois de juillet de la même année, l'illustre et regretté Mgr Landriot, alors évêque de la Rochelle, s'arrêta quelques jours à Mauriac, et du haut de la chaire il fit entendre sa parole vibrante, qui enlevait son auditoire.

Voici l'année lugubre 1870. Alors la sécheresse fut si grande, qu'elle détruisit les fourrages, les moissons, et une peste bovine atteignit les animaux. Les populations des campagnes vinrent en procession implorer la pitié de Notre-Dame. On exposa sa statue au milieu de la nef, et le fléau qui allait causer la ruine des paysans disparut.

Combien de douleurs vinrent exhaler leurs plaintes aux pieds de la Vierge des Miracles pendant cette guerre désastreuse ! O Marie, vous consoliez encore vos enfants par votre amour ; mais le bras de votre divin Fils s'était appesanti sur la France coupable, et vous ne pouviez plus le soulever !

1874 fut une année particulièrement malheureuse pour les paysans : un hiver sans neige, un printemps froid et sans pluie, un été brûlant, un soleil qui desséchait les sources et brûlait les céréales ; enfin, des orages destructeurs désolaient les campagnes. Sans foin pour nourrir ses animaux, sans blé pour sa subsistance et celle de sa famille, le cultivateur se trouvait dans une grande détresse.

La voix du prêtre arrêta le murmure sur ses lèvres. Le bon pasteur convia le peuple montagnard à la prière publique, humble et confiante. Un pèlerinage autorisé par l'évêque eut lieu après une neuvaine solennelle. Toutes les paroisses du canton vinrent en procession à Mauriac. La ville se para de ses plus riches décors. Notre-Dame des Miracles apparut vêtue de sa robe de moire blanche, couronnée du diadème de Pie IX, et portée par quatre lévites en aube.

La procession se déroula sur un parcours de deux kilomètres dans la campagne, et le saint sacrifice de la messe fut célébrée sous la voûte du ciel, en présence de cinq mille suppliants.

C'était le cœur de la population qui avait spontanément parlé. Le cœur de Marie répondit à sa confiance. A partir de ce grand jour, des pluies rafraîchirent la terre, et l'automne donna des récoltes abondantes.

En quittant la Vierge des Miracles, rappelons à « la vieille cité mérovingienne » les belles paroles prononcées par Mgr Berteaud, évêque de Tulle, en 1844, après les fêtes séculaires :

« Habitants de Mauriac, gardez votre culte à
« Notre-Dame, qui est le plus beau d'entre les cultes
« et que les autres contrées vous envient. Votre fête
« est la plus belle d'entre les fêtes : gardez-la, n'in-
« novez pas. Le véritable progrès est de garder les
« antiques usages. Et vous, Notre-Dame des Mira-
« cles, n'innovez pas : soyez toujours la même, tou-
« jours la consolatrice des affligés, la mère des or-
« phelins, la providence des pauvres, la protectrice
« de Mauriac ».

NOTRE-DAME D'ORCIVAL

Antiquité de la statue et du pèlerinage. — Protections. —
Faits miraculeux.

Orcival est un charmant bourg de cent feux, situé dans un vallon abrité par de hautes montagnes, à quatre lieues de Clermont. Un bras de la *Sioule* féconde ce nid caché dans la verdure.

Le nom d'Orcival, écrit par un *S* dans les anciens titres signifie, *vallon de l'Ours* ou *des Ours*, à cause des forêts qui couvraient ce pays. Écrit par un *C*, il signifie *vallon d'Enfer*, parce que dans cet endroit quelque divinité de l'enfer, sans doute Pluton, régnait sur cette contrée avant l'établissement du christianisme.

Les religieux furent les premiers habitants de ce pays. Ils y firent fleurir, avec les vertus chétiennes, l'amour de Jésus et de Marie. Les archives d'Orcival, pillées plusieurs fois, au temps des guerres des Normands et dans les malheureux jours de la Révolution française, nous auraient éclairés sur les commencements du culte de Marie dans cette solitude.

Une communauté de prêtres séculiers et nobles remplaça plus tard les religieux. En 1242, vingt-quatres chanoines s'établirent à leur place dans la communauté changée en collégiale. En 1487, Innocent VIII en diminua le nombre.

L'église d'Orcival est adossée à un rocher granitique. Elle est bâtie en forme de croix, et paraît avoir eu le même architecte que celle de l'antique Notre-Dame du Port, à Clermont. Elle a une église souterraine. La première façade est d'un bel effet, et le caractère ancien, malgré les ravages du temps, est très bien conservé.

Le pèlerinage de Notre-Dame d'Orcival remonte aux premiers siècles de l'Église. Des témoignages authentiques attestent que l'image miraculeuse, de la très sainte Mère de Dieu qui y est honorée aujourd'hui, y recevait les hommages des fidèles au IVe siècle. D'après les historiens les plus compétents, c'est le plus ancien pèlerinage d'Auvergne.

A la suite de nombreux miracles opérés aux pieds de cette image de Marie, on lui éleva un modeste sanctuaire, puis la basilique romane qui depuis douze siècles attire l'admiration des hommes de l'art.

On voit dans cette église un grand nombre de fers et de chaînes que les captifs délivrés par la divine intervention de Notre-Dame déposaient comme un témoignage d'éternel amour envers leur divine libératrice.

En 1385, sous Charles VI, le duc de Berry confia le succès de ses armes à Notre-Dame d'Orcival, et, vainqueur des Anglais à la Roche Sonatoire, il vint suspendre son étendard dans le sanctuaire de Notre-Dame d'Orcival.

En 1390, des bandes de brigands rançonnaient la France. Le roi chargea Robert de Béthune, vicomte de Meaux, de les détruire. Celui-ci réunit 400 lanciers et 100 archers génois autour de la Vierge vénérée, lui confia le soin de son honneur et alla mettre le siège

devant la Roche-Vandais, où les redoutables pillards
étaient renfermés. Après neuf semaines de combats,
la place fut enlevée et le duc remporta la victoire.

La statue miraculeuse, placée sur le grand autel,
entourée d'anges, attire particulièrement les regards.
Elle n'est point noire, mais couleur de chair naturelle. Elle est attribuée à saint Luc. Cette provenance
est justifiée par l'examen des hommes de l'art. C'est
une figure orientale en tous points semblable à la
Vierge de Lorette, qui est l'œuvre reconnue de saint
Luc, et à laquelle la Mère de Dieu, en la voyant, promit d'attacher des faveurs spéciales. Elle est d'un
bois inconnu, préservé de l'humidité par des lames
d'argent, qui couvrent toutes les parties du corps. La
Vierge est assise « sur une sorte de chaise, et tient
l'Enfant Jésus devant elle sur ses genoux. Jour et
nuit cette précieuse image est éclairée par trois lampes d'argent, dons des généreux fidèles. Le jour de
l'Ascension, elle est portée en procession par quatre
prêtres, nu-pieds, escortés par quatre hommes armés, précédés de MM. les chanoines et ecclésiastiques du voisinage, suivie de plus de quatre mille
personnes. La procession s'arrête sur un monticule
nommé par le peuple le Tombeau de la sainte Vierge,
où, selon la tradition, la précieuse statue fut trouvée.

La pieuse coutume de faire des vœux à Notre-Dame
d'Orcival remonte à une époque si reculée, qu'on ne
saurait lui assigner une date.

En 1626, les habitants de Langogne, étant atteints
de la peste, firent un vœu à Notre-Dame d'Orcival, et
le fléau cessa ses ravages.

En 1629, les habitants de Thiers, se trouvant dans la
même affliction, députèrent à Orcival deux chanoines

de la collégiale, un lieutenant général et un avocat au parlement. Ils promirent à Notre Dame, au nom de la ville, de venir en procession dans son église et de lui offrir une lampe d'argent, dès que la peste aurait quitté leur cité. Ils furent promptement exaucés.

Dans la même année, la population d'Orcival fut affligée d'une pareille calamité. Les membres du chapitre « firent vœu de réciter au chœur tous les jours de férie l'office de la Vierge ; vœu qu'ils accomplirent dès lors, et qu'ils accomplissent encore aujourd'hui avec la plus édifiante ponctualité » (1).

En 1631, la ville de Clermont était décimée depuis deux ans par la peste. Ses habitants se tournèrent vers Notre-Dame d'Orcival. « Ils députèrent au sanctuaire M. Émery, procureur ès cours et échevin de la ville, qui, au nom d'icelle, chargea MM. du Chapitre de faire une procession générale, et de célébrer tous les mercredis et samedis une messe à l'autel de la Vierge, avec les commémoraisons des saints Gal, Louis et Roch. Dès que la maladie eut cessé, l'échevin de la ville vint remercier Marie, accompagné d'un nombreux cortège, et offrit aux membres du Chapitre la somme de six cents livres, pour être employée partie en ornements d'église, partie pour fondation d'une messe à perpétuité le lendemain de la Pentecôte ; et depuis ce temps, MM. les échevins de Clermont se sont toujours rendus à pareil jour à Orcival pour rendre hommage à leur divine libératrice, assister à la messe fondée par leurs pieux prédécesseurs et y communier » (2).

(1) *Histoire de Notre-Dame d'Orcival.* En vente au sanctuaire.
(2) *Histoire de Notre-Dame d'Orcival.*

La ville de Montferrand, celle de Montluçon en Bourbonnais, d'Issoire, et vingt autres firent dans les mêmes circonstances un vœu et éprouvèrent la même protection.

Les anciens ducs d'Auvergne, après eux les comtes de Montpensier et Bernard de Ventadour, qui vivaient au XIVᵉ siècle, furent les fondateurs et les bienfaiteurs de l'église et du chapitre d'Orcival.

La famille de Chabannes Curton, par ses dons généreux, obtint de se bâtir un tombeau devant le grand autel. Au siècle dernier le tombeau fut ouvert, et l'on trouva intact le corps de Catherine de Bourbon, épouse de Gilbert de Chabannes, morte en odeur de sainteté au XVIᵉ siècle.

On raconte que son époux, mécontent de ses continuelles largesses, lui ordonna un jour de lui montrer ce qu'elle portait aux pauvres. Dieu renouvela le miracle qu'il avait fait pour sainte Élisabeth : l'époux soupçonneux vit les aumônes changées en roses de la plus grande beauté.

Beaucoup de miracles antérieurs à l'année 1554 sont relatés dans des manuscrits anciens. On peut les voir dans les archives d'Orcival.

Voici quelques faits miraculeux du XVIᵉ siècle :

Un homme de Charbonnières, atteint d'un terrible mal à la jambe, fit appeler un médecin. L'inflammation était considérable. L'homme de la science décida que l'amputation devait être faite sur le champ pour éviter la gangrène. Le malade, ne pouvant s'y résigner, implora le secours de Notre-Dame d'Orcival, et fit le vœu d'aller la remercier dans son église, si elle lui obtenait sa guérison. Sa foi fut récompensée : l'inflam-

mation disparut subitement, la jambe reprit ses forces, et le malade alla rendre grâces à Marie .

Une femme de Combronde était devenue subitement
muette, et depuis huit ans elle n'avait pas recouvré
la parole. Sa famille fit pour elle le vœu d'aller à Orcival, aux pieds de la vénérable image, dès qu'elle
serait délivrée de son infirmité. Dieu exauça cette
confiante prière: la malade se mit à parler, et jouit
d'une parfaite santé jusqu'à sa mort.

Le célèbre président Savaron avait deux enfants
qui, à la suite de plusieurs maladies étant en bas âge,
tombèrent dans un sommeil léthargique si profond,
que les savants chirurgiens et médecins de Clermont,
après avoir épuisé les ressources de la science, se retirèrent en annonçant la mort prochaine des deux endormis. La mère désolée les voua à Notre-Dame d'Orcival, d'après le conseil de son confesseur, et promit
qu'elle irait lui offrir ses enfants dans son église, si
elle daignait les arracher à la mort.

Ce vœu était à peine formulé par la pieuse mère,
que les enfants se réveillèrent pleins de vie et de santé.
Les heureux parents les conduisirent à Orcival, où ils
attestèrent avec serment ce que nous venons de rapporter (1).

En 1667, un cavalier de la maréchaussée, nommé
Boulandon, demeurant à Montaigu-en-Combrailles,
fut accusé d'un meurtre commis tout proche de sa
demeure. Sur de faux témoignages, il fut chargé de
chaînes, traîné en prison et condamné à subir la question ordinaire et extraordinaire. Au moment où il

______

(1) *Archives d'Orcival.*

allait être livré aux bourreaux, Boulandon pardonna à ses ennemis, se prépara à la mort et confia à Notre-Dame d'Orcival le soin de faire reconnaître son innocence. Les funèbres préparatifs sont faits. Mais on veut en vain lui appliquer la question : les cordes tombent chaque fois qu'on essaye d'attacher le patient, et les roues se brisent.

Aucun instrument de supplice ne paraît vouloir servir à torturer un innocent. Ce que voyant, les juges, au comble de l'étonnement, renvoient dans sa prison le condamné; ils revoient son procès, découvrent son innocence, et le mettent en liberté.

Boulandon court à Orcival, et, au milieu des témoignages de sa gratitude, il raconte sa délivrance en présence de M. Sarlière, notaire royal, et de M. Pierre Étienne, chanoine régulier et prieur de Volterre.

Au commencement de l'année 1760, M. Gilbert de Servières, écuyer, seigneur de Couronne-de-Beaupin de Saint-Priest des Champs et demeurant à Mauzat, fit une chute sur la glace en revenant de la messe. Il tomba si malheureusement, qu'il eut la cuisse droite disloquée. A demi mort, on le porta dans sa maison et l'on essaya de remettre les os à leur place. Cela fut si mal pratiqué, que l'inflammation et l'enflure firent d'effrayants progrès et gagnèrent tout le côté droit. Les chirurgiens les plus habiles, appelés auprès du malade, firent des incisions, et ne virent d'autres moyen de sauver la vie à M. de Servières que l'amputation du membre brisé. Celui-ci se refusant à cette opération, ils se retirèrent fort mécontents.

Pendant deux mois le malade subit un véritable martyre. Dégoûté de tous les moyens humains et reconnaissant leur impuissance, il s'adressa à Notre-Dame d'Orcival et promit d'aller lui rendre grâces, si, d'après son intercession, il plaisait au Seigneur de lui rendre la faculté de marcher.

Aussitôt que le vœu fut fait, ses douleurs s'apaisèrent, le membre si gravement atteint reprit sa force ordinaire, et le malade, transporté de joie, s'empressa de se rendre à Orcival. Après avoir entendu la sainte messe et remercié humblement la Mère des affligés, il déposa ce que nous venons de raconter en présence de vénérables témoins, qui prirent acte de sa déposition. M. de Servières laissa dans la chapelle de Notre-Dame ses potences suspendues à un ruban rouge, en souvenir de la grâce insigne qu'il avait reçue de la très puissante Notre Dame.

La haine satanique qui caractérise la révolution de 89, atteignit dans la modeste retraite d'Orcival un des plus beaux et des plus antiques monuments d'Auvergne. L'église fut sur le point d'être détruite ; mais les débris mêmes du sanctuaire auraient attesté sa grandeur et rempli ce coin de terre béni. On se contenta de mutiler l'édifice, de couper la flèche du clocher, de dépouiller les autels et de brûler les statues des saints sur la place publique, avec le corps de la vénérable Jeanne de Chabannes, que l'on avait exhumé.

La statue de la Vierge avait été cachée dans l'épaisseur du mur de la tribune, où elle demeura jusqu'en 1800.

Le pèlerinage d'Orcival s'est conservé dans toute sa ferveur et son austérité primitives. Les papes y ont attaché à perpétuité des indulgences plénières, et la sainte Vierge répand ses grâces avec une divine abondance sur les malades et les affligés qui accompagnent sa statue à la procession solennelle de l'Ascension.

« Qui pourrait compter cette longue suite de personnes de tout âge, de tout rang et de tout sexe, qui, au retour de la belle saison de chaque année, viennent rendre grâces à Marie, tantôt de la conversion d'un père, d'un époux ou d'un fils, tantôt du retour d'un aliéné à l'usage de la raison, tantôt de la guérison d'un malade désespéré, et tantôt d'avoir été délivrés, par l'invocation seule du nom de Notre Dame d'Orcival, d'un danger imminent, comme de la contagion, de l'incendie ou du naufrage » ! (1)

Vers la fin de 1830, Marie Langoille, âgée de 26 ans, originaire de Laqueuille, canton d'Orcival, se rendant à Clermont chez son père et voulant se soustraire à la compagnie d'un homme qui lui paraissait suspect, déposa ses chaussures et se mit à marcher nu-pieds dans la neige pendant l'espace de deux lieues.

Arrivée au foyer paternel, elle se mit au lit et fut bientôt aux prises avec l'hydropisie et la paralysie. Les médecins déclarèrent qu'il n'y avait aucun moyen pour arrêter les progrès du mal, et ils la firent transporter à l'hôtel-Dieu de Clermont.

Le docteur de cet établissement la soigna pendant trois ans et demi, et jugea quelle était atteinte d'une maladie incurable.

En 1834, Marie Langoille fit le vœu de réciter tous les jours les litanies de la sainte Vierge, et forma le

____

(1) *Histoire de Notre-Dame d'Orcival*, p. 71.

projet d'aller demander sa guérison à Orcival. Ses parents lui représentèrent qu'elle allait chercher la mort et qu'il était peu sage de s'exposer à mourir en route. Mais aucune considération ne put ébranler l'intime confiance qu'elle ressentait dans son âme. Au jour choisi, elle se fit asseoir sur un âne, et, soutenue tout le long du chemin par sa sœur, elle arriva à l'entrée de la nuit à Orcival, accablée de fatigues. Elle obtint à grand'peine que la messe serait dite le lendemain à son intention, car elle était promise à un homme qui demandait aussi une grâce par l'entremise de Notre Dame. Celui-ci eut la charité de permettre que le saint sacrifice fût célébré pour la pauvre fille.

Au moment de l'élévation, Marie Langoille, qui ne pouvait depuis longtemps se mouvoir seule, se lève et se prosterne devant le Dieu de l'Eucharistie présent sur l'autel. Elle ne ressent plus ni douleur ni fatigue. Elle se relève et s'assied de nouveau sans le secours de personne. Au moment de la communion, elle se présente à la sainte Table, reçoit son Dieu et reste longtemps abîmée dans son bonheur.

La cérémonie terminée, les fidèles très nombreux se pressent autour d'elle pour voir et entendre celle qui vient de recevoir une grâce si extraordinaire.

Marie Langoille continua son action de grâces pendant quelques jours aux pieds de l'autel où elle avait recouvré la santé. Avant de partir, elle suspendit ses béquilles au mur du sanctuaire de Notre Dame, et reprit à pied le chemin de son pays.

Terminons cet aperçu des bontés que la Vierge d'Orcival répand sur ceux qui l'invoquent par un trait tiré d'un ouvrage intitulé : *Vie des vertueuses filles de l'ordre de la Visitation Sainte Marie*, par Françoise-Madeleine de Chaugy, religieuse de la Visitation à Montferrand.

Anne-Thérèse de Préchounet, d'une famille puissante de Montferrand, près de Clermont, épousa, sous le règne de Henri IV, le comte de Dallet, de l'illustre maison de Langeac.

Au bout de très peu de temps, cette union devint à charge au jeune seigneur. Il prit sa vertueuse épouse en aversion et la traita comme une esclave. Il en vint à éprouver à sa vue une sorte de folie furieuse. Il la frappait à coups de plat d'épée, et, pour qu'elle ne perdît pas de vue sa haine, tous les soirs il déposait près du lit de la comtesse des pistolets chargés et une épée nue.

La pieuse dame supportait ces indignes traitements avec une douceur angélique. Ses domestiques, pénétrés de compassion en la voyant dépérir de jour en jour, avertirent sa mère de ce qui se passait, et la comtesse fut enlevée à son misérable époux.

A peine était-elle chez sa mère, qu'elle fut frappée d'une paralysie générale ; les plus éminents médecins furent appelés et lui prodiguèrent inutilement leurs soins. La comtesse était condamnée par la science humaine. Mais elle n'en éprouva aucune déception ; son espérance était en Dieu seul. Un jour elle se sentit inspirée de remettre sa cause entre les mains de Notre-Dame d'Orcival, et se fit transporter sur un brancard dans son église.

La sainte malade n'y fut pas plutôt déposée, qu'elle vit entrer le comte de Dallet, son mari. Il était venu dans ce lieu cher à la dévotion, poussé par un désir intérieur auquel il ne put résister, et ne sachant pas que son épouse devait y venir. En l'apercevant il ressentit un grand trouble et se cacha dans un coin de l'église.

La comtesse se confessa et fit la sainte communion avec une angélique ferveur. Tandis qu'elle priait, les yeux fixés sur la douce image de Marie, elle fut subitement rendue à une santé parfaite en présence de nombreux assistants qui, criaient : « Miracle ! miracle ! »

Le comte de Dallet, brisant les liens qui attachaient son cœur au péché, vint se jeter aux pieds de l'autel, et il se sentit renouvelé dans son esprit et dans son âme. Son aversion pour son épouse fit place à une profonde affection. Elle était hideuse à ses yeux quelques instants auparavant; maintenant il la voyait parée de ses vertus et de ses grâces naturelles. Il lui demanda humblement pardon, et, devant le saint Sacrement, les époux réunis par la Mère de bonne espérance renouvelèrent entre les mains du prêtre leur serment d'amour et de fidélité.

Dieu leur accorda plusieurs enfants. Le comte mourut encore jeune. La comtesse se donna tout entière à la vie comtemplative, et fonda le monastère de la Visitation à Montferrand, en Auvergne, dont elle fut la supérieure.

NOTRE-DAME DE PRADELLES

Découverte de la statue. — Les invasions. — La ville protégée. —
Guérisons. — Le couronnement

Pradelles, petite ville de l'ancien Vivarais, est située sur un plateau qu'on dit être le point le plus
élevé de France. Elle est chef-lieu de canton de la
Haute-Loire et dépend de l'évêché du Puy.

« Assise dans les airs à plus de 1,100 mètres au-
dessus du niveau de la mer, elle n'a rien à envier aux
pèlerinages les plus fameux, aux cités les plus favo-
risées » (1).

La découverte de l'image de Marie date de 1512.
Nous en extrayons le récit d'un livre imprimé au Puy
en 1672. L'auteur, le P. Geyman, prieur des Dominicains de Pradelles, ne peut être récusé comme témoin sincère de la tradition recueillie dans la ville
même (2).

« L'an 1512, celuy qui avoit le soin du petit hos-
« pital du fauxbourg de Pradelles, voulant relever
« une muraille du coing du pré joignant l'hospital,
« creusant et fossoyant pour y faire un fondement

(1) Lettre pastorale de Mgr l'Évêque du Puy et mandement pour
le couronnement de Notre-Dame de Pradelles.
(2) Cité par la notice : *Histoire de l'image miraculeuse de Notre-
Dame de Pradelles*, 1843.

« plus profond, sentit soudainement que la terre
« trembloit soubs ses pieds, et entendit un grand
« claquetis qu'il ne sceut jamais expliquer. Il en fut
« si épouvanté que la besche luy tomba des mains ;
« et luy sembla que ce quartier s'alloit enfoncer.

« Ayant reprins un peu de force, il s'en alla dans
« la boutique du nommé Vinsson son voisin, à perte
« d'haleine, et luy raconta l'accident. Tous les voi-
« sins s'assemblèrent, et on alla sur le lieu, qui estoit
« là où est à présent le clocher. Quelqu'un print la
« besche qui estoit tombée de la main de l'hospita-
« lier ; il frappe et creuse encore deux pans, sans
« qu'on entende ny bruit ny tremblement ; on se
« mocque et on raille l'hospitalier, qui proteste tou-
« jours la chose estre véritable, et insiste à continuer ;
« enfin on trouve un coffre dans lequel estoit ce sacré
« dépost ; et ce coffre, quoyque grand, néantmoins se
« laisse tirer de cette spélonque (caverne) avec une
« facilité surprenante, et estant ouvert, on croyoit
« d'y trouver des thrésors d'argent ; mais ce fut un
« image ou une statue de bois, dont on fait plus de
« cas que de tout l'or du monde, et avec raison.

« Ce qui est digne d'estre bien remarqué, c'est que
« la sainte Vierge ne voulut point que cet hospitalier
« fust le seul témoin de la découverte de son image,
« parce qu'on auroit pu en douter, et dire que luy-
« mesme l'avoit faite faire ; mais elle voulut faire
« connoître par ce tremblement de terre que la Pro-
« vidence divine excita, qu'il falloit en approcher
« avec grand respect aussi bien qu'autrefois de l'Ar-
« che d'alliance, quoy qu'elle ne fust que de bois, en
« quoy ayant manqué, Oza fut griefvement puny de
« sa témérité.

« Cette invention miraculeuse prognostiquoit les
« miracles qu'elle a fait depuis, qu'elle fait tous les
« jours et fera en faveur de ceux qui l'honorent.

« On porta donc avec grand respect ce saint image
« dans la chapelle de l'hospital, qui estoit à l'endroit
« où est à présent la porte du couvent des Frères
« Prescheurs. Les sieurs curé et prestres de la ville
« s'y transportèrent, et, après avoir rendu leurs hom-
« mages à l'image, voulurent l'emporter à leur église.
« L'hospitalier et les voisins s'y estant opposés, et
« d'ailleurs le conseil ayant dit que ce thrésor appar-
« tenoit au maistre du fonds où il s'estoit trouvé, on
« en laissa la possession au dit hospital, là où la
« sainte Vierge a été toujours honorée et a fait des
« miracles de temps en temps, qui n'ont pas été cou-
« chez par écrit, par la négligence des directeurs du
« dit hospital ».

« Telle est », dit le P. Geyman, » la relation de
« plusieurs personnes anciennes dignes de foy, qui
« le tiennent de M. Claude Réal, baillif de la dite
« ville (de Pradelles), et autres, et ceux-là de leurs
« ancestres, qui l'avoient veu, ledit baillif estant mort
« âgé de 87 ans. Et damoiselle Antoinette de Bali-
« trand, veuve du dit Réal, et autres anciens, témoi-
« gnent encore, au rapport mesme de Messire Vidal
« Bruschet et Messire Vidal Testut, prestres du lieu
« de Barges, voisin du dit Pradelles, que la dite image
« de Nostre Dame fut trouvée cachée en (cette ma-
« nière) l'an 1512 ».

Le nom latin de Pradelles dérive de *pratum, pratel-
lum* (prairie, pré), « et aussi de (*Pratellæ*, et par corruption *Pradellæ, Pradellas*) de *Prata alata* (près ai-

lés), les armes de la ville portant trois ailes (1) ».

Il paraît certain que cette ville existait en 1043. L'*Histoire du Languedoc* cite deux chartes où il en est fait mention.

Au Xe siècle, Pradelles avait une certaine importance : elle était chef-lieu d'une viguerie à une époque où l'on bâtissait lentement, surtout sur un sol montueux, froid, dans un lieu éloigné des rivières et du commerce des villes. On peut présumer qu'elle devait son accroissement à l'une de ces pieuses images qui attiraient les peuples dès les premiers âges du christianisme.

Pradelles, si rapprochée de la ville du Puy, qui voyait dans ses murs Charlemagne aux pieds de sa vénérée Notre Dame, vers l'an 793, ne pouvait rester insensible aux beautés du culte de Marie. Peut-être son antique statue date-t-elle d'une époque très rapprochée de celle qu'on vénérait sur le mont Anis.

Dès l'année 1269, Pradelles est qualifiée du titre de ville dans un acte de la maison de Randon. C'était déjà un grand centre de commerce pour les grains (2). Au XVIe siècle, de fortes garnisons y séjournaient, et, durant les guerres de religion, les États du Vivarais y vinrent siéger, se sentant en sûreté sous l'abri de ses formidables fortifications (3).

De nombreuses et savantes recherches ne purent donner des documents certains sur l'origine de la statue de Notre Dame, ni faire connaître les causes qui

(1) M. l'abbé Sauzet.

(2) *Idem.*

(3) Les contemporains ont encore vu la herse de fer de la porte Verdette dans son intégrité. *Les Fêtes du couronnement*, par Ch. Calemard de Lafayette.

l'avaient fait cacher avec tant de soin. On peut croire que son origine est fort ancienne, et qu'elle fut soustraite aux profanations de redoutables ennemis à une époque antérieure à Luther et à Calvin. Mais quels sont ces ennemis du culte catholique dont l'invasion subite nécessita cette mesure ?

En 729 ou 732, selon le calcul de divers auteurs, les hordes musulmanes se répandirent dans le Vivarais, le Gévaudan et le Velay. Les barbares saccagèrent plus de cent villes, entre autres Valence et Viviers. Saint Théofrède, second abbé du monastère de Carmeri ou Calmilly, à trois lieues du Puy, fut martyrisé par eux. Saint Agrève, évêque du Puy, souffrit le martyre à la même époque.

Il est peu probable que Pradelles ait pu se soustraire à l'invasion des musulmans.

Dans les premières années du Ve siècle, Crocus, le roi des Vandales ou des Allemands, avait ravagé ces malheureuses provinces et fait un grand nombre de martyrs. Le plus illustre est saint Privat, évêque de Gabale en Gévaudan (1).

Au commencement du VIe siècle, le Vivarais était gouverné par des rois bourguignons ariens, sans cesse en guerre avec les rois Wisigoths, ariens comme eux. L'un de ces derniers, Euric, violent persécuteur de la vraie foi, ne dut pas épargner les chrétiens des États voisins. Pradelles était la limite du Velay et du Gévaudan (2).

Au milieu du IXe siècle, les Normands envahissaient les rives du Rhône, le Velay et le Vivarais. « L'ancienne capitale du Velay fut détruite par les Nor-

(1) *Histoire du Languedoc.*
(2) *Histoire de Notre-Dame de Pradelles,* 1843.

mands, l'an 864, lorsque Pépin II, roi d'Aquitaine, détrôné par Charles le Chauve, eut appelé ces barbares à son secours » (1). Les Normands faisaient la guerre avec une effroyable cruauté: ils égorgèrent une partie des habitants de Pradelles.

Les érudits sont portés à croire que la statue fut cachée dans la période sarrasine.

« En 733, Charles Martel, s'étant rendu maître de Lyon, entreprit de chasser les Sarrasins des provinces voisines. La colonne musulmane qui campait entre Andance et Sarras, près d'un endroit appelé la *Sarrasinière*, après avoir ravagé Tournon et les environs, déboucha dans le Velay par le canton de Saint-Didier. Elle s'arrêta près d'un endroit qui en a retenu le nom de Font-Arabi » (2). Il est facile de suivre les traces de la horde barbare par les ravages qu'elle commit, les noms qu'elle laissa à différents lieux qu'elle a traversés. « Les infidèles durent passer la Loire et sortir du Velay par Pradelles, pour aller joindre dans le Gévaudan d'autres hordes » (3).

Cette récapitulation historique des invasions étrangères au moyen âge nous a semblé nécessaire pour établir l'antiquité de la statue de Notre Dame.

La ville de Pradelles conserve pieusement le souvenir de la protection évidente de la sainte Vierge dans tous ses dangers.

Au XIIIᵉ siècle, les hérétiques avaient imposé avec violence l'hérésie autour de la province du Vivarais. Ils profanaient les images des saints et proscrivaient

(1) *Histoire du Velay*.

(2) M. le curé de Lourdes, cité par l'auteur de l'*Histoire de Notre-Dame de Pradelles*.

(3) *Idem*.

le culte de Marie. Mais Pradelles avait conservé les
saines doctrines, et puisait aux pieds de sa chère Notre Dame la grâce de triompher dans les luttes que
l'avenir lui réservait.

Le Vivarais ne put échapper aux calvinistes, et la
foi des peuples en reçut une profonde atteinte. En
1560, les émissaires des chefs protestants (1) parcouraient les provinces de France. Les catholiques étaient
poursuivis, et des scènes de carnage, des profanations
inouïes semaient la terreur autour des villes conqui-
ses par les hérétiques. Viviers, Aubenas, Tournon,
Privas, Annonay, perdirent la foi catholique. Cette
dernière ville fut prise et reprise six ou sept fois dans
l'espace de douze ans par les protestants et par les
catholiques (2). L'erreur y laissa des germes profonds,
qui ont grandi jusqu'à nos jours.

Dans le Velay, le lieutenant du redouté baron des
Adrets arriva jusqu'aux portes de la ville du Puy, et,
n'ayant pu y entrer, se vengea de sa défaite en sacca-
geant les faubourgs, brûlant les couvents, pillant les
églises, incendiant les fermes et les moissons au milieu des champs, et ne respectant pas même les tom-
beaux (3).

Pradelles était menacé de toutes parts. La trahison
se glissa dans sa pieuse population. Quelques âmes
faibles se laissèrent tenter par l'appât de l'argent, et
promirent de livrer aux huguenots les clefs de la
ville. Un corps armé vint pour surprendre la cité.
Déjà il avait envahi le faubourg. Comme il passait
devant le sanctuaire de Notre-Dame, où un certain

(1) *Histoire du Languedoc*, t. V, p. 189.
(2) *Histoire du Languedoc et du Velay.*
(3) *Annales de la Société d'agriculture du Puy*, 1837-38, p. 350.

nombre de fidèles imploraient le secours céleste, on les vit soudain reculer, effrayés, frappés de vertige. Ne reconnaissant plus la ville qu'ils étaient venus surprendre, ils s'enfuirent en désordre pour rejoindre le gros de leur armée (1).

« Une tradition porte que cet événement eut lieu quand les ennemis se trouvèrent vis-à-vis de la croix du frère Vidal. Ils devinrent tous aveugles, dit le chroniqueur, frappés par un nuage noir qu'ils rencontrèrent à la croix du frère Vidal » (2).

Depuis ce jour, le lundi de la Pentecôte on célébrait à Pradelles l'anniversaire de cette merveilleuse délivrance (3).

En 1582, le comte de Châtillon, fils de l'amiral de Coligny, vint en Languedoc avec une armée, et fit savoir au gouverneur du Velay qu'il allait rançonner sa province, s'il ne lui payait une forte contribution. Il vint s'installer à Pradelles, et, malgré les déprédations des calvinistes, on put admirer la protection de Marie sur cette ville : elle fut préservée des incendies et des profanations qui marquaient leur passage. L'image de Notre-Dame demeura dans son sanctuaire, et les fidèles purent continuer à la vénérer sous les yeux des hérétiques.

En 1588, le pèlerinage de Notre-Dame était dans tout son éclat. Les pèlerins venaient en foule à son autel ; ils recevaient d'insignes faveurs et rendaient de magnifiques actions de grâces.

Mais les huguenots n'avaient point perdu l'espoir de soumettre Pradelles, et avec cette ville toute la

(1) P. Geyman, p. 23.
(2) *Histoire de Notre-Dame de Pradelles*, p. 47.
(3) *Annales de la Société d'agric. du Puy*, 1837-1838, p. 482.

montagne. Le 10 mars, deux heures avant le jour, la cité fut réveillée par les arquebusiers d'une bande de religionnaires commandée par un chef nommé Chambaud. Les habitants se précipitent sur les remparts. Les vieillards et les infirmes vont implorer la protectrice de leur ville. Les assaillants sont bien armés, et, malgré une courageuse résistance, ils sont vainqueurs ; une des portes va céder...

Une pauvre et pieuse femme, qui a puisé l'amour du pays dans sa dévotion à l'inspiratrice des grandes actions, s'expose, elle aussi, au feu des ennemis. Elle monte les degrés des remparts, elle a prié : elle est forte. Sentinelle attentive, elle attend le miracle qu'elle a demandé à Notre-Dame de Pradelles, et le miracle va s'opérer par ses mains.

« Ville prise ! ville gagnée ! » s'écrie par deux fois Chambaud.

« P'ancaro » (pas encore) ! répond l'héroïque femme, dans son énergique patois.

« Elle s'était placée sur l'escalier par où l'on montait en haut des murailles et que l'on voit encore ».

Au dernier cri de l'insolent vainqueur, elle ébranle, dans un vigoureux effort, une énorme dalle du créneau et la fait tomber sur l'ennemi, dont elle écrase la tête.

Les huguenots, épouvantés par la mort tragique de leur chef, prennent la fuite. La ville est sauvée.

Cette femme s'appelait Jeanne la Verde ou la Verdette. Son nom sera à jamais cher à ses concitoyens.

La ville de Pradelles reconnut qu'elle était redevable de son salut à Notre Dame, et fit vœu de célébrer à perpétuité le souvenir de cette mémorable journée.

Cette promesse fut fidèlement exécutée. Le 10 mars de chaque année, les habitants de la cité allaient en procession solennelle à la chapelle de Notre-Dame pour remercier Dieu et sa divine Mère. La Révolution interrompit cette pieuse coutume. Elle a été rétablie.

La procession fait une station à l'endroit où la Verdette, comme une nouvelle Judith, délivra son pays de l'ennemi triomphant. En 1888, Pradelles a célébré magnifiquement le centenaire de sa délivrance.

Disons encore, d'après un érudit (1), qu'après les ravages causés par la peste dans la ville de Marie, les *galopins*, chargés de désinfecter la cité, y mirent le feu. « Pradelles fut consumé, à l'exception du quar-
« tier de la rue Basse, qui touchait à l'église de Notre-
« Dame ; ce qu'on regarda comme une faveur mira-
« culeuse de Marie ». C'était en 1586. Cet incendie commença la décadence de Pradelles.

L'image miraculeuse de la Vierge, en bois de cèdre, porte sur ses genoux l'Enfant Jésus. Elle demeura pendant près d'un siècle dans la modeste chapelle de l'hôpital. En 1608, un Père Dominicain fut chargé du service de l'oratoire. Les pèlerins accoururent, et cinq religieux du même ordre vinrent partager les travaux apostoliques de leur supérieur.

Des aumônes généreuses permirent d'élever une église en l'honneur de Marie. La première pierre fut posée le 28 mai 1623. L'image miraculeuse fut élevée au-dessus d'un tabernacle qui dominait le maître-autel, et les fidèles ne cessèrent d'y venir prier.

Le livre du P. Geyman, prieur des Dominicaines

—————

(1) M. l'abbé Sauzet a lu ces détails dans un manuscrit sur les guerres religieuses, cité par l'*Histoire de Notre-Dame*, p. 57.

de Pradelles, nous a conservé le souvenir de la dévotion des montagnards à leur bonne Vierge.

« Pieusement on peut croire, dit-il, que l'Image
« miraculeuse est si ancienne que la foy dans Pra-
« delles et qu'elle en a nourry les habitants et peu-
« ples voisins du laict de la dévotion, car dans cette
« ville il n'en est pas un, soit homme, soit femme,
« soit riche, soit pauvre, soit grand, soit petit, qui
« n'aille du moins une fois le jour oüyr la sainte
« messe, ou faire sa prière au salut ou aux litanies
« qu'on chante dans sa sainte chapelle tous les
« soirs comme en celle de Nostre-Dame de Lorette.
« La compagnie des Pénitents y va en procession
« avec toute la ville, toutes les fêtes de la sainte
« Vierge.

« Non seulement les paroisses voisines, non seule-
« ment celles du diocèse de Viviers, mais encore du
« diocèse de Mende et du Puy. Il y a peu de person-
« nes de ces trois diocèses qui n'y aillent du moins
« une fois l'année pour y faire leurs dévotions et re-
« présenter leurs nécessitez à la sainte Vierge ».

Le P. Geyman atteste le pouvoir et la bonté de Notre Dame envers ceux qui implorent son assistance. Une quantité innombrable de guérisons est demeurée inconnue.

« La plus part de ces bonnes gens (guéris) ayant
« receu les grâces qu'ils demandoient à la sainte
« Vierge, si on leur parle d'arrester pour en prendre
« l'attestation en la forme requise, ont de la peine
« d'attendre un moment. D'autres, voyant qu'on me-
« noit un notaire avec des témoins, s'imaginoient
« qu'on vouloit les obliger par contract à quelque
« somme d'argent, et s'écartoient sans mot dire. Il ar-

« riva l'année dernière (1671) une simplicité bien
« plaisante. Une fille de quatorze à quinze ans, étant
« venue dans la sainte chapelle où elle s'étoit vouée,
« se traînant avec ses potences, se trouva entièrement
« guérie après sa neufvaine, laissa ses potences de-
« vant l'autel de la Vierge, et, ayant trouvé des per-
« sonnes de son païs, s'en alla sans mot dire à au-
« cun religieux. Ceux qui l'avoient veue et la voyoient
« marcher de la sorte, crièrent miracle ! louée soit
« la sainte Vierge ! advertirent le sacristain, qui la
« fit suivre pour en prendre mémoire. Mais elle ré-
« pondit qu'elle avoit trouvé compagnie pour s'en
« aller et ne pouvoit arrester. Cette simplicité est si
« ordinaire que plusieurs autres en font de même,
« disant qu'ils reviendront et feront leur déclaration,
« et ne s'en souviennent plus après, jusqu'à ce que
« quelque autre accident leur arrive ; et c'est mesme
« depuis peu de temps qu'on s'est avisé d'attacher
« aux murs de la chapelle les potences des infirmes
« guéris, pour servir de mémoire et faire honneur à
« la sainte Vierge ».

La Révolution vint désoler ces paisibles contrées.
Les Dominicains durent quitter le sanctuaire de Marie,
qui fut pillé et converti en atelier de salpêtre.

L'image miraculeuse fut jetée avec celles des saints
sur un bûcher pour y être brûlée. Un habitant de
Pradelles l'arracha des flammes. « Elle porte encore
l'empreinte du feu ». Une pieuse domestique la recueillit, et une noble famille de la ville lui donna un
abri dans sa maison. « Pendant la Terreur, les fidèles
venaient prier en secret la sainte image» (1).

(1) Mandement de Monseigneur.

« Enfin, lorsque brillèrent pour la religion des jours plus sereins, la Madone fut rendue au culte public, transportée provisoirement à l'église paroissiale, et puis définitivement rétablie dans son ancien sanctuaire, l'église de l'hôpital, desservi aujourd'hui par les dames Trinitaires » (1).

Voici quelques faits miraculeux constatés par des personnes graves désignées à cet effet par l'évêque de Viviers (2) :

1672. — Paul de Flourit, fils de Jean-Louis de Flourit, seigneur de Clamouse, était tombé à l'âge de 18 mois des degrés du château de Clamouse. La jambe s'était brisée et demeura tournée en dedans. L'enfant souffrait des douleurs très vives. Les médecins déclarèrent que la guérison était impossible. Le père et la mère, confiants en Notre Dame de Pradelles, conduisirent leur fils devant la sainte image et la douleur cessa aussitôt. La jambe et le pied reprirent leur position naturelle, et l'enfant recouvra la santé.

1672. — Mme Antoinette de Serre fit la déclaration suivante, dans les formes usitées, devant les témoins et le notaire, avec serment sur les saints Évangiles :
Sa fille avait perdu la vue il y avait vingt-cinq ans. Une grosseur énorme s'était formée à la partie supérieure du visage, et les humeurs avaient laissé sur la région des yeux des excroissances de chairs qui le rendaient hideux et ne permettaient pas à la malade de soulever les paupières.

(1) *Histoire de Notre-Dame de Pradelles,* p. 79.

Les médecins conseillèrent une opération dange-reuse. La mère, avant de recourir à ce moyen extrême, voulut demander le secours du Ciel. Une neuvaine fut célébrée à l'autel de Notre-Dame de Pradelles. Tous les matins la malade était portée aux pieds de la Vierge. Un jour, à l'élévation, la jeune fille aper-çut la sainte hostie entre les mains du prêtre. Le lendemain, pendant la sainte messe, les tumeurs disparurent, et les yeux redevinrent aussi brillants, aussi sains qu'auparavant.

1665. — Étienne d'Uchon, chirurgien à Aubenas, déclara, la main levée sur l'Évangile, que sa femme étant (trois ans avant cette époque) sans parole et sans connaissance depuis cinq jours, il avait fait pour elle un vœu à Notre Dame de Pradelles, et que le jour même elle reprit connaissance et dès lors recouvra une parfaite santé.

1657. — Guillaume Martin, de Langogne, allant du Rouergue à Marseille, fit une chute sur une grosse pierre très aiguë et se fendit le genou. Pendant quinze heures il souffrit des douleurs extrêmes. « Sur quoy,
« dit le P. Geyman, il se voua à Notre Dame de Pra-
« delles, la priant de le soulager, et à mesme temps
« il se leva, et commença à marcher avec un baston
« durant sept heures, et ensuite, luy restant 75 lieues
« à faire, il marcha aussi bien que ses compagnons,
« sans ressentir aucune douleur, estant allé rendre
« son vœu dans la sainte chapelle Notre-Dame du
« dit Pradelles à son retour » (1).

1652. — Madame Réal, femme du premier magis-

____

(1) P. Geyman.

trat de Pradelles, se brisa la jambe en tombant de cheval, et, après treize mois de traitement, elle fut déclarée inguérissable. La malade s'engagea par vœu à faire célébrer une neuvaine de messes dans la chapelle de Notre-Dame. Tous les jours on transportait la malade devant l'autel de la Vierge. A la quatrième messe elle souffrit de grandes douleurs. C'était le signal de la grâce. La jambe raccourcie revint à son état naturel. Le neuvième jour, elle laissa ses béquilles dans le sanctuaire de Notre-Dame.

La relation suivante présentera un intérêt particulier. La vénérable mère Rivier dont il s'agit, sera, nous avons le droit de l'espérer, une des gloires de l'Église.

Marie-Anne Rivier naquit à Montpezat, au diocèse de Viviers, en 1768, de parents religieux.

Les vertus chrétiennes se développèrent admirablement dans sa jeune âme. On remarquait sa tendre dévotion à Marie, sa douce patronne. Elle était d'un tempérament robuste. Mais Dieu, qui avait sur elle des desseins d'amour, permit qu'à seize mois elle fit une chute. Son infirmité devint effrayante. « Elle ne pouvait se tenir debout, même avec des appuis, ni se mouvoir autrement qu'en se traînant sur le dos à l'aide de ses mains. Elle arriva ainsi à l'âge de six ans ».

Cette enfant, pleine d'une foi admirable, pria sa mère de la porter devant une statue de Marie qui était dans l'église, proche de la maison de ses parents ; et chaque jour, pour satisfaire ce pieux désir, la mère déposait sa pauvre infirme sous les yeux de la sainte Vierge, et la laissait prier seule aussi longtemps qu'elle le voulait.

« Guéris-moi, bonne Vierge, disait l'enfant : je t'apporterai des bouquets et des couronnes ; je te ferai donner une belle robe par ma mère ». Pendant des heures entières elle adressait ses enfantines prières à sa divine patronne.

Plusieurs mois s'écoulèrent. Son état ne s'était pas amélioré, et la foi de la jeune infirme croissait chaque jour. Elle sentait qu'elle serait guérie à l'heure que Dieu avait marquée, et d'une manière très claire elle comprit qu'elle devrait un jour se consacrer à Jésus et à Marie. Une première faveur devait être comme un engagement de sa céleste protectrice : le jour de la Nativité de la sainte Vierge, 8 septembre 1774, elle demanda ses béquilles (dont elle n'avait jamais pu se servir) ; elle les prit, et avec leur appui marcha facilement.

Trois mois s'écoulèrent encore. Marie, contente de pouvoir aller seule à l'église de Montpezat, renouvelait ses instances afin d'être entièrement guérie de son infirmité. Dieu permit un nouvel accident. L'enfant, courant avec ses béquilles, tomba et se brisa la cuisse.

La mère désolée vint en pèlerinage à Pradelles. Elle pria longtemps devant l'antique image, et, pleine d'espérance, elle emporta, comme un divin remède, un peu d'huile de la lampe du sanctuaire. Elle en fit une onction sur le membre brisé, en exhortant sa fille à mettre sa confiance en la célèbre Notre-Dame.

Le lendemain l'enflure n'existait plus. La mère renouvelle les onctions chaque matin. Le quinzième jour, fête de l'Assomption, la jeune infirme se lève et marche sans béquilles, à la vue de sa famille transportée de joie.

Elle vint aux pieds de Notre-Dame de Pradelles ; elle assista aux offices sans fatigues, et tous ceux qui avaient été témoins de son infirmité attestèrent sa guérison.

Dix ans après, Marie Rivier fit sa première communion. Ses parents la mirent en pension chez les religieuses de Sainte-Marie, à Pradelles. L'instruction développa ses facultés, et elle sentit que sa céleste bienfaitrice lui demandait de se consacrer au salut des âmes.

Elle mourut en odeur de sainteté à Bourg-Saint, le 3 février 1838. L'Eglise lui doit la congrégation des sœurs de la Présentation de Marie, qui fait tant de bien à l'enfance.

En 1867, Mgr Le Breton, évêque du Puy, obtenait de l'immortel Pie IX, pour Notre-Dame de Pradelles, la faveur insigne du couronnement.

Le 18 juillet 1869, la cité pieuse et vaillante voyait dans ses murs un imposant cortège de quatre prélats, trois cents ecclésiastiques, et une multitude de pèlerins, qui rendaient hommage à l'image miraculeuse.

Mgr Le Breton, au nom du souverain Pontife, bénit les couronnes, et posa l'emblème de la royauté sur le front de l'antique et puissante reine de la montagne.

Puis une cérémonie touchante s'accomplit. Le maire de Pradelles, assisté de son adjoint et du conseil de la commune, s'avance sur l'estrade, en face de la place où le bûcher fut élevé pour brûler la bien-aimée statue. Devant la Vierge couronnée il s'agenouille et dépose entre les mains de Monseigneur un cierge monumental en prononçant ces belles paroles :

« La cité que j'ai l'honneur de représenter en ce moment, est heureuse d'offrir à Notre Dame, sa libératrice, ce faible hommage de son amour et de sa reconnaissance filiale et traditionnelle ».

Heureuse la ville protégée par sa foi ! elle est riche en grâces, riche en grands cœurs, riche par Marie. Avec elle nous répéterons le couplet de son cantique :

> Vierge de Pradelles,
> Bénis tes enfants,
> A leur vœu fidèles
> Depuis trois cents ans !

NOTRE-DAME DE TOUTE-BONTÉ

Légende. — Protection visible.

Le sanctuaire élevé aux portes de la petite ville
de Châteauponsat, du diocèse de Limoges, doit occuper une place parmi les plus favorisés de la très
sainte Vierge.

Marie a choisi ce lieu retiré au centre de la France
pour en faire le siège de ses bienfaits. Ici, plus qu'ailleurs encore, c'est le cœur de la mère qui s'attendrit
à la vue des misères de ses enfants ; un cœur qui se
donne sans s'épuiser, qui appelle l'âme infidèle sans
se lasser, qui soutient avec une infatigable sollicitude l'âme chancelante ; un cœur qui veille sur le pé-
cheur et retarde par ses prières l'heure de la punition. C'est le cœur d'une mère divine ; un cœur sans
bornes dans sa puissance, sans bornes dans son amour,
et qui veut nous conduire au ciel afin de nous aimer
éternellement, le cœur de Notre-Dame de Toute-
Bonté.

C'était au XIIᵉ siècle. Un jeune pâtre gardait son
troupeau dans la campagne qui entoure la ville de
Châteauponsat. Quelle fut sa surprise et son admiration, quand il aperçut dans un buisson fleuri une statue de la Vierge ! Elle attirait les regards par sa beauté,

et les retenaient par l'expression de bonté répandue sur ses traits.

Le berger, transporté de joie, ne voulant pas laisser à d'autres ce trésor, prit la statue avec respect et l'emporta dans sa maison, pour la voir et la vénérer à son aise.

Mais il y avait dans son dessein, à son insu sans doute, un sentiment étroit, dont la sainte Vierge ne pouvait être complice.

Le lendemain matin, le berger chercha la belle image à la place où il l'avait mise, et, ne l'y trouvant plus, il courut au buisson. Elle était là, avec son air doux et attirant, comme la première fois.

Le pâtre s'entêta dans son désir de la garder pour lui seul : il prit la statue et la cacha dans sa demeure.

Le lendemain, comme la veille, et de même le jour suivant, Notre Dame reprit sa première place dans le beau buisson fleuri.

Cette troisième manifestation de la volonté divine dut faire réfléchir l'enfant des montagnes, et lui apprendre à servir les desseins de Dieu et de Marie au lieu de les entraver. Il alla parler aux prêtres de ce qui lui était arrivé, et l'on vint en foule vénérer la Vierge au buisson.

La persistance de Marie à demeurer à cette place révélait ses vues de miséricorde : on bâtit une chapelle sur le lieu même du prodige.

Les Bénédictins de l'abbaye de Bourg-Dieu vinrent s'établir à Châteauponsat et y fondèrent un monastère. Ils trouvèrent le culte de Marie florissant, agrandirent la chapelle, et favorisèrent de tous les efforts de leur zèle la dévotion des peuples à Notre-Dame de Toute-Bonté. Une bulle du pape Innocent III, con-

servée au grand séminaire de Limoges, en atteste
l'antiquité. Par cette bulle, ce grand pontife accorde
des indulgences précieuses à l'oratoire Sainte-Marie de
Châteauponsat. Une confrérie y est canoniquement
érigée, et plusieurs évêques se sont inscrits eux-mêmes sur ses registres. Par un rescrit, Notre Saint-Père
le pape Léon XIII a daigné l'enrichir de nouvelles
faveurs.

Le Limousin, la Marche, le Poitou, le Berry, envoient depuis des siècles des pèlerins dans ce béni
et glorieux sanctuaire. La foi et la générosité de nos
pères transformèrent la primitive chapelle en une
belle église à trois nefs, style ogival. Notre Dame a
veillé sur elle : le temps et les révolutions nous l'ont
conservée, et les affligés viennent avec la même confiance qu'autrefois demander un soulagement à la
secourable Mère de Dieu et des hommes. Le vieux
monument s'élève au milieu d'un site gracieux : une
limpide rivière coule à ses pieds ; de riantes prairies
l'entoure, et un vaste horizon forme un cadre magnifique à ce noble survivant des anciens âges.

Malgré son étonnante conservation, le sanctuaire
où Notre Dame verse ses dons avec une royale munificence réclame une prochaine restauration. La piété
des fidèles, la reconnaissance des affligés consolés,
des malades guéris, inspireront, nous n'en pouvons
douter, de généreux sacrifices.

Le jour de saint Michel et le lundi de la Pentecôte
un grand pèlerinage rassemble une foule de pèlerins
aux pieds de la *sainte Madone*, ainsi que les paysans
nomment leur douce image. On prie de toute son
âme. L'église est un foyer de prières, un centre d'a-
mour, de grâces, de bénédictions ; et quand il faut par-

tir, chacun redit cet adieu qu'un pieux ouvrier pèlerin fit tout haut à la sainte Vierge : « Que les journées sont courtes près de vous, bonne mère! que c'est triste de vous quitter! mais nous reviendrons, et nous vous disons de tout cœur : *Au revoir!* »

On invoque particulièrement Notre-Dame de Toute-Bonté pour obtenir la guérison des enfants malades, la concorde dans les familles et la conservation de la foi.

Les petits enfants, que Jésus aimait, sont les favoris de Notre Dame. Elle revoit dans leurs regards candides et leurs grâces innocentes son Enfant-Dieu. Sa main s'étend sur ces frêles victimes de si nombreuses et si cruelles maladies. En leur rendant la santé, la bonne Vierge accorde aux pauvres petits malades des bénédictions qui embaumeront toute leur existence. Elle les préservera des dangers spirituels si redoutables d'une instruction sans Dieu, d'une jeunesse sans appui religieux, d'une vie sans foi et sans espoir.

Notre société a deux brèches par lesquelles l'ennemi peut entrer et nous perdre : la famille est désunie, souvent profanée et détournée de sa voie chrétienne. Des doctrines malsaines en ont détruit la paix. Dieu ne règne plus dans ce sanctuaire intime où nos pères formaient de pieuses et fortes générations. Partout la foi est attaquée ; les pratiques religieuses les plus chères à nos cœurs sont entravées, tournées en dérision. La foi s'endort dans les âmes. Devons-nous croire, hélas ! qu'elle ne se réveillera plus?...

Notre Dame de Toute-Bonté, au milieu de l'instabilité des choses humaines, conservez-nous nos croyances immortelles. Refaites la famille sur le divin modèle de celle de Nazareth.

Voici un récit exact et touchant fait par une sœur de la Charité, au sujet d'une grâce insigne qu'elle a reçue de Notre-Dame de Toute-Bonté :

« Au mois de mars 1883, à la suite d'un chaud et froid, je fus prise d'une douleur au côté qui se changea en pleurésie. Le mal n'ayant pas été reconnu dès le début, l'épanchement d'eau qui se formait au côté se développa de plus en plus, et quinze jours après j'étais au plus mal. Le médecin ne vit d'autre ressource pour empêcher l'asphyxie que de faire une ponction. Cette opération, vu mon état de faiblesse et la fièvre qui me dévorait, présentait du danger ; mais on ne pouvait retarder : le retard, c'était la mort.

« Dans ces circonstances, M. l'abbé... vicaire de Châteauponsat vint faire une visite à notre mère et lui parla du sanctuaire de Notre-Dame de Toute-Bonté. Ce fut pour elle un rayon d'espérance : elle raconta l'état où je me trouvais, pria M. l'abbé... de me recommander aux prières qui se font dans le sanctuaire de Marie, et, après avoir donné une neuvaine de messes, elle promit que, si j'obtenais ma guérison, j'irais visiter la bonne Notre-Dame.

« L'opération eut lieu le soir et réussit parfaitement (1). Quinze jours après on en fit une deuxième, et, à partir du jour où je fus recommandée à Marie, j'allai de mieux en mieux. Je fus si bien, que, trois semaines plus tard, je pus sans trop de fatigue reprendre ma classe.

« J'ai été fidèle à la promesse faite par notre bonne Mère, et trois fois déjà j'ai visité le sanctuaire de Marie. Dans ces visites, en remerciant Notre Dame de

(1) Le médecin déclarait que ces sortes d'opérations réussisaient très difficilement.

Toute-Bonté de m'avoir rendu la santé pour travailler pour les pauvres, je demande à cette Mère si bonne la grâce de l'aimer de plus en plus et de me continuer sa protection pour que je devienne une sainte fille de la charité, travaillant tous les jours de ma vie à faire connaître cette Mère du ciel.

> « Sœur...,
> « *Fille de la Charité* ».

NOTRE-DAME DE FONT-ROMEU

NOTRE-DAME DE FONT-ROMEU

Antiquité de la fête de l'Immaculée Conception dans le Roussillon.
— Invention de la Madone de Mollo. — Faveurs signalées.

Font-Romeu est situé à dix-sept cents mètres d'altitude, au milieu d'une sombre et vaste forêt de pins qu'un cours d'eau arrose, sur l'une de ces ramifications des montagnes qui vont au nord, déchirant l'horizon de leurs gigantesques escarpements.

En face, au sud, le regard embrasse la chaîne des Pyrénées, les pics du *val d'Andorre* et de l'*Ariège*, les cimes sévères du *col Rouge*, et contemple le saisissant spectacle de ces roches granitiques à travers lesquelles descendent, bondissent, pour se précipiter au milieu des forêts, les eaux de quarante étangs « échelonnés sur les contreforts de Carla ».

Le sanctuaire de Font-Romeu, entouré de ses modestes bâtiments, dans la lumière éclatante du ciel, la sereine atmosphère des sommets et le silence harmonieux des vastes solitudes, procure aux pèlerins la paix délicieuse du monastère.

Odeillo, sa paroisse, placée aux confins du Roussillon, dans la principauté de Catalogne, à la naissance de cinq vallées, qu'arrosent le *Tech*, le *Tet*, l'*Agly*, l'*Aude*, la *Sègre*, appartenait aux comtés de

Roussillon et de Cerdagne, qui renfermaient, dans sa plus grande partie, le diocèse actuel de Perpignan.

Ces comtés furent soumis, pendant plusieurs siècles, aux mêmes lois et vécurent de la même vie de foi.

Par ce pieux contact, le peuple espagnol dut communiquer aux peuples du Roussillon la chaleur de son enthousiasme pour la Mère de Dieu.

On sait que les pays que l'*Èbre* arrose reçurent de nombreuses faveurs du Ciel et possèdent mille trois cents madones et sanctuaires en leur honneur.

Au XVIIe siècle le P. Camos, de l'ordre des Frères Prêcheurs, nomme délicieusement la Catalogne espagnole le *Jardin de Marie.*

La province du Roussillon érigea cent trente oratoires à la gloire de la Vierge mère. Les populations de cette contrée étaient essentiellement chrétiennes. Le très saint rosaire était récité chaque soir dans toutes les familles : le pasteur, le laboureur, l'ouvrier, se reposaient de leurs fatigues du jour dans les célestes louanges données à la Vierge bénie. La dévotion à l'Immaculée Conception de Marie y était en grand honneur : des documents historiques nous en fournissent les preuves.

Marie, reine d'Aragon, duchesse d'Athènes et comtesse de Roussillon et de Cerdagne, voulant satisfaire la piété de son peuple et ses sentiments personnels, fit publier à son de trompe, le 7 décembre 1446, dans tous les quartiers de Perpignan, « un édit qui re- « commandait aux personnages constitués en dignité « ou exerçant des fonctions publiques, de concourir « dans chaque localité à la célébration solennelle de « la fête de l'Immaculée-Conception, afin que vous

« méritiez, ajoutait cette princesse, d'être exaucés
« avec bonté devant le trône du Dieu très haut, par
« l'intercession de la sainte Vierge, qui accueille cette
« dévotion comme lui étant agréable.

« A l'occasion de la défense triomphante de cette
« prérogative par le pape Paul V, pressé par Phi-
« lippe III, tout le diocèse de Perpignan éclata d'une
« sainte allégresse, qui se traduisit par de splendides
« fêtes en l'honneur de l'Immaculée Conception de
« Marie, du 15 au 26 décembre 1618 » (1).

Plusieurs savants auteurs ont tenté, non sans hésita-
tions, de déterminer l'époque de la découverte de
Notre-Dame de Font-Romeu. Celui que nous consultons estime que « l'Invention de Notre-Dame fut opé-
« rée entre le pontificat de Jean XIII et l'année 1441,
« où fut publiée, pour toute l'Église, la fête de la *Vi-*
« *sitation de la très sainte Vierge*, et dans la première
« partie du quatorzième siècle plutôt que dans le quin-
« zième » (2).

Voici ce que nous apprend la légende rapportée
par le P. Camos, d'après une antique tradition :

Un bouvier d'Odeillo gardait les troupeaux de gros
bétail dans les pasquiers de la Calme, au milieu de
la forêt. Un taureau donnait depuis quelques jours
des preuves singulières de son humeur indisciplinée.
Il fuyait la compagnie de ses pareils et prenait sa
course pour arriver auprès d'une fontaine. Là, il creu-
sait le sol avec violence et beuglait d'une étrange façon.
Le bouvier s'épuisait à l'appeler et le faisait diffi-

____

(1) Mgr Gerbet. Cité par M. l'abbé Rous dans son *Histoire de Notre-Dame de Font-Romeu.*
(2) L'abbé E. Rous.

cilemènt revenir. S'il rejoignait un moment le troupeau, il s'enfuyait et recommençait à frapper le sol de la fontaine avec les mêmes signes d'impatience.

Le bouvier furieux s'apprêta, un jour, à se venger du surcroît de fatigues que lui occasionnait son sauvage pensionnaire.

Arrivé à quelques pas de la fontaine, sa colère tomba subitement et fit place à un sentiment de joie d'une douceur indéfinissable. Il s'arrêta et observa ce qui se passait devant lui.

Quel fut son étonnement d'apercevoir une image de la sainte Vierge cachée dans une cavité qui avait été entr'ouverte par le taureau !

Le bouvier laissa là son troupeau et courut à Odeillo, annonçant aux habitants de cette ville sa précieuse découverte, et revint mettre au jour la sainte image.

La communauté d'Odeillo arriva en procession, et vit l'admirable spectacle de la madone vénérée par le bouvier et le taureau prosternés devant elle.

L'image de Notre Dame fut emportée avec enthousiasme et placée dans l'église paroissiale de Saint-Martin d'Odeillo, en attendant qu'une chapelle fut bâtie en son honneur sur le lieu béni de sa découverte.

Depuis combien de siècles la madone était-elle cachée dans les ténèbres, et pour quelle raison l'avait-on dérobée au culte ? On ne peut faire à ce sujet que des suppositions côtoyant sans doute la vérité.

Au temps reculé où l'Espagne eut à subir l'invasion musulmane, les anciennes races espagnoles, très attachées à Marie, s'enfuirent devant les hordes dévastatrices et sacrilèges, et vinrent chercher dans les provinces du Nord un refuge contre l'apostasie ou la

mort. Voulant dérober les saintes images au fana-
tisme arabe, ils durent cacher dans la terre et les
profondeurs des rochers les objets sacrés de leur dévotion, donnant ainsi à ces discrètes retraites une
destination mystérieuse et providentielle.

Dans ce cas, nous pouvons bien répéter après un
illustre auteur : « Je crois, avec le Père Lacordaire,
qu'il y a des lieux bénis par une prédestination qui
se perd dans les secrets de l'éternité » (1).

L'étymologie d'un nom renferme le secret des lieux
qu'il caractérise : ainsi Font-Romeu est tiré du mot
Font, la Font, *fons*, dans la langue populaire du Roussillon.

Le mot Romeu, selon plusieurs auteurs, désigne
un *pèlerin* dans la langue catalane et castillane,
comme dans le latin du moyen âge et même dans notre vieille langue française. Le sens primitif se tra-
duit par ces mots : la *fontaine du Pèlerin ou Pasteur*.

La madone dite de l'*Invention*, découverte dans les
pasquiers de la *Calme* et qu'on vénère sous le vocable de Notre-Dame de Font-Romeu, est « une statue
« de bois totalement dorée, ayant soixante-six centi-
« mètres de hauteur et quarante-cinq centimètres de
« largeur à la base du siège. Elle est vêtue d'une tu-
« nique unie recouverte d'un manteau ou d'un voile
« qui enveloppe la tête jusqu'aux épaules. La Vierge
« bénit de la main droite ; de la main gauche elle
« tient l'Enfant Jésus, qui est assis sur son genou gau-
« che. Les jambes tombent dans une direction per-
« pendiculaire et parallèle, et les pieds sont munis

______

(1) Mgr Gerbet, *Esquisse de Rome chrétienne*, t. I, p. 4.

« d'une chaussure pleine, dont la pointe seule est ap-
« parente. Le visage de la Madone a reçu dès le mi-
« lieu du XVIIᵉ siècle une carnation naturelle.

« La Vierge de Font-Romeu porte les caractères
« du type primitif et traditionnel des vierges des ca-
« tacombes » (1).

La découverte de l'image de Marie fut une grande
joie pour les populations de ces contrées. Il parut évident que la très sainte Mère avait jeté un regard
d'amour sur la vieille Cerdagne, et qu'elle voulait recevoir dans cette solitude profonde des hommages
particuliers.

Les peuples accoururent sur le lieu de l'Invention
et se hâtèrent d'ériger un modeste oratoire près de
la fontaine.

Le mouvement qui se produisait de toutes parts,
était magnifique. Les montagnes et les collines reten-
tissaient de chants de triomphe et d'amour.

Toutes les communautés paroissiales arrivaient à
la première éclosion du printemps, à travers les montagnes à peine débarrassées de leur manteau de neige,
pour célébrer la gloire de Notre-Dame de Font-Romeu.

On vit alors de splendides pèlerinages. La Nativité
de Marie, le 8 septembre, et la Nativité de saint Jean-
Baptiste, le 24 juin, furent les fêtes principales de
Font-Romeu.

Les jours solennels des pèlerinages, d'aplechs et de
grandes solennités, on ne quittait pas le sanctuaire
sans chanter des *goigs* : c'était de naïfs poèmes, dé-

______

(1) Cette description est faite d'après celle du P. Camos.

bordant d'allégresse et contenant des louanges en-
flammées à la gloire de la Vierge mère (1).

Les *goigs* renferment le souvenir de la légende, et
plusieurs portent l'affirmation de la foi de l'antique
Cerdagne à l'Immaculée Conception de Marie.

Pendant trois siècles les pèlerins se contentèrent
de la chapelle solitaire de la forêt. Les pèlerinages se
groupaient en plein air autour de l'étroit sanctuaire
pour y entendre la sainte messe. On récitait le rosaire
avec un profond recueillement. Le chant des *goigs*
éveillait les lointains échos. On buvait à la fontaine,
on se lavait à la piscine ; puis les pèlerins prenaient
leur repas frugal à l'ombre des grands pins.

D'après les documents conservés dans les archives
d'Odeillo, une église fut commencée à Font-Romeu
vers l'an 1680. Mais, vu la difficulté que présentait le
sol, on dut recommencer les travaux à plusieurs reprises et sacrifier l'élégance à la solidité.

L'intérieur de l'édifice est intéressant à visiter. Le
retable qui surmonte l'autel dédié à saint Jean-Baptiste, paraît être de la fin du seizième siècle. Des panneaux peints représentent l'Immaculée Conception,
la Nativité de Notre Seigneur Jésus-Christ et l'Adoration des bergers, la Visitation de Marie à sa cousine
sainte Elisabeth et l'Adoration des mages.

Au-dessus du soubassement qui porte les trois
panneaux représentant la légende, se trouve la niche
de la *Madone*.

On aime à pénétrer dans une petite chambre car-
rée appelée *Camaril*, placée sur l'emplacement même

____

(1) Le mot *goig* (du latin gaudium) signifie, en langue catalane,
joie, allégresse, plaisir « bonheur » (L'abbé E. Rous.)

où il plut à Marie de manifester la présence de son image.

Elle est ornée de riches médaillons en relief et de statues.

L'eau de la fontaine bénie qui coule pour le soulagement des infirmes, se répand par trois tuyaux, qui la jettent avec abondance dans la piscine. Le Père Camos, dans son livre *le Jardin de Marie*, nous apprend que les malades, afin de toucher, par leur persévérance, le cœur de la sainte Vierge, se plongeaient neuf fois de suite dans cette eau glacée. Il fait le récit de guérisons extraordinaires opérées de son vivant à Font-Romeu. Nous lui empruntons le récit le plus frappant :

Une famille de Prades, nommée *Escape*, était venue au sanctuaire, accompagnée d'un médecin, le docteur *Lacreu* ou *Lacroix*.

Trois de ses membres, les trois frères, tombent subitement malades. Le docteur déclare qu'ils sont atteints de la rougeole, et leur défend d'entrer dans la piscine, affirmant que, d'après les règles de la médecine, l'immersion dans une eau glacée constituerait pour eux un danger de mort. Mais, animés d'une foi ardente, ils se jettent sans hésiter dans la piscine. La rougeole fait éruption dans le bain ; ils en sortent guéris, rendant grâces à Dieu et à Marie.

Le docteur signa un procès-verbal, qui fut encadré et placé dans le sanctuaire.

Deux *ex-voto* datés de l'année 1702 et 1740 se voient encore suspendus aux murs du sanctuaire. Le premier est le témoignage reconnaissant d'un jeune chirurgien d'Odeillo, guéri par l'intercession de Notre-Dame de Font-Romeu d'une dangereuse hémorragie.

Le second est celui d'une femme du Languedoc qui, privée de nourriture depuis quatre mois, et ne pouvant marcher que sur son dos, fut miraculeusement délivrée de son infirmité dans la chapelle de la Madóne de l'Invention.

Le sanctuaire de Font-Romeu resta ouvert aux fidèles jusqu'au commencement de l'année 1793. Le 25 avril, le procureur de Prades envoya l'ordre de transporter dans cette ville les meubles et les effets de tout genre qui se trouvaient dans l'église.

Cette mesure brutale et sacrilège ouvrit une ère de deuil pour les populations de la Cerdagne. Cependant la fontaine et la piscine ne furent pas abandonnées : les pèlerins continuèrent à venir, discrètement, leur demander la guérison de leurs maux.

La sainte image avait été cachée à Odeillo.

Ce triste état de choses dura douze ans. A la demande de Mgr de Laporte, désigné pour le siège de Carcassonne par décret date du 7 août 1806, Napoléon, empereur des Français et roi d'Italie, « déclarait la chapelle de Notre-Dame de Font-Romeu annexe de la paroisse d'Odeillo et permettait d'y faire exercer le culte sous la surveillance du curé ou du desservant dont elle dépendait ».

Les beaux jours des pèlerinages reparurent alors. L'antique madone sortit des murs d'Odeillo pour reprendre sa place privilégiée à Font-Romeu, le jour de la sainte Trinité.

Le 2 juillet, fête de la Visitation de Marie, la procession venait, selon l'ancien usage, reprendre la madone de l'Invention pour la ramener dans l'église de Saint-Martin d'Odello, « au chant des cantiques, au son des instruments, au milieu des détonations bruyantes des mousquets et autres armes à feu ».

Cette pieuse cérémonie attire un grand nombre de prêtres dans le béni sanctuaire. C'est le dernier souvenir de la piété des ancêtres. Elle rappelle des aplechs solennels, ces manifestations colorées de la foi des générations disparues.

Une procession formée quelquefois de dix mille fidèles « défile sous les pins de la vaste forêt et s'avance dans les sentiers à demi-ajourés, presque sombres, tapissés de verdure et de fleurs, et descend enfin, par des pentes rocheuses bordées de prairies et de champs de seigle ».

Jadis, le 8 septembre, Font-Romeu présentait un spectacle saisissant et pittoresque par la diversité, la beauté des costumes des pèlerins de différents pays. Notre époque, où naquit la banale uniformité du vêtement, ne peut s'en faire qu'une idée très amoindrie.

Dès l'aube, de tous les sentiers, des multitudes accouraient en chantant des *goigs* et inondaient de leurs flots tumultueux la forêt de la *Calme*, le sanctuaire, l'hôtellerie et les alentours. Sous les rayons ardents d'un soleil presque toujours de la fête, la foule enthousiaste présentait un tableau coloré, formé par les costumes variés qui éclataient sur le fond sombre de la verdure des pins.

Le bonnet rouge du Catalan, les sandales et les habits de velours noir, vert ou bleu des fils de la Cerdagne, la veste et les culottes courtes, en drap sombre, de la vallée du Capcir ; la gracieuse mantille de l'Espagnole, le ruban de velours noué sur le front et le capulet de la Capcinoise, le foulard soyeux qui

serrait les cheveux lisses de la Cerdagne ; le corsage
de drap, de soie ou de velours ; la coiffe qui pare la
Catalane, le bonnet de la pèlerine du Languedoc, se
mêlaient dans un charmant désordre, fait pour tenter
le peintre et enchanter l'esprit aventureux du tou-
riste (1).

La renommée de Notre-Dame de Font-Romeu s'é-
tendait jusqu'au nord de la France. Les diocèses de
Toulouse, d'Auch, de Bordeaux, de la Rochelle, de
Paris, lui envoyaient des pèlerins.

La ville de Toulouse fut particulièrement comblée
de ses faveurs. Nous résumons ici quelques faits ab-
solument authentiques.

En 1852, la supérieure des carmélites de la cité de
Clémence Isaure se trouvait dans un état désespéré.
Les douleurs qu'elle ressentait, étaient extrêmes et
continuelles. Une grande faiblesse la jetait dans un
dangereux engourdissement. Elle ne pouvait se donner le soulagement de changer de position qu'avec
beaucoup de difficultés. La sainte religieuse était
condamnée à une mort très prochaine.

Le 13 octobre, à onze heures du soir, la communauté eut l'inspiration de demander le secours de
Notre-Dame de Font-Romeu en faveur de la vénérable malade.

Les sœurs passèrent la nuit en supplications au
pied de l'autel de Marie. La patiente unit ses prières,
par obéissance, à celles de ses sœurs. Tout remède
fut écarté ; on ne lui donna plus à boire que l'eau de
la fontaine de Font-Romeu.

____

(1) D'après M. l'abbé E. Rous.

Le mal faisait d'effrayants progrès et le dénouement était proche. Le 1er novembre, le vicaire général du diocèse, supérieur de la communauté, vint, à cinq heures du soir, administrer les sacrements des mourants à la malade.

Les sœurs ne se lassaient point de prier et d'espérer. A six heures, la mourante sentit tout à coup ses douleurs disparaître ; ses membres reprirent leur force, comme si on les avait dégagés des chaînes qui les liaient à son lit de douleur. Elle passa, presque instantanément, de l'agonie à la possession de la vie.

La supérieure reconnaissante et sa communauté envoyèrent à la madone de Font-Romeu deux cœurs, l'un en vermeil, l'autre en argent, en témoignage de leur filial attachement.

Dans la même ville, l'abbé Pagny avait perdu la voix à la suite des fatigues de la prédication. Les eaux des Pyrénées lui furent ordonnées, et ne lui donnèrent aucun soulagement. Son état inspirait à sa famille et à ses amis de vives inquiétudes.

La supérieure des carmélites venait d'être rendue à la vie ; on pria le malade de permettre que l'on fît une neuvaine pour lui à Notre-Dame de Font-Romeu. Il y consentit, à la condition expresse que l'on demanderait, avant tout, l'accomplissement de la volonté de Dieu.

Le malade ne quittait pas sa chambre. Sa voix était complètement perdue. La neuvaine tirait à sa fin, sans apporter le changement demandé. Le 3 décembre, septième jour de la neuvaine, il annonça à sa famille qu'il voulait célébrer le saint sacrifice dans la chapelle du couvent des carmélites. Les représentations qu'on lui fit ne purent ébranler sa résolution. Il lui semble qu'une volonté intérieure le pousse et qu'il doit obéir.

Jusqu'à la communion, il peut à peine articuler les paroles consacrées ; mais, au moment où il va donner la sainte communion aux fidèles, une révolution se fait en lui, et il prononce d'une voix sonore, qui l'étonne lui-même, les prières qui la précèdent.

Après la messe, son médecin vient constater le fait de sa guérison. Il avoue loyalement que la science ne peut en revendiquer la gloire et qu'elle appartient à Notre-Dame de Font-Romeu.

La douce Madone compléta son œuvre.

M. l'abbé Pagny fut non seulement guéri de son aphonie, mais encore de la maladie de poitrine dont il était atteint.

En l'année 1852, Mlle Larieu, de Toulouse, fut guérie subitement, et pour toujours, d'une paralysie à la moelle épinière, pendant une neuvaine à Notre Dame.

Le 4 février 1853, une carmélite d'Auch obtint la même faveur.

Les *ex-voto* tapissent l'église de Font-Romeu. Ce sont les trophées de Marie. On ne peut voir sans émotion ces images de cire représentant le membre malade et guéri, ces belles tresses de cheveux sacrifiés à la bonne Vierge en reconnaissance d'une grâce obtenue.

On y remarque avec un sentiment de respect une croix d'honneur. M. Vincent, capitaine au 49e de ligne, vint fixer au *paludamentum* de la madone l'insigne glorieux que le maréchal Pélissier avait attaché à sa poitrine après la prise de Malakoff.

M. Puig offrit à Notre Dame son épée.

Le général Pino, député de la Catalogne (Espagne), vint le 8 septembre 1862, remercier Notre Dame de lui avoir conservé la vie, d'une manière providentielle, dans un combat livré près de Tétuan, en Afrique.

Les éminent évêques de l'église de Perpignan furent tous empressés à rendre hommage à la Madone dans son sanctuaire de la Calme. Mgr Gerbet, docteur, penseur, poète, écrivain puissant, était attiré à Font-Romeu par un attrait irrésistible.

Pèlerins et touristes ne quittent pas Font-Romeu sans gravir la *Tosca* ou le *Padro*. C'est une masse de rochers superposés et formant à leur sommet un plateau d'où l'œil embrasse un merveilleux panorama. Cette masse granitique se nomme aujourd'hui le *Calvaire*. On y voit les quatorze stations du chemin de la croix avec leurs petits oratoires. Il fut inauguré le 27 juin 1852, en présence de dix mille pèlerins.

Pendant les grandes chaleurs de l'été, Font-Romeu attire une colonie de prêtres, qui viennent rétablir leurs forces épuisées à cet air imprégné des senteurs balsamiques des pins, et se recueillir dans le silence inspirateur des forêts.

Tout y prête au repos de la pensée, et rien n'est doux comme d'entendre, le soir, la voix lointaine d'un pasteur chanter un de ces *goigs* que l'écho apporte des montagnes et qui se mêle au son de la cloche, célébrant celle dont le nom réjouit la terre et les cieux.

Voici la traduction de ce chant traditionnel, si populaire et si doux :

« O patronne et avocate de tout le peuple de Dieu, écoutez-nous, Vierge sacrée, Marie de Font-Romeu.

« Sur une froide montagne du territoire d'Odeillo, dans la terre de Cerdagne, aux confins du Roussillon, vous êtes de tous vénérée comme la digne Mère de Dieu. Écoutez-nous, Vierge sacrée !

« Le Roi éternel de gloire, qui de tout temps vous honora, pour faire de vous grand renom, révéla votre image sur la montagne neigeuse de ce mont pyrénéen.

« Ce fut certes un grand miracle, quand un taureau sauvage, près de la fontaine paissant, découvrit votre image. De ce qu'elle fut ainsi trouvée, tous glorifièrent Dieu.

« On ne peut dire combien est admirable cette image vôtre, par la vertu qui se manifeste en elle, car elle donne la santé désirée aux malades que vous voulez.

« Il naît de cette chapelle sainte, au pied de votre autel, une fontaine froide, admirable, formant un bain singulier, qui est un remède éprouvé.

Aux dévots de cette contrée, qui, avec une grande dévotion, vous vénèrent comme leur arche de Confédération, nous avons la confiance, sublime Reine, que vous accorderez votre faveur.

« Les fidèles qui chaque jour vous viennent visiter, vous supplient, Vierge Marie, de vouloir bien ne pas les oublier, et d'intercéder pour eux auprès de Dieu, dont ils vous savent aimée.

« O Vierge immaculée, nous vous prions de nous protéger. Écoutez-nous ».

Fin

TABLE DES MATIÈRES

Imp. G. Saint-Aubin et Thevenot, Saint-Dizier. 30, passage Verdeau, Paris.